看见孩子

[美] 贝姬·肯尼迪 著　美同 译

洞察、共情与联结

图书在版编目（CIP）数据

看见孩子：洞察、共情与联结 /（美）贝姬·肯尼迪著；美同译. -- 北京：中信出版社, 2023.6（2025.10重印）
书名原文：Good Inside: A Guide to Becoming the Parent You Want to Be
ISBN 978-7-5217-5545-9

Ⅰ.①看… Ⅱ.①贝…②美… Ⅲ.①家庭教育 Ⅳ.① G78

中国国家版本馆 CIP 数据核字（2023）第 062412 号

GOOD INSIDE
Copyright © 2022 by Rebecca Kennedy
Jacket design by Jennifer Rozbruch
Jacket illustration by Eiko Ojala
Published by arrangement with Hodgman Literary LLC, through The Grayhawk Agency Ltd.
Simplified Chinese translation copyright © 2023 by CITIC Press Corporation
ALL RIGHTS RESERVED
本书仅限中国大陆地区发行销售

看见孩子：洞察、共情与联结

著　者：［美］贝姬·肯尼迪
译　者：美同
出版发行：中信出版集团股份有限公司
　　　　　（北京市朝阳区东三环北路27号嘉铭中心　邮编 100020）
承　印　者：北京通州皇家印刷厂

开　本：880mm×1230mm　1/32　　印　张：12　　字　数：250千字
版　次：2023年6月第1版　　　　　印　次：2025年10月第28次印刷
京权图字：01-2023-2323
书　号：ISBN 978-7-5217-5545-9
定　价：59.00元

版权所有·侵权必究
如有印刷、装订问题，本公司负责调换。
服务热线：400-600-8099
投稿邮箱：author@citicpub.com

看见，是建立美好亲子关系的起点

目录 Contents

前　言　/ XI

Part 1 第1部分 贝姬医生的育儿准则 / 001

准则 1 善意养育 / 003

底层逻辑：父母和孩子的本心都是好的 / 003

让改变发生：把孩子与问题分开 / 004

重塑脑回路：打破不良家庭关系模式的代际循环 / 006

善意回应：更关注孩子的内心世界，而非外在表现 / 010

准则 2 真相不唯一 / 015

接纳多重真相：让关系中的双方都能被看到 / 015

实践指南一：坚守行为规则 / 023

实践指南二：摆脱控制权之争 / 025

实践指南三：应对孩子的无礼行为 / 028

实践指南四：解决父母的不良情绪 / 029

准则 3　明确父母和孩子的职责　/ 031

父母的职责：保护孩子的身心安全，做孩子情感的守护者　/ 031
设置行为规则：坚守职责，杜绝孩子在行为上越界　/ 032
接纳与共情：培养孩子良好的情绪调节能力　/ 038
孩子的职责：通过感受和表达情绪来探索和学习　/ 042

准则 4　婴幼儿时期至关重要　/ 045

早期经历的重要性：早年的亲子互动是孩子构筑未来生活的蓝纸　/ 045
依恋理论：孩子越是觉得可以依赖父母，就越是能够独立　/ 048
内在家庭系统理论：情绪自由，孩子才能接纳内心的多个自我　/ 054

准则 5　永远都不晚　/ 059

大脑的可塑性：如果父母愿意改变，孩子的脑回路就会发生改变　/ 061
修复的力量：父母永远能给孩子带去新的感受，进而改变现状　/ 064
修复怎么做：给予孩子理解与共情，让孩子感到安全　/ 067

准则 6　心理韧性 > 快乐　/ 071

调节在先，快乐在后：快乐远没有心理韧性重要　/ 072
心理韧性的力量：心理韧性强的人，能更好地应对压力　/ 074
面向未来找答案：要快乐，还是要心理韧性？　/ 077

准则 7　行为是一扇窗　/ 081

改变行为问题的核心：行为只是线索，背后的动机更值得关注　/ 084

放弃控制行为，关系最重要：为什么不建议随意去奖励或惩罚？ / 086

循证育儿法的短视：只是暂时改变行为，而非真正解决问题 / 090

准则 8　减少羞耻感，让关系更亲密 / 097

羞耻感的本质：我不能做自己，我不能有这种感受 / 098

羞耻感是危险的信号弹：它激发了孩子的不安全感 / 099

羞耻感只会加重行为问题：父母要识别并减少孩子的羞耻感 / 100

被隐藏的自我：如果羞耻感被放任，会对孩子造成长期影响 / 104

亲密感最重要：亲密是羞耻的对立面，也是羞耻的解毒剂 / 107

准则 9　说真话 / 109

让心更近：好的养育建立在父母直面真实自我的意愿之上 / 110

说真话的方式一：肯定孩子的感受 / 113

说真话的方式二：正视孩子提出的问题 / 116

说真话的方式三：告诉孩子什么是你不知道的 / 117

说真话的方式四：注意自己说话的方式 / 119

准则 10　不要忘记自我关照 / 121

自我关照：我们与自己关系的质量，决定着与他人关系的质量 / 122

五种方法，学会如何关照自己 / 125

■深呼吸 ■察觉、理解和接纳自己的感受 ■满足你的需要和忍受他人不满的痛苦 ■为自己做一件事 ■修复与自己的关系

第 2 部分 Part 2 建立亲密感，改善行为 / 135

实战 1 我在育儿路上很受挫，有没有首先要解决的问题？ / 137

情感资本的重要性：我们不能从行为入手，只能从亲密感入手 / 139

积累情感资本的工具一：手机拜拜亲子时间 / 140

积累情感资本的工具二：填充游戏 / 144

积累情感资本的工具三：接种情绪疫苗 / 147

积累情感资本的工具四：坐在孩子"情绪的长椅"上 / 151

积累情感资本的工具五：提升游戏力 / 153

积累情感资本的工具六："我有没有跟你说起过，有一次……" / 156

积累情感资本的工具七：积极修复裂痕 / 160

实战 2 孩子不听话（或者说，不合作）怎么办？ / 165

育儿工具箱 / 168

■先拉近关系，再提出要求 ■给孩子做选择的权利 ■提升游戏力
■闭眼技巧 ■角色互换游戏

实践时刻：案例分享 / 173

实战 3 如何应对孩子情绪化地发脾气？ / 175

育儿工具箱 / 179

■"我没有任何问题"（不要怀疑养育方式出了错）■牢记"真相不唯一"
■说出孩子的愿望 ■说出情绪的体量

实践时刻：案例分享 / 182

实战 4 如何纠正伴随攻击行为的发脾气（打人、咬人、扔东西）？ / 185

育儿工具箱 / 188

■"我不会允许你……"■区分冲动和行动,以安全的方式释放■控制火势(及其具体步骤)■重新翻译孩子的语言■通过讲述一起回顾

实践时刻：案例分享 / 196

实战 5 怎样化解手足之争、二胎矛盾？ / 199

育儿工具箱 / 202

■手机拜拜亲子时间■"不求公平,但求满足孩子所需"■允许孩子对父母宣泄情绪■降温,让孩子说出自己的想法,有危险再介入

实践时刻：案例分享 / 209

实战 6 怎样纠正孩子的无理与对抗？ / 211

育儿工具箱 / 214

■不要上当■说出真相■重建亲密与规则

实践时刻：案例分享 / 218

实战 7 孩子爱抱怨,怎么引导？ / 221

育儿工具箱 / 224

■宽容那个抱怨的自己■提升游戏力■重述孩子的请求
■看到孩子的需要

实践时刻：案例分享 / 228

实战 8 孩子说谎怎么办? / 229

育儿工具箱 / 234

■ 把谎言视作愿望 ■ 等待,稍后再谈 ■ "假如这种事真的发生了……" ■ 询问孩子你需要做些什么

实践时刻：案例分享 / 237

实战 9 如何帮助孩子克服恐惧和焦虑? / 241

育儿工具箱 / 244

■ 跳进洞里陪孩子 ■ 提前演练 ■ 讨论具体恐惧的沟通话术

实践时刻：案例分享 / 249

实战 10 孩子总是害羞和犹豫,怎么办? / 251

育儿工具箱 / 254

■ 反思自己 ■ 接纳和"等你准备好了再说" ■ 提前做好物质上和心理上的准备 ■ 不要贴标签

实践时刻：案例分享 / 258

实战 11 为什么我的孩子总是无法忍受挫折? / 261

育儿工具箱 / 264

■ 深呼吸 ■ 巧用口头禅 ■ 视挫折为学习而非失败的标志 ■ 建立一套成长心态的家庭价值观 ■ 注重应对挫折感,而非获取成功 ■ 接种情绪疫苗,演练"我有没有跟你说起过,有一次……"

实践时刻：案例分享 / 269

实战 12 孩子吃饭难，怎么办？ / 271

育儿工具箱 / 275

■巧用口头禅■讨论各自的职责■关于甜点的具体策略■关于零食的具体策略■容忍孩子的抱怨和不满

实践时刻：案例分享 / 279

实战 13 为什么允许孩子遵从内心的感受很重要？ / 281

育儿工具箱 / 286

■"我相信你"■说出孩子的感受■"你的身体里只有你"■苏格拉底式的提问

实践时刻：案例分享 / 289

实战 14 我们应该怎样对待孩子的哭泣？ / 291

育儿工具箱 / 294

■和孩子聊聊眼泪■把眼泪与重要的事情联系起来■苏格拉底式的提问

实践时刻：案例分享 / 296

实战 15 如何帮助孩子建立自信？ / 297

育儿工具箱 / 301

■接纳孩子的感受■"你是怎么想到……的？"■内心世界重于外在表现■"你最了解你现在的感受"

实践时刻：案例分享 / 304

实战 16 是否要纠正孩子的完美主义？ / 307

育儿工具箱 / 310

■"示范"犯错 ■说出孩子的感受 ■假扮游戏 ■带孩子认识内心的"完美小孩" ■为犯错喝彩

实践时刻：案例分享 / 314

实战 17 怎样缓解孩子的分离焦虑？ / 317

育儿工具箱 / 320

■关注自身的焦虑 ■提前跟孩子聊聊 ■分离仪式和演练 ■过渡性客体 ■通过讲述一起回顾

实践时刻：案例分享 / 324

实战 18 我们可以如何改善孩子的睡眠问题？ / 327

育儿工具箱 / 331

■"我们夜里都在哪里？" ■分离仪式 ■演练睡前仪式 ■把你的陪伴融入孩子心中 ■巧用口头禅 ■安全距离法 ■安抚按钮

实践时刻：案例分享 / 338

实战 19 家里有高敏感的孩子，怎么办？ / 341

育儿工具箱 / 346

■用好奇代替指责 ■控制局面 ■"你是一个遇到了困难的好孩子" ■陪伴，等待 ■大拇指游戏

实践时刻：案例分享 / 351

总结 / 353

致谢 / 357

致我的丈夫，他是我生命的力量源泉；
还有我的孩子们，他们教给我的比我教给他们的还要多。

前言

> "贝姬医生，我家女儿5岁，最近总是欺负她妹妹，对大人没礼貌，到了幼儿园也没法适应。我们怎么说她都没用，你有办法吗？"
>
> "贝姬医生，我家孩子本来已经学会上厕所了，可是最近又把家里尿得到处都是，不知道是怎么回事。我们试过奖励和惩罚，但是好像没什么用。你能帮帮我吗？"
>
> "贝姬医生，我家孩子12岁了，一点也不听话，都快把我给气死了！你得帮帮我呀！"

看见孩子：行为是了解孩子内心困境的线索

没问题，我可以帮忙。我们一起来把问题解决掉。

我从事临床心理治疗多年，帮助父母们解决了许多令他们头疼不已、看似根本无法解决的难题。虽然从表面上看，具体情形各不相同——5岁的女儿一副毒舌，原本已经学会如厕的孩子突然出现退行，少年桀骜不驯——但天下父母的愿望其实都一样，都想改进自己的育儿方式。我总能听到父母们这样讲："我知道我想成为什么样的父母，可又不知道具体该怎么做，你能教教我吗？"

治疗开始后，我会先跟父母一起分析孩子的问题行为。行为是了解孩子内心困境的线索,也往往能反映整个家庭的症结。分析了行为,我们就能更好地理解孩子;就能知道孩子需要什么,欠缺哪些技能;就能知道父母在意什么,可以在哪些方面改进;就能把"这孩子什么毛病?你能治好吗?"转变为"孩子有什么难处?我能做些什么?"甚至"对于这一切,我有什么感受?"。

治疗的核心是帮助父母走出绝望和痛苦,重拾希望,重获力量,甚至激发自省。不过,我靠的并不是那些最流行的育儿技巧。我不会建议父母们使用关房间、给小红花、奖励、惩罚,或者对问题行为装作没看见等做法。那么我建议怎么做呢?首先也是最重要的一点是,理解行为只是冰山看得见的部分,看不见的是孩子无比渴望被理解的整个内心世界。

转变视角:我们的目标不是塑造行为,而是培养人

我在哥伦比亚大学攻读临床心理学博士和在诊所工作期间从事过儿童心理治疗工作。虽然我很喜欢这份差事,但我很快就悲哀地发现,我跟孩子们的父母接触太少。我常常想,我要是能同时给父母做治疗就好了,而非只能以孩子为主,父母为辅。由于当时我也从事成人心理治疗工作,所以我发现了一件很有意思的事,即在给成人做治疗时,你会看到他们的问题明显源自童年的某一经历,例如需求没有得到满足,或是通过问题行为呼救,却从未得到回应。于是我想到,我可以借助我在成人身上看到的未满足的需求来助力儿童与家庭治疗。

后来,我开始独立执业,专注于成人心理治疗和父母育儿指导。孩子出生后，我开始侧重后一项工作，不仅提供一对一咨询，还开展每月一次的团体咨询。再后来，我报名参加了一个面向临床心理医师的培训项目，学习所谓的针对儿童管教和问题行为的"经过科学验证的""最可靠的"方法。这套方法给人一种逻辑性强、简洁实用的感觉，也正是如今那些常被育儿专家们推荐的干预措施。当时，我以为自己学到了一套能够抑制不良行为并鼓励亲社会行为（大致指顺从父母、让父母舒服的行为）的完美做法。可没过几个星期，我就发现，这种做法给我的**感受**很不好。每当给出这种"经过科学验证的"育儿指导时，我心里就会泛起一阵阵恶心。如果有人这么对我，我肯定不会好受。我不得不怀疑，这些干预措施恐怕不是用在孩子身上的正确做法。

虽然这套做法在逻辑上是成立的，但它的焦点是消除"坏"行为，实现顺从，为此不惜牺牲亲子关系。例如，它提倡把孩子关进房间以矫正行为。但问题是，在孩子最需要父母的时候强行把他们关进房间。这样做……呃，人道吗？

我发现，这些"经过科学验证的"方法源自**行为主义**理论。行为主义关注可以观察到的行为，而非难以观察的感受、想法和需求等心理活动。行为主义偏重**塑造**行为，而非**理解**行为。这种理论认为，行为就是一切，而非未满足的潜在需求的表达。我发现，这就是我对这套"经过科学验证的"做法感到极度不适的原因，它混淆了噪声（行为）和信号（孩子真正在经历什么）。毕竟，我们的目标不是塑造行为，而是培养人。

这种认识一旦形成，就很难改变。我知道，我必须找到能够避免伤及亲子关系的有效做法。于是我开动起来，集合我所了解的关于依恋理论、正念静观和内在家庭系统理论等曾经在独立执业中给予我启发的所有理论取向的全部知识,将它们转化为了简便易行的具体做法。

事实证明,把关注点从"结果"转向"关系"并非一定要放弃管教。虽然我反对使用关房间、后果教育和忽视问题行为等手段,但我的育儿法一点也不"软",也丝毫不会放纵孩子。我主张坚决杜绝孩子逾越行为规则,强调父母的权威与坚决引领,同时呵护亲子关系,给予孩子信任与尊重。

本书使用指南:从理念到方法,既关照孩子,也支持父母

我经常对来访者讲,**专注于解决问题的实用做法**也可以促成**深度的治疗**。不少育儿法都会丢给父母一道选择题:要么牺牲亲子关系来改善孩子的行为,要么放松管教来保住亲子关系。但有了这本书中的方法,父母们就能"内""外"兼修,既改善孩子的行为,让孩子更懂事,又增进亲子感情。

你即将读到的许多内容都带有这种"二者可兼得,真相不唯一"的印记。这本书里既有成体系的理论,也有丰富的方法;既讲究科学与理性,也富含直觉与洞察;既重视父母的感受,也关心孩子的幸福。登门的来访者或许只想得到一些建议来矫正孩子的行为,但最终的收获却远多于此,他们将不仅能细致入微地体察孩子行为背后的心理,还能学到一系列方法来把这份体察运用于实践。我希望,读完这本书后,你也能拥有同样的收获。我希望那时的你能够善待自己,做自己的想法、感受和行为的主人,拥有自信,并能胸有成竹地在孩子身上培养同样的品质。

　　我的育儿法同等重视孩子的发展和父母自身的发展,这本书就是了解它的入门手册。在第 1 部分,我会逐一介绍我所奉行的一系列育儿准则。在家里,我用它们养育我的三个孩子;在诊室,我用它们给来访者及其家人提供建议;在网络上,我也用它们来为与我联系多年的众多父母答疑解惑。通过介绍这些育儿准则,我想<mark>同时</mark>推动对孩子和父母的治疗,并且提供切实可行的做法来使育儿之旅更加舒心。这些准则的核心是,只要理解了孩子的心理需求,改善的就不仅仅是孩子的行为,还有整个家庭的运转和成员彼此间的感情。

　　在这本书的后半部分,你首先会读到育儿路上的首要问题,也就是我称之为"<mark>积累情感资本</mark>"的一系列做法。实践证明,这些做法能显著提升亲子关系,增加亲密感。不论遇到什么问题,哪怕只是家里气氛莫名有点压抑,你都可以择其一二来扭转局面。随后,我们就来逐一解决孩子们让父母们深感头痛的一系列行为问题,例如手足相争、发脾气、撒谎、焦虑、缺乏自信、害羞等。这些做法虽然无法"包治百孩",因为你家孩子的需求只有你知道,但它们能帮你在遇到问题时转换思路,找到自觉舒适、对孩子也没有负面影响的应对之策。

　　我不喜欢取舍,这一点其实不难理解。因为在我看来,你完全可以既坚定,又温暖;既有原则,又能与孩子共情;既珍视亲子关系,又保持自身威严。而且我相信,你最终也会发现,书中的方法"正是我想要的",这是一种超越头脑层面的深度认同。因为,我们都希望孩子是好孩子,自己是好父母,也希望家里更安宁。我们不必左右为难,我们可以左右逢源。

第1部分
Part 1

贝姬医生的育儿准则

准则 1

善意养育

底层逻辑：父母和孩子的本心都是好的

在我看来，你和孩子的本心都是好的。就算你骂孩子"讨厌鬼"，你的本心也是好的。就算孩子不承认推倒了妹妹的积木（可明明你亲眼看到），他的本心也是好的。我说"本心善良"，指的是，我们所有人在内心深处都是富有同情心和爱心、善意的。我坚信，父母和孩子的本心都是好的，这一"本心善良"的原则是我一切工作的驱动力，它驱使我探究不良行为背后的原因，我才能总结出一套有效的方式和方法，让改变发生。在这本书里，这一条是第一原则，是一切改变的基础。因为，一旦我们对自己说："没事，放松……我爱我的孩子……我的孩子也爱我……"我们的做法就会改变，我们就能挣脱挫败感，控制愤怒情绪。

让改变发生：把孩子与问题分开

这里的难点在于，我们一不小心就会把方向盘拱手让给挫败感和愤怒情绪。没有哪个父母愿意把自己想得既苛刻又负面，总把孩子往最坏处想，可一旦遭遇亲子冲突，我们往往就会下意识地认为孩子**居心不良**，并且据此采取行动。我们说："他真以为这样就能蒙混过去吗？"这是因为我们认为孩子在故意欺骗我们。我们问："你是不是有毛病？"这是因为我们认为孩子的想法有问题。我们大喊："你明知道不能这样做！"这是因为我们认为孩子在故意忤逆或挑衅我们。我们也以同样的方式苛责自己："我这是怎么了？明知道不能这样！"然后陷入绝望、内疚和自我否定的泥沼。

许多育儿建议的背后都是这种负面的假设。它们一心控制孩子，而不是去信任他们；它们主张把孩子关进他们的房间，而不是去拥抱他们；它们认为孩子是在耍心眼，而不是在表达内心的需要。但是，我真心认为，**父母和孩子的本心都是好的**。不过我也要说清楚，认为孩子的出发点是好的并不是要为他们的不良行为找借口，也不是要纵容他们。有一种误解是，"本心善良"的育儿原则会让父母"一味惯着孩子"，结果只能让孩子变得飞扬跋扈，毫无自控力。但是，没有哪个父母会这样说："我的孩子本心是好的，所以他向朋友吐口水也无所谓。"或者："我的孩子本心是好的，所以骂她妹妹两句不算啥。"事实正好相反，一旦我们理解了本心的善良，我们就能把人（孩子）与他们的行为（不讲礼貌、打人、说"我讨厌你"）区分开来。把人本身与他们做的事区分开来，是引发深刻改变，同时又不影响亲子感情的关键。

看到孩子本心的善良能让你成为家里坚如磐石的引领者，因为，只要你认定孩子的本心是好的，你就会坚信他们有能力展现出好的行为，做出正确的事情。而且，只要你认为他们能够做到，你就会为他们指明道路。每个孩子都渴望得到这样的引领。他们相信，这样的父母能带领他们走上正确的道路。这种引领让他们感到安全和安心，也能锤炼他们的情绪调节能力和心理韧性。如果你能让孩子拥有安全的空间来试错，而不必担心被贴上"坏"孩子的标签，那么你就能促进孩子的学习和成长，并且最终让孩子与你走得更近。

也许这显而易见，孩子的本心当然是好的！毕竟，你是爱孩子的。如果不是为了进一步滋养这份善良，你也不会来读这本书。但是，坚持用"本心善良"的原则来育儿可能会比想象的要难，尤其是在发生矛盾和情绪激动的时刻。我们很容易（甚至是下意识地）从不那么善意的角度来看待问题，这主要有两个原因。首先，进化使我们的大脑天然地存在消极偏见，也就是说，我们更在意孩子身上（包括我们自己、伴侣，乃至整个世界）的消极面，而不是积极面。其次，我们自己的童年经历会影响我们对孩子行为的看法和反应。在我们当中，太多人的父母习惯妄下评判而非探究孩子行为背后的心理，习惯批评而非理解，习惯惩罚而非与孩子对话。（我猜，他们的父母也这样对待他们。）如果不去刻意纠偏，历史便会一再重演。结果，许多父母把行为当作 评判孩子的标尺，而非 洞察孩子需要的线索。如果我们把行为看作需求的表现，而非本性的彰显，结果会怎样？那样的话，我们就能帮助他们重新认识他们本心的善良，并在这一过程中改善他们的行为，而非用孩子的缺点去羞辱他们，让他们觉得自己遭到了冷落和忽视。转变视角并非易事，但做来绝对值得。

重塑脑回路：打破不良家庭关系模式的代际循环

请回想一下你的童年，想象你的父母面对以下几种情形会作何反应。

- 你 3 岁了，妈妈生了一个小妹妹，所有人的目光都被吸引到了她身上。妹妹的到来让你无所适从，但大人们却说你应该高兴。你经常发脾气，抢妹妹的玩具。终于有一天，你说出了这样的话："把妹妹送回医院！我讨厌她！"接下来会发生什么？你的父母会怎么做？
- 你 7 岁了，你很想吃一块饼干，但爸爸明确说过，你不能吃饼干。你受够了大人的专断，不管做什么都得不到准许，于是当你一个人在厨房时，你自己伸手拿了一块。爸爸看到你手里有一块饼干,接下来会发生什么?爸爸会怎么做?
- 你13岁了,正在为一篇作文犯难。你跟父母说已经写完了,但是老师随后给他们打电话,说你没有交作文。接下来会发生什么?你放学回家后,你的父母会说些什么?

现在,我们来想想这个问题,我们都会犯错。我们每个人,在任何年龄段,都会因为某些事情做得不够好而陷入困境。但是,我们的小时候格外重要,因为我们正在建立我们看待和应对这类困境的脑回路,而父母对我们所遭遇困境的看法和应对方式对这一过程有非常巨大的影响。或者这样说,在困境中挣扎时,我们会跟自己说些什么?是"别那么敏感","我有点反应过度","我真笨","我已经尽力了",还是"我只是想让他们看到我"?这取决于父母当时对我们说了什么或者做了什么。也就是说,深入思考父母在以上情形中的反应对于理解我们的脑回路至关重要。

那么什么是脑回路呢?在生命早期,我们的大脑会学习很多新东西,例如在什么情况下能获得爱、理解和关注,以及在什么情况下会遭到拒绝、惩罚和冷落。我们收集的这些"数据"对我们的生存至关重要,因为在幼小、无助的孩子看来,尽可能与养育者保持紧密的依恋关系是首要目标。这一学习过程影响着我们的成长,因为我们很快就会开始喜欢能让我们得到爱和关注的那部分自我,同时压抑会让我们遭受拒绝、批评和冷落的那部分自我,并且给它们打上"坏"的标签。

问题是,我们没有哪个部分是真的坏。"把妹妹送回医院!我讨厌她!"这句话的背后,藏着一个痛苦的、身陷被抛弃的巨大恐惧、感到家里危机四伏的孩子;在偷吃饼干的反抗行为背后,藏着一个时常遭到冷落、在生活里四处受限的孩子;而在未完成的作业背后,藏着一个正在困境中挣扎、缺失安全感的孩子。在所谓的坏行为背后,总是藏着一个好孩子。可是,如果父母总是严厉地约束孩子的行为,却看不到行为背后的那个好孩子,孩子就会把评价内化,认为自己是坏孩子。而"坏"必须不惜一切代价根除,所以孩子就想出了许多办法,例如自我苛责、自我惩罚,以此来杀死心里的"坏孩子",找到心里的"好孩子",即能够得到关注和认可的那部分自我。

那么,身为一个孩子,你从"坏"行为当中学到了什么?你的脑回路是形成于评判、惩罚和冷落之下,还是建立在行为规则、共情和亲密当中?或者简单说(现在我们已经知道,人的"坏"行为实际上是内心挣扎的信号),你学会了用什么样的方式来对待你内心的挣扎?是批评,还是同情?是责备,还是好奇?

我们儿时的养育者回应我们的方式,随后会成为我们回应自己的方式,而我们也会将这一方式传递给下一代。于是,本心之"坏"便会轻而易举地在代际间循环。小时候，对于我内心的挣扎，父母的反应是苛责和批评 → 于是我学会了在犯错时怀疑自己的"好" → 成年后，我继续用自责和自我批评来回应自己的挣扎 → 后来，我的孩子犯了错，激活了我早已形成的脑回路 → 我只能严厉对待孩子 → 于是，孩子形成了同样的脑回路，也学会了在内心挣扎时怀疑自己的好 → 如此循环往复。

好，我们先暂停一下。现在，请把你的手放在心脏的位置，把下面这条重要信息告诉自己："我之所以读到这里，是因为我想改变。我要成为家庭关系模式代际循环的转折点。我要改变，我要让我的孩子感受到自己的本心是好的，感受到自己是重要的、可爱的、有价值的，即使在面对挣扎时也不例外。这一切始于我重新认识自己的好。我的好一直都在。"家庭的代际模式不是你的过错。而且，你正在读这本书，这一点就是在告诉我，你正在担负打破循环的重任，发誓这种破坏性的模式到你为止。你愿意承担前面数代人的重任，为后代做出改变。看，你根本没有过错。相反，你勇敢、坚毅，你爱孩子胜过一切。打破循环，势必要经历一场史诗般的战斗。承担这一重任的你，必是英雄！

善意回应：更关注孩子的内心世界，而非外在表现

要找回本心的好，我们往往可以问自己一个简单的问题："对于刚才发生的事情，我*最善意的解释*是什么？"在跟我的孩子们和朋友们相处时，我经常这样问自己。我也努力在婚姻中和自己身上多问这个问题。每当我说出这句话，哪怕只是在心里默问，我都能感受到自己的身体柔软了下来，都能发现自己与他人相处起来舒服了很多。

我们来举个例子。你准备在大儿子生日那天带他出去吃饭，但你并不打算带小儿子一起去。你想提前几天把这件事告诉小儿子。你说："我跟你说说星期六的安排，那天尼科过生日，我和爸爸要带他出去吃午饭，大概一个小时左右。到时候奶奶会来咱们家陪你。"听了你的话，你的小儿子不高兴了："你们带尼科出去不带我？我讨厌你！你是这个世界上最坏的妈妈！"

刚刚发生了什么？你会如何回应小儿子？下面是几个选项。

A."什么？最坏的妈妈？我刚给你买了新玩具，你有没有良心！"

B."你这么说让妈妈很伤心。"

C. 不理会，走开。

D."哎呀，听起来好像有点严重，让我想想……我能

听出来，你很生气，你能再说说吗？"

我喜欢最后一个选项，因为它对孩子的话语做了最善意的解释，所以是个明智的回应。第一个选项简单粗暴地把孩子的反应跟"惯坏了""没良心"画上了等号。第二个选项是在告诉孩子，他的感受太强烈、太可怕，不仅伤害了别人，甚至威胁到了他与养育者的依恋关系。（我们会在准则 4 里详细讨论依恋关系，简单来说，强调孩子对父母的影响会导致依赖共生，而不会提高孩子的调节和共情能力。）第三个选项传递的信息是，我认为孩子不可理喻，而且他关心的事情对我来说一点也不重要。但是，对于孩子的反应，我做出的最善意的解释是这样的："嗯，我儿子特别希望他也能参加这次特别的午餐，我能理解他的这一心情。他很难过，也很嫉妒。这些感受在他小小的身体里再也装不下，于是就变成伤人的话爆发了出来。可是，这些话的背后却藏着一颗被刺得生疼的心。"看到孩子的 善良本心 之后，我们就能借助充满共情的语言来表示我们听懂了他的话和话里隐藏的巨大痛苦，而非据此判断他是个坏孩子。

发现最善意的解释，这个过程能教会父母关注孩子的内心世界（深刻的感受、巨大的担忧和强烈的冲动），而非孩子的外在表现（激烈的言语和出格的行为）。而且，我们在这样做的同时，我们也是在教孩子做同样的事，引导他们去关注自己的内心，例如想法、感受、感觉、冲动、记忆和印象。孩子的自我调节能力来自对内心的感知，因此，我们关注孩子的内心世界而非外在表现，就是在为孩子将来能够更好地应对问题打下基础。选择对孩子的行为做出最善意的解释并不是要惯着孩子，而是要在重塑孩子行为的同时帮助他们提升对未来至关重要的情绪调节能力，同时也不影响亲子关系。

我喜欢从最善意的角度考虑问题的另一个原因是，在任何时候，特别是在孩子情绪失控（即情绪超出孩子的应对能力）时，他们都需要通过父母的眼睛来为一些问题找到答案。例如："此刻的我是个什么样的孩子？我到底是做了坏事的坏孩子，还是情绪有些崩溃的好孩子？"孩子通过认同父母对这些问题的回答来形成他们对自身的看法。如果我们想让孩子获得真正的自信，感觉自己是好的，我们就要告诉孩子，他们的本心是好的，哪怕他们在行为上存在问题。

我经常提醒自己，孩子们会按照自己在父母眼中的样子来看待自己并行事。如果我们说孩子自私，他们就会只考虑自己。如果父母对儿子说，姐姐比他有礼貌得多，那么你猜结果会怎样？他还会粗鲁下去。反过来也一样。如果我们告诉孩子："你是个好孩子，只是现在遇到了一点问题……有我在，我会陪在你身边。"那么孩子就会对自己遭遇的困境多一分理解，这一理解能帮助他们整理好情绪，进而做出更好的决定。我记得有一次，我看到我的儿子正在纠结是否要把零食分给妹妹吃。当时的我很想说："妹妹也会把她的零食分给你吃的！来吧，这是好事！"但我同时也听到另一个声音在呐喊："最善意的解释！最善意的解释！"于是我转而说："我知道，你和家里的其他人一样大方，喜欢分享。我要到别的房间去了，你和妹妹能处理好的。"然后，我听到他告诉妹妹，她要的饼干他不能给她，但她可以吃几块他的另一种饼干。这个结果完美吗？不完美。但如果我执着于完美，我就会错过成长……而我十分关心成长。我的儿子选择退让一小步，我欣然接受。

在挣扎当中，我们要去学着找到自己的好，这件事的意义无比重大，因为这么做能提升我们反思和改变的能力。人首先要对自己和周围的环境感到安心，然后才能做出好的决定，而最能让人感到安心的就是被认可为好人（我们本来就是好人）。如果把这本书浓缩为一句话，那就是，你的本心是好的，孩子的本心也是好的。只要你能在尝试改变前认清这一真相，你就一定不会走错路！

准则 2

真相不唯一

萨拉是两个男孩的母亲,她来到我的诊室,倾诉了自己的痛苦、自责和懊丧。她有美满的婚姻和健康的孩子,却无法忍受因为总要管教孩子而无法尽情与他们玩耍的生活。她说:"我倒是希望自己能跟孩子们开玩笑,可总得有人来执行规则,督促他们做该做的事情呀。"我想让萨拉(以及许多父母)明白,她可以两者兼得:既有趣,又严格;既放松,又坚定。而且,她不仅可以两者兼得,假如她做到这一点的话,她自己的感觉也可以变好,她的整个家庭也可以运行得更加顺畅。

接纳多重真相:让关系中的双方都能被看到

我们不必在看似对立的两种情形中左右为难,这一理念是我的许多育儿建议的共同特点。我们既能避免惩罚，又能改善孩子的行为；既能严格要求孩子，又能和孩子打成一片；既能建立并维持边界，又能表达我们对孩子的爱；既能关心孩子，又能照顾我们自身的感受。同样，我们既能坚守对家庭有益的事，又能允许孩子表达不满；既能对孩子说"不"，又能对他们的失望表达关怀。

这种同时接纳多种现实的能力是维系健康人际关系的关键。只要两个人生活在同一个屋檐下，那里就会存在两套感受、两套想法、两套需求和两套视角。只有具备同时接纳多重真相（例如我们眼中的真相和对方眼中的真相）的能力，关系中的双方才能感受到自己*被看见*，感受到自己的*存在*，哪怕两人存在分歧。只有具备这一能力，两人才能和谐相处，彼此亲近。即使两人存在分歧，对方也会把自己的想法和感受当作重要的事情去对待、去接受。构筑牢固关系的前提是双方共同认定没有谁绝对正确，因为人在关系中的安全感来自*理解*，而非*说服*。

要理解，而非说服，这是什么意思？如果我们想去理解另一个人，我们就会努力去*了解*、去*弄明白*那个人的想法、感受和经历。我们实际上是在说："我的经历和你的经历不一样，我想了解你经历了什么。"这并不代表我们赞同或认同对方，也不代表我们错了，或者我们眼里的真相站不住脚，而是意味着我们愿意暂时把自己的经历放到一边，以此来了解另一个人的经历。如果我们怀揣着理解的目标去与他人相处，我们就会认同对于纷繁的世事，没有唯一正确的解释，只有不一样的体会和视角。理解的目的之一是建立亲密感，而正是通过这一过程，孩子才能学会如何调节情绪，才能意识到自己的本心是好的，所以我们才反复强调，沟通的目的是理解。

理解的对立面是什么？就我们此刻讨论的话题而言，是说服。说服想要证明只存在一种现实——"真相唯一"。想要证明只有自己是对的，别人都是错的。说服背后的假设是，正确的看法只有一种。倘若我们想要说服别人，我们其实就是在说："你错了，你理解偏了，你记混了，你的感觉不对，你的想法有问题。我来解释给你听，为什么我是对的，你听完就明白了。"说服的目的只有一个："我是对的。"然而不幸的是，这只会让另一个人感觉到自己没有*被看见、被听见*。在这种情况下，大多数人都会产生愤怒，因为那种感觉就像是对方拒绝接受你的存在或价值。如果感觉到自己没有被看见、被听见，亲密感就无法建立。

理解（"真相不唯一"）和说服（"真相唯一"）是两种完全相反的处事方式。因此，对任何互动而言，关键的第一步是要认清你自己的处事方式是哪一种。如果你认定"真相唯一"，你就会对别人的想法妄加评判，因为你觉得对方攻击了你眼里的真相。这样一来，你就会想尽办法去证明自己的观点，进而让对方产生防备，因为对方也需要维护自己的想法。在"真相唯一"的互动模式下，争论会迅速升级。虽然每个人都认为自己是就事论事，但实际上，他们努力捍卫的其实是自己和自己想法的存在和价值。而在"真相不唯一"的互动模式下，我们会**想去了解**别人的想法，并且会**乐于接受**它们，仿佛去了解他人是一种幸运。我们带着开放的胸襟走近他人，对方便会卸下防备。这样一来，所有人都会感觉到自己被看见了、被听见了，于是关系便可能加深。

对婚姻、职场和社交的研究一再表明，如果我们采用理解的、"真相不唯一"的互动模式，我们的关系会经营得更好。例如，戈特曼疗法（心理学家约翰·戈特曼夫妇基于科学研究而开发出的一套婚姻关系疗法）的核心原则之一便是认识到两种看法都对。在一项针对两种倾听模式的研究中，临床心理学家费伊·德尔发现，为**理解**而倾听的人比为**反驳**而倾听的人拥有更高的整体关系满意度。[1] 神经精神病学家丹尼尔·西格尔是《全脑教养法》（*The Whole-Brain Child*）一书的作者之一，他经常提到"觉得自己被感觉到"在关系中的重要性。他把这一感受描述为"我们的心思存在

---

1. Faye Doell, "Partners' Listening Styles and Relationship Satisfaction: Listening to Understand vs. Listening to Respond" (graduate thesis, University of Toronto, 2003).

于别人的心思当中",但他其实只是在说,我们要去了解他人的想法和感受。[1] 多项研究甚至已经发现,顶尖的企业领导者更常倾听员工的声音,肯定员工的价值,而非单向表达。换句话说,他们努力去理解员工眼里的真相,而非去说服他们管理层总是对的。[2]

作为个体,如果我们能在与自我的对话中采用"真相不唯一"的模式,我们也会做得更好。只要拥有同时接纳多种现实的能力,我们就能认识到:我既爱孩子,又渴望独处的空间;既感恩我有地方住,又会羡慕育儿条件更好的家庭;既能当一个好妈妈,又偶尔会吼孩子几句。同时接纳许多看似对立的想法和感受的能力,即明白自己可以同时体验多重真相的能力,对我们的心理健康至关重要。或许在这一点上,心理学家菲利普·布罗姆伯格做出了最好的诠释:"健康就是能够身处多种现实之间,不忽视其中任何一种,就是既能走进许多人的内心,又能拥有独立的自我。"[3] 如果我们能同时察觉到内心的多种感受、想法和冲动,而不让其中的任

---

1. Daniel J. Siegel and Tina Payne Bryson, *The Whole-Brain Child* (New York: Random House, 2012).
2. J. H. Zenger and J. Folkman, *The Extraordinary Leader: Turning Good Managers into Great Leaders* (New York: McGraw-Hill, 2002).
3. P. M. Bromberg, "Shadow and Substance: A Relational Perspective on Clinical Process" *Psychoanalytic Psychology* (1993), 10: 147–68.

何一种把我们全部占据，如果我们能用丰富的体验来定义自我（"我发现一部分自我感到很紧张，另一部分自我感到很兴奋。"或者："我发现一部分自我想冲孩子喊叫，另一部分自我认为此时应该做个深呼吸。"），我们就处于最佳状态。换句话说，如果我们能看到两种（或多种！）现实的存在，我们就是最健康的自己。

采用"真相不唯一"的互动模式来育儿能促使我们成为更加坚定的成年人。我总是寻求同时拥有两种现实，即我的养育方式既能让我自己拥有好感觉，又能让我的孩子拥有好感觉；既能用明确的行为规则来约束孩子，又能让孩子与我们保持亲密；既能给予孩子当下需要的东西，又能锻炼他们未来需要的心理韧性。在更小的尺度上，"真相不唯一"的互动模式也似乎总能帮助我们解决问题。我可以不让孩子看电视，但同时接受孩子为此而不快；既会因为孩子撒谎而生气，又会去探究孩子不敢讲真话的原因；既认为孩子的焦虑是不理性的，又能对孩子的需求产生共情。特别是，我既会对孩子大喊大叫，也会成为一个爱孩子的妈妈；既能把事情搞砸，又能去积极修复；既可以后悔自己说了不该说的话，又能在日后做得更好。

"真相不唯一"的理念能帮助所有人去理解这个常常让我们感到矛盾重重的世界，它对孩子来说尤其重要。孩子既需要父母了解并肯定他们的感受，又需要明白感受不能代替和干扰决策本身。这是大多数父母需要去实现的目标。我们可以按照自己的判断做出我们眼里的最佳决策，但同时也要关心孩子对这些决策的感受。这是两件完全独立的事情。我们需要尽力去同时拥有两种真相，允许两种现实同时存在，这对亲子之间达成理解，进而建立亲密感至关重要。

下面，我们以成年人的关系为例，继续探讨"真相不唯一"的理念。假设最近一年，你的业绩突飞猛进，上司答应年终总结时给你兑现已经被一拖再拖的加薪。可是到了会上，上司却说："我们的预算遭到大幅削减，我们不得不裁掉一批员工。你的工作可以保留，只是我今年没办法给你加薪了，希望明年能加！"

现在，停下来想想，你听了上司的话有什么感觉？失望？感激？庆幸？愤怒？是不是很难说得清。我的看法是，不同的真相同时存在。"我很庆幸没丢工作，同时没有得到加薪也让我很失望。"我们来把上司做的事情和你的反应分开来看。上司已经做了决定：工作保留，但是今年不再加薪。你也有了自己的感受：失望，愤怒，感觉遭到背叛，还有些许庆幸。你的愤怒无法改变上司的决定，而上司的解释也无法改变你的感受。所有这些不同情形都讲得通，都是真相。

我们不必只选择一种真相。事实上，在生活的大多数领域，我们都能看到许多相互矛盾的现实。它们确实同时存在，因此，我们的最佳应对方式就是尊重一切现实。你对保住工

准则2 真相不唯一 · 021

作感到高兴并不意味着你不能对未能加薪感到失望,你对未能加薪感到愤怒也并不妨碍你对保住工作感到庆幸。

我们继续讨论这个例子。第二天,上司发现你情绪有些低落,但是她的头脑里只存在"一种真相",于是她走过来对你说:"加薪已经不可能了。振作点!你应该心存感激,至少工作还在。"你听了会是什么感受?你心里会怎么想?你或许会发现自己想要自责:"我这是怎么回事?心里只有自己!"或是责备他人:"我这上司是怎么回事?自以为是!"又或者你会发现自己怒火中烧,或者感到对方没有尊重你。如果不加处理,这些情绪很可能就会转化成为你对工作和上司的怨恨,最终导致工作动力不足。为什么"真相唯一"的思维模式会给你带来如此糟糕的感受?为什么它会引发一连串的负面行为?

在内心深处,我们都希望别人能看到我们的处境、感受和我们眼里的真相。如果我们觉得自己被看见了,我们的失望就不会四处蔓延,我们的心里就会拥有足够的安全感和善意去考虑他人的想法。倘若上司当初看见了你的处境,并且说:"我实在没办法帮你加薪……但我理解你很失望,换作我也一样。"情绪基调就会完全改变。她甚至无须说一句道歉的话。只要她同时认可并能明确说出两种真相,即加薪虽不可能,但负面情绪合理,你们的关系就能继续维系下去。

"真相不唯一"是一条基本的育儿原则,因为它时刻提醒我们把孩子的想法和感受，或者另一名共同养育者的想法和感受，看作真实的、合理的、值得去探讨和理解的东西。它也让我们得以把自己的想法和感受看作真实的、合理的、值得去探讨和理解的东西。它提醒我们，道理是道理，情绪是情绪。我们做某件事或许有合理的理由，但**与此同时**，他人也会有合理的情绪反应。两者都是真相。

在我们即将讨论的许多育儿难题中，我们都会用到"真相不唯一"的原则。例如如何在孩子反抗时守住底线，如何避免对控制权的争夺，如何应对孩子的无礼行为，以及如何在情绪激动时平复心情，等等。我们接下来会讨论一些例子，但我希望你也能把这一原则运用到生活的其他方面。没错，这是一本育儿书，但它的核心议题其实是关系。我在书里提到的原则不仅适用于你与孩子的相处，也适用于你与伴侣、朋友和家人的相处，以及最重要的，你与自己的相处。所以，在阅读下面的这些例子时，你可以不时停下来问问自己："这个理念还能用在生活里的哪些方面？"努力去尝试，把"真相不唯一"的原则运用到任何有需要的地方。要相信自己可以做得到。

实践指南一：坚守行为规则

下面的冲突十分常见：孩子想看某部电影，但你觉得这部电影并不适合他这个年龄。孩子非常失望，坚持说他的朋友们都看过了，还说你是最坏的父母，再也不会理你了。

你的决定：我的孩子不能看这部电影。

孩子的感受：难过、失望、愤怒和被冷落。

如果这两件事当中只有一件是可以被接受的，那么孩子的感受就很可能会推翻你的决定。如果你告诉自己，做决定时必须照顾孩子的感受，那么为了证明你是爱孩子的好父母，你就必然会改变主意。

但是，如果从"真相不唯一"的角度来看，你就可以同时接受这两件事：我坚守不让孩子看这部电影的行为规则，同时也允许孩子感到难过、失望、愤怒和被冷落。

如果你坚信你的决定是正确的，但同时也知道这么做会让孩子失望，你或许就可以这样对孩子说："宝贝儿，我跟你说两件事。第一，我已经决定了，你不能看这个电影。第二，你很失望，也很生气。你真的很生气，我都知道，我还知道你为什么生气。你当然可以生气。"你不必在坚守原则和证明你爱孩子之间做出选择，也无须在理性决策和接纳孩子的感受之间做出取舍。真相并不唯一。

当然，在你为自己能够这样看问题而感到高兴时（"太好了，我做到了！我是好父母。"），孩子却仍然在难过。毕竟，这些话不是咒语，无法立即解决问题或缓和局面。但是，这些话能促使你尊重孩子的人格，帮助你跟孩子结成拥有长远收益的关系。不过,好的养育方式也并非总能换回好的行为,那么接下来要怎么做呢?

假设你说完"你当然可以生气"这句话,孩子开始尖叫:"你走开!我讨厌你!"你该怎么办?首先,冷静下来,在心里确认自己的决定("我知道,我的这个决定没问题,我相信自己。")。然后,继续对孩子的感受——他眼里的真相——表达理解:"唉,我知道你真的很生气,我知道。"现在,守住行为规则,然后适时补充:"还有许多别的电影可以看,想看的话就告诉我。"或者:"有没有我们今晚能做的别的有意思的事情?"不要忘了,无论对你还是对孩子,你该做的已经都做了。

实践指南二:摆脱控制权之争

对控制权的争夺几乎总是源自"真相不唯一"原则的缺失。在这当中,你和孩子"针锋相对",例如为了要不要穿外套而发生争执。

父母:"你必须在出门前把外套穿上。"
孩子:"不要!我不冷,我就想这样出去!"

你可能会觉得,你们争论的焦点只是"穿外套"这件事,但实际上，你们都在寻找被看见的感觉。身为父母的你希望孩子看到你关心他的健康，而孩子则希望你能看到他的独立，承认他的身体他做主。如果孩子觉得自己没有获得肯定，我们就无法解决问题。因此，在争夺控制权的时刻，你首先要做的不是解决问题，而是找回"真相不唯一"的心态。因为，一旦孩子觉得你看见了他们的想法、感觉和渴望，他们就会卸下防备。毕竟，人更加在乎的不是任何具体的决定，而是感到自己被看见，后面这件事几乎永远都是最重要的。

一旦回到"真相不唯一"的出发点，我们就能把心态从"针锋相对"切换至"联手共同解决问题"。这样一来，事情就好办了。现在，我们跟孩子是"一伙儿的"，面对着同一个问题，我们一起来想办法。

还是回到这个例子。

父母："你必须在出门前把外套穿上。外面太冷了！"

孩子："我不会着凉的！没事的，让我出去吧！"

父母："先等一下，让我想想现在是什么情况……我怕你会冷，因为外面风很大。你说，你觉得自己不会着凉，你确定没事，是这样吗？"

孩子："是这样。"

现在，你们的谈话来到了一个岔路口，前面出现了很多种可能性。下面我们来讨论两种不同的选择。

父母："嗯，那咱们该怎么办呢？我们肯定能想出一个我们都满意的办法。"

孩子："我把外套带上，冷了就穿上，可以吗？"

父母："当然可以了，这个办法真好！"

如果孩子们感到自己被看见，感到他们的父母不是对手，而是队友，父母还需要他们来合作解决问题，好事情就会发生。现在，假设你坚持让孩子穿上外套，因为外面接近0摄氏度，而且刮着6级大风。这就不再是一个谁占上风的问题，而是一个安全问题。

父母："嗯，那咱们该怎么办呢？我是你的父母，我有责任保证你的安全。现在外面很冷，安全的意思就是要穿上外套。还有，你喜欢自己做决定，不喜欢父母来告诉你该怎么做。"

孩子："我就是不想穿外套！"

父母："我听到了。我跟你说两件事。第一，如果你要出去，就必须穿上外套。第二，你可以生我的气，你也可以继续不喜欢穿外套。"

即使这是我单方面的决定，我也尊重了孩子的感受。我并没有努力说服孩子只能接受一件事,即天气很冷,只有穿上外套才是对的。我认定外套对孩子的安全非常重要,于是我决定,孩子出门前必须穿上外套。然后,我说出了孩子的感受,并且允许孩子拥有那些感受。我做了我的决定,孩子的感受也获得了接纳。两人各得其所,真相并不唯一。

实践指南三:应对孩子的无礼行为

下面是父母们经常跟我反映的另一种情形。你跟孩子说,饭前(或睡前、去学校前)不能玩电脑(或看电视),孩子听了便生气地大叫:"你坏!我讨厌你!"

深呼吸!我们先来看看到底发生了什么。如果孩子的外在行为是我们洞察他内心感受的一扇窗户,那么他失控的语言就是他内心崩溃的标志。记住,孩子的本心是好的。不良行为来自失控的情绪,而我们常常对孩子的情绪无可奈何。有什么东西能来帮助我们调节孩子的情绪呢?我们和孩子的亲密感。

孩子:"你坏,我讨厌你!"

父母深吸一口气,对自己说:"孩子心里很生气,所以他的外在表现并不能真正反映他对我的看法。他是个好孩子,只是遇到了让他感到痛苦的事。"接着对孩子说:"你这话说得有点重……你一定特别不高兴。可能还有别的事情让你感到不高兴，所以你才会说出这样的话。我得平静一会儿……可能你也得平静一会儿……到时候咱们再接着聊。"

在这里，你把让你感到不舒服的行为说了出来，但你并没有在这一点上大做文章。你接纳孩子内心的感受，尽管它是以失控的方式表达出来的。

实践指南四：解决父母的不良情绪

如果我们自责、内疚、担心自己害了孩子，怀疑自己是坏父母，那么"真相不唯一"的原则也能派上用场。

每当孩子让我头疼时，我都会用一句"真相不唯一"式的话提醒自己："我是情绪有些崩溃的好妈妈。"在这种时候，我们很容易陷入"真相唯一"的误区："我不是个好爸爸（或好妈妈），什么都做不好，搞得一团糟，我真没用。"说这些话的时候，我们的心里充满了愧疚和自责。在这种心态下，想要改变是不可能的。我们会在后面的内容里详细讨论父母的内疚感。你现在只需知道，内疚是一种让我们感到不安的情绪，而且难以摆脱。所以，我们越是强调自己是坏爸爸（或坏妈妈），认为这是唯一的真相，我们就越会让自己身陷泥沼，自暴自弃，进而更加确信自己一无是处。

那么要怎么做呢？同样，我们需要把**行为**（我们做了什么）与我们**自身**（我们的本心）区分开来。这不是要为自己的行为寻找借口，或是为自己推脱责任，而是要**同时**认识到两件事。其一，我们的本心是好的。其二，我们也需要努力去改进。所以，我们要牢记"真相不唯一"的原则，并且要一遍又一遍地告诉自己："我的情绪有些崩溃，但我是个好爸爸（或好妈妈）。我是情绪有些崩溃的好爸爸（或好妈妈）。"

准则 3

明确父母和孩子的职责

在任何系统当中,清晰的角色定位和明确的职责分工都是保证系统顺利运转的关键。反之亦然,如果系统中的成员搞不清楚自己的角色,或是越界干扰他人,系统就会崩溃。家庭系统(是的,家庭也是一个系统)也不例外,每一名家庭成员都有自己的职责。

父母的职责:保护孩子的身心安全,做孩子情感的守护者

父母的职责是通过行为规则、接纳和共情来构建安全的成长环境。孩子的职责是通过感知和表达情感来探索和学习。既然是职责,我们就都不能越界。孩子不能替父母决定自己能做什么,不能做什么,父母也不能控制孩子只能有什么样

的感受，不能有什么样的感受。

在家庭系统中，有些任务的优先级会高于其他任务。例如，安全的优先级高于快乐，也高于孩子对父母感到满意。我们的首要职责是保证孩子的身心安全。孩子最怕发现父母在这项工作上失职（特别是当这一失职源于对孩子反应的恐惧时）。孩子在潜意识中收到的信息是，一旦自己失控，那么没人会介入来帮助自己。当然，孩子并不会感谢你的介入和对他们安全的维护，但我向你保证，这正是他们找寻的东西。因为只有你这样做了，他们才能提升健康成长所必需的情绪调节能力。所以，当你把起冲突的孩子们拉开时，当你抓住孩子的手阻止孩子打人时，当孩子情绪失控需要制止，于是你抱孩子回房间，并且坐下来陪伴孩子时，请对自己说："我正在履行保护孩子安全的职责，孩子也在履行表达自身感受的职责。我们都在做我们应该做的事情。我能应对当下的局面。"

设置行为规则：坚守职责，杜绝孩子在行为上越界

如果说，孩子的安全是父母的首要目标，那么杜绝孩子在行为上越界就是实现这一目标的途径。我们为孩子设置的行为规则能起到保护孩子和制止某些行为的作用。我们这么做是出自我们对孩子的爱，因为我们要在孩子尚且无法做出

明智决策的时候保护他们的安全。带着幼小的孩子走在人行道上时，我们不会让孩子离开自己太远，因为我们知道，孩子随时都可能冲向马路中央。我们不让年龄太小的孩子看恐怖电影，因为我们知道，他们还无法应对恐惧。孩子们需要我们来设置明确的（但不一定是吓人的）行为规则，因为他们需要知道，我们能保证他们的安全，因为受制于发育阶段的他们还无法做到这一点。

孩子们为什么无法保证自己的安全？简单说，孩子们**感受**强烈情绪的能力要强于他们**调节**这些情绪的能力，而两者之差就会表现为失控的行为（例如打人、踢人和尖叫）。在《全脑教养法》一书中，神经精神病学家丹尼尔·西格尔和心理治疗师蒂娜·佩恩·布赖森分析了孩子的行为经常失控的原因。他们把人的大脑比作一幢两层小楼，楼下的一层负责人体最基本的生理机能，例如呼吸、冲动和情绪。楼上的一层负责更加复杂的生理过程，例如计划、决策、自我觉知和共情。问题在于，以强烈的情绪和感受为标志的"楼下"在人的幼儿时期已经发育完全，但"楼上"直到人长到**20多岁时**还处在发育当中。也就是说，"楼上"的发育是滞后的！难怪儿童很难去规划未来、自我反思和共情，这些都是"楼上"的功能。一定要记住，如果孩子深陷情绪无法自拔，无法做出正确的决策，那么这是完全正常的，因为他们还在发育当中，哪怕父母们会为此而感到头痛。

如果孩子的大脑是一幢两层小楼，那么父母就是楼梯。他们的主要作用就是把"楼下"（汹涌的情绪）和"楼上"（自我觉知、调节、计划、决策）连接起来。了解你的职责是实现这一目标的前提。我们希望孩子们去感受他们丰富的感受，获得新鲜的体验，而我们的职责是教导他们应对纷繁复杂的外部世界，以此来帮助他们提升适应力。我们的目标不是关闭他们的感受力，或是让他们把注意力转移到别处，而是教会他们**管理**自己的所有感受、认知、想法和冲动，而我们就是这一教育的主要实施者。我们靠的既不是训斥，也不是说教，而是**我们在陪伴孩子的过程中给他们带去的体验**。

帮助孩子调节情绪是确保孩子安全的重要环节，但这么做的重要性常常被低估。你可以把这一过程想象成帮助孩子控制体内熊熊燃烧的情绪之火。如果你家着了火，你首先要做的是控制火势蔓延。没错，你确实需要改进家里的防火措施，但在火势得到控制，你也重新感到安全之前，你还不能这么做。如果父母无法杜绝孩子逾越行为规则，或者无法调节自己的强烈情绪，那样子就像是我们看到火在烧，却还敞开所有房门，浇上更多燃料，让火蔓延到整幢房子。所以，我们要先控制火势，即杜绝孩子逾越行为规则。

父母通过话语和身体来杜绝孩子在行为上越界。对于"身体"一词，我指的并不是用身体的力量来宣示权威或恐吓孩子，我们绝不可以伤害或吓唬孩子，永远都不能这样做！但在有些时候，为了确保孩子安全，我们还是需要借助身体的力量。如果我告诉女儿不准打弟弟，那么我可能还是需要抓住她的手来防止她再次抬手打人。如果我让儿子离开厨房操作台，可他并不想这么做，那么我就需要把他抱到安全的地方去，哪怕他大喊大叫。如果我需要让女儿坐汽车安全座椅，可她却大声抗议，那么我就需要给她系好安全带，甚至还要在这样做的同时把她摁在座椅上。我真想动用蛮力来防止孩子逾越行为规则吗？我不想，我宁愿不这样做。我更愿意在亲密感和情绪调节这类核心问题上下功夫，让孩子从一开始就展现出合作的态度（后面会详细探讨）。但是，一旦遇到意料之外的困难局面，让孩子的安全受到威胁，我们就必须坚守职责，守护孩子的安全。

了解自己的职责只是第一步，要想完成它还存在很多困难。有一天，一位母亲在我的诊室讲述了这样一件事。"我走进孩子的游戏室，看到蕾娜和凯在一起玩得很融洽，用卡车、积木和小玩偶搭的场景有模有样。当然，如此和谐的一幕很难持续下去。很快，他们就因为哪个玩具该往哪里摆的问题产生了争执。蕾娜抓起一个小玩偶，朝凯扔了过去，紧接着又扔了一个。我跟蕾娜说：'蕾娜！停手！不准扔！'可是她不听，还在不停地扔，搞得一团糟！"

这位母亲并没有做错什么，蕾娜（包括凯）也没有错，那么问题到底出在哪里？答案是行为规则缺失！**行为规则不**

是告诉孩子不要做什么，而是告诉孩子我们会怎么做。行为规则体现的是你身为父母的权威，但并不需要孩子做任何事。在蕾娜和凯的这件事上，有效的干预措施或许是，妈妈站在两个孩子中间，把小玩偶挪到蕾娜够不着的地方，并且告诉她："我不会允许你乱扔玩具。"或者，如果她不想破坏孩子们精心搭建的游戏场景，她也可以把蕾娜抱到另一个房间，接着陪她坐下来。这些措施都是在设置行为规则。仅仅说"不准扔"尽管是大多数父母的本能反应，但这么做并不是在设置行为规则。

下面这些做法也属于设置行为规则。

- "我不会允许你打弟弟。"你一边说，一边走到姐姐和弟弟中间，让女儿打不到弟弟。
- "我不会允许你拿着剪刀到处跑。"你一边说，一边把孩子抱住。
- "时间到了，我要关电视了。"你关掉电视，把遥控器放到高处。

下面这些做法不属于设置行为规则，而属于要求孩子去做本该由我们自己来做的事情。在下面这些情形里，尽管我们的初衷是制止孩子的行为，但结果往往是让局面升级。这不是因为孩子"不听话"，而是因为他们的身体没有得到父母的"阻止"。让孩子失控的与其说是事情本身，不如说是没有强大的成年人站出来保护孩子的安全。

- "别再打你弟弟了！"
- "别跑了！我说了，不要再跑了！如果你还拿着剪刀跑，一会儿就不给你吃好吃的了！"
- "我们不是说过，你看完这集就关电视吗？为什么不关呢？关个电视有这么难吗？"

在上面的做法里，父母都是在要求孩子抑制某种欲望或冲动。可是坦白说，尚未发育完全的孩子基本没有能力做到这一点。我们无法通过命令让正在打人的孩子停手，让乱跑的孩子停下脚步，或是让想继续看电视的孩子停止抱怨。我们不是不能这么说（我自己也说过这些话），但是这么说没有用。为什么？因为我们无法控制别人，我们只能控制自己。而且，如果我们要求孩子来代我们做我们自己该做的事，他们的行为还可能进一步失控，因为你传递给孩子的信息是："我发现你失控了，但是我也不知道该怎么办，所以我要让你来解决这个问题，你自己把自己调整好。"这对孩子来说是非常可怕的，因为在他失控时，他需要一个成年人来为自己设置安全而稳固的行为规则。实际上，这一行为规则就是一种爱，就像有人在说："我知道你的本心是好的，你只是情绪有些崩溃，有些失控而已。我会成为你需要的行为规则守护者，我会阻止你继续做出这样的行为，我会保护你，不让你被失控的情绪淹没。"

这不正是我们每个人在情绪失控时都想要的东西吗？我们不是都想有个人能始终保持冷静，掌控局面，最终再次给我们带来安全感吗？

接纳与共情：培养孩子良好的情绪调节能力

当然，父母的职责不仅限于保障孩子的人身安全，我们也是孩子情感的守护者。这里就要谈到我们的另外两项重要职责：接纳与共情。

接纳是对他人的情感体验的真实性和合理性的认可，而不是把他人的情感体验看作我们想要说服他人摆脱或放弃的东西。接纳听起来就像是："你很难过，这种感受是真实的、合理的，我看到了。"而**不接纳**，或者不认可他人感受的真实性和合理性，听起来就像是："你根本没必要这么难过，你太敏感了，别这样！"记住，所有人，不论大人还是小孩，内心深处都需要他人看见我们的本心，而且在任何时候，**我们的本心都与我们的感受紧密相连**。一旦我们获得他人的接纳，我们就会开始整理自己的情绪，因为我们感受到了他人对我们本心的肯定。而如果我们没有得到接纳，我们的情绪往往就会失调并变得更加强烈，因为此时我们就像是被别人否认了本心。这种感觉极其糟糕。

共情是父母的第二项情绪守护职责,即我们理解和体会他人感受的能力。共情的前提是承认他人的感受是合理的。所以,接纳在先("我的孩子现在情绪很强烈"),共情在后("我要努力去理解和体会孩子的感受,而不是排斥它们")。共情的能力来自好奇心,有了好奇心,我们才能通过学习(而非评判)来理解孩子的感受。得到共情后,孩子(实际上大人也一样)会觉得有人跟自己站在一起,好像那个人在帮助自己分担情绪压力;毕竟,只有强烈到无法调节和控制,情绪才会通过行为表现出来。如果有人给予我们共情("唉,确实太难了"),我们就会得到丹尼尔·西格尔所说的"觉得自己被感觉到"的感觉。我们会觉得有人理解我们的感受,这会让我们的情绪更加可控,从而提升我们的情绪调节能力。孩子的情绪调节能力提高了,情绪就不大可能转化为行为,于是孩子的外在表现就会改善。例如,孩子说:"我真受不了我妹妹!"(孩子正在调节愤怒情绪)而非动手打妹妹(愤怒情绪转化为过激行为)。孩子说:"我想跑。"(孩子正在调节冲动)而非拿着剪刀到处跑(冲动转化为过激行为)。孩子说:"我想再看一集。"(孩子正在调节失望情绪)而非崩溃(失望情绪转化为过激行为)。

虽然接纳和共情能让孩子的内心感受良好,但它们的好处还要大得多。儿童阶段的一项重要任务是培养良好的情绪调节能力,即培养感知和管理情绪的能力,以及学习如何在各种感受、想法和冲动中找到自我,而非淹没其中。来自父母的接纳和共情是儿童发展情绪调节能力的关键因素。所以,我们不应把接纳和共情看作"软弱"或"多愁善感"的表现,而应重视并认真对待这两种能力。

现在,我们已经对设置行为规则、接纳和共情有了全面的了解。让我们回到先前关于行为规则的例子,看看如何将接纳和共情融入其中。

- "我不会允许你打弟弟。"你一边说,一边走到姐姐和弟弟中间,让女儿打不到弟弟,"我知道你很生气!弟弟总是爬来爬去,总是给你捣乱,这确实有点烦。不过有我在这里,我会帮你想办法,不让他再把你搭的积木碰倒了。"

- "我不会允许你拿着剪刀到处跑。"你一边说,一边把孩子抱住,"我知道,你想到处跑着玩!不过你可以把剪刀放下来再跑,或者等你做完手工以后再跑。你想选哪一个?哦……你还是想拿着剪刀跑?我知道了,宝贝儿!但是,这么做很危险,我不能让你这么做,哪怕你会因为这件事生我的气。我非常爱你!你可以生气,我知道你很生气。"

- "时间到了,我要关电视了。"你关掉电视,把遥控器放到高处,"我知道你还想再看一集!如果我是你的话也不想关电视。这样吧,你跟我说说明天想看哪一集,我把它记下来,到时候就不会忘了。"

为什么设置行为规则、接纳和共情能帮助孩子培养情绪调节能力呢?设置行为规则的做法能告诉孩子,哪怕是最强烈的情绪也永远不会失控。儿童需要感受到父母设置的行为规则(例如"我不会允许你……",以及父母对孩子危险行为的制止),如此他们才能从内心深处体会到:"这种情绪看似遮天蔽日,无法抵挡,但是,我能从父母设置的行为规则中感觉到,有一种办法可以控制它。虽然对我来说,这种情绪十分可怕,无法控制,但是我能看到,对我的爸爸妈妈来说,它并不可怕,也可以控制。"随着时间的推移,孩子们会逐渐将这种控制力内化,把它变成自己的本领。

另一方面,处在挣扎当中的孩子也能通过父母的接纳和共情发现自己本心的善良。我们已经知道,我们必须首先感受到自己的本心是好的,然后才能做出改变。人们大都这么想:"我需要改变,一旦我改变了,我就能感受到自己的可爱和价值。"可实际上,这件事刚好是反过来的。我们本心的好才是我们的压舱石,才能让我们在体会各种糟糕情绪的同时不被它们支配或吞噬。如果父母能养成接纳和共情孩子感受的习惯,他们其实就是在对孩子说:"你的本心是好的,你是可爱的,你是好孩子。"

孩子的职责：通过感受和表达情绪来探索和学习

现在，你已经了解了作为父母的职责：通过设置行为规则、接纳和共情，保护孩子的身心安全。那么，在家庭这个系统当中，孩子又担负了怎样的职责呢？虽然作为父母，我们更应该关注的是自己的职责，因为这是我们能够控制的。但是，了解系统内其他成员的职责也是有帮助的。毕竟，只有这么做才符合"了解你们的职责"的原则。孩子在家庭系统中的职责是通过感知和表达他们的情绪和愿望来探索和学习。孩子需要了解自己的能力边界、什么是安全的、他们在家里的角色、他们有多少自主权，以及在尝试新事物时可能会遇到什么情况。他们通过探索来学习，例如试探边界、尝试新技能、与他人玩耍。他们也通过挑战父母的权威、要求得到想要的东西，甚至"撒泼打滚"来学习。如果你把家庭系统看作一个整体，你就能看到不同职责之间的巧妙的相互作用，孩子可以表达情绪，父母也可以用接纳和共情来对待孩子的情绪。如果孩子的情绪升级成了危险的行为，我们就设置适当的行为规则，同时也依旧给予孩子接纳与共情。

一旦你理解了家庭系统中所有成员的任务和职责，你就可以重新看待孩子的困境。你可以把孩子的挣扎视为履行自身的职责，这么做能提醒你，这只是好孩子在做自己该做的事，而非坏孩子在展现不良行为。这种看问题的角度已经让我深受其益。每当我告诉儿子，我必须开始工作了，可他却在我起身离开后大叫着喊我的时候，我都可以这样想："这种情形看起来一团糟，可是等一等，我们都履行各自的职责了吗？"

然后我开始回想，在我离开前，我是这样对他说的："宝贝儿，妈妈必须去工作了，我知道，每当这个时候，你都非常难受。这没有问题，你确实喜欢待在妈妈身边！妈妈不在的时候，爸爸会陪着你。到了吃午饭的时候，我就回来了。妈妈会回来的。"我设置了我认为正确的**行为规则**，也用语言表达了**接纳**，用语气表达了**共情**。儿子用大哭大叫表示抗议。他履行了他的职责——感受和表达情绪。我回应他说："我知道这挺难的，宝贝儿！你可以生气、难过。我爱你！"然后就离开了。我做到了接纳、共情和设置行为规则，哭泣的孩子也感受和表达了他的情绪。

所以，我觉得我们的职责还算完成得不错。不过，我也要把事情说清楚：我当时感觉并不好，并不是那种"哇，太棒了！"的感觉。但是，回想我们各自的职责能让我们在内心深处找到平静，防止我们陷入自责（"我做错什么了吗？"）或责备孩子（"怎么回事，我都走了，他还在哭？"）的泥沼。对我所了解的大多数父母而言，只要能在这样的时刻多一分清醒，摆脱"我是坏父母"的自我怀疑，那就已经是巨大的成功了。对我来讲当然也是这样。

准则

4

婴幼儿时期至关重要

为什么我们要关心养育孩子的问题？为什么我们要为孩子设置行为规则，包容他们的脾气，关心他们的感受，看到他们行为背后的挣扎？做这些事情真有什么实际意义吗？特别是对那些很小的孩子来说，他们能记住什么？

早期经历的重要性：早年的亲子互动是孩子构筑未来生活的蓝纸

养育是很重要的事。而且，孩子确实能"记住"这些年的经历，包括出生后的第 1 年、第 2 年和第 3 年。当然，这种记忆不是我们通常所说的记忆，他们没法把过去的经历用语言讲述出来。但是，即使他们不能用语言来记忆，他们也能并且也会用更加强大的工具——**身体**来记忆。早在学会说话之前，孩子就能在与父母互动中，学习哪些行为是可以接受的，哪些行为是不被接受的，以及哪些感受是可以控制的，哪些感受是无法驾驭的。所以，人在早年形成的"记忆"实际上比后来形成的记忆更加难以磨灭。**父母与孩子的互动方式会成为他们构筑未来生活的蓝纸**。孩子会把他们从这些互动中收集来的信息消化吸收，进而形成他们对这个世界的最初印象。

我们已经谈到过这个问题，但还需要重提一下。我们最初体验到的关系会影响我们对自身的看法，例如自己的哪个部分是可爱的，哪个部分让我们想要摒弃，哪个部分让我们感到羞耻。换句话说，孩子早年与父母的互动经历会影响他们对自己的看法和对他人的预期，会影响他们觉得什么是安全的、美好的，什么又是危险的、不好的。例如，如果一个小女孩经常听到大人对她说"别那么敏感"，那么她很小就会知道，自己的感受是"错的"，会让他人讨厌。如果一位父亲总是跟儿子说不要哭，那么这个男孩就会知道，哭是不好的，即使他后来已经记不清过去发生的事情了。此外，孩子的情绪调节能力建立在幼年经历的基础之上，而我们已经知道，情绪调节能力是一个人掌控自身感受和冲动的能力。幼儿时期的经历决定了他们哪些情绪是能够掌控和可以表露的，哪些情绪是"过度的"或"错误的"。我如此看重养育孩子，并不是因为我想为父母和孩子创造更多的幸福时刻（虽然这样也很好），而是因为早年经历能够为人的一生奠定基础。对自己感到满意，对失败无所畏惧，对规则能够维护，有能力主张自我，也能够亲近他人……所有这些成年人的重要心理品质都源自早年的经历。生命的最初几年将为其后的人生打下根基。

在进一步展开讨论之前，我们有必要明确这样一个事实，即人类的大脑具有很强的可塑性，它可以重建回路，抛弃旧习，学习新知，持续改变。如果你在读完前面几段后产生了强烈的内疚情绪，如果你担心自己"没做好""错过了时机"，耽误了孩子最重要的成长阶段……那么请先停一停。首先请接纳你的内疚，向它问个好，然后提醒自己，你是好父母，因为你正在努力提升自己，想方设法改善你和孩子的关系。实际上，对任何父母而言，能够这样做已经非常好了。在下一章里，我们将讨论修复的力量，因为修复的效果真实可见，而且不论早晚都可以实施（下一章的标题就是"永远都不晚"）。在接下来的内容里，我将介绍为何生命的头几年如此关键，以此来激发我们投入更多心力去养育孩子。（一旦你在阅读的过程中感到羞愧和内疚，那么请先停下来。或许，你可以先去读准则 10，把其中建议的做法尝试一番，之后再回到这一部分。）接下来，在阅读的同时，记得提醒自己，我们这些父母都在尽自己最大的努力。即便你的孩子已经走过了生命的早期阶段，你也在尽自己最大的努力。养育孩子不是一件容易的事。不论过去还是现在，你都做得非常好！

为了理解生命早期阶段的影响，我们可以先来概要地了解两个关于亲子关系的心理学理论，即依恋理论和内在家庭系统理论。这两个理论能够集合为一个理论框架，我们能借助它来理解婴幼儿阶段的重要性，以及为何哪怕孩子无法在意识层面回忆起这段时期，它也依然对孩子有重要影响。

依恋理论：孩子越是觉得可以依赖父母，就越是能够独立

婴儿生来就有"依恋"养育者的驱动力。心理学家约翰·鲍尔比在 20 世纪 70 年代提出了依恋理论。他认为，孩子距离养育者的远近会带来不同的结果。那些知道如何让被依恋者待在身边的孩子更有可能获得安抚和保护，因此更有可能生存下去；而那些距离被依恋者较远的孩子则更不容易得到安抚和保护，因此生存下来的概率也更低。正如鲍尔比所说，依恋不仅能带给孩子好处，更是一大进化机制。毕竟，只有通过依恋，孩子才能满足他们的各项基本需求，例如食物、水和安全感。依恋理论认为，孩子生来就能找到并依恋那些能让他们获得生存所需的安抚和安全的人。

根据早期经历的不同，孩子能构建出不同类型的依恋关系。依恋类型的不同会影响孩子的**内部工作模式**，包括想法、记忆、信念、期望、情感和行为。而内部工作模式的不同又

会影响孩子与自己和他人的互动，以及他们日后会去寻求何种类型的关系。内部工作模式源自孩子在互动中对养育者的多项特征的了解，例如回应是否及时、能否提供长时间的陪伴、陪伴是否稳定、有无修复行为，以及回应的强度如何。孩子会通过以下几个问题来考察他们与养育者的互动：我是可爱的、好的、受欢迎的吗？我会被看见、被听见吗？我难过时会得到怎样的回应？我崩溃时会被怎样对待？我和养育者想法不同时结果会怎样？根据这些问题的答案，他们会总结出自己到底被允许成为什么样的人，以及这个世界如何运作。我们可能觉得我们是在要求孩子关掉电视或者早点睡觉，但孩子接收到的并不是这些具体的信息，而是当身处特定关系当中的他们拥有不受欢迎的欲望和想法时，自己是否依旧安全。

请记住，孩子们是被禁锢在他们与父母的关系中的，他们只能在这样的条件下学习人际关系是怎么一回事。他们完全依赖我们生存，而且在骨子里明白这一点，于是他们根据收集自外界的信息来塑造自己，以此来与养育者结成尽可能紧密的依恋关系，与他们保持亲密。也就是说，我们对孩子需求的反应方式、我们能察觉到他们的哪些情绪、我们是否总能在他们需要时出现、我们能否在冲突后及时修复关系、我们能否在压力下保持冷静……我们的所有这些行为所造成的影响都远远超出原生家庭本身。

简单说，孩子会根据收集到的信息形成他们对世界的预期，进而塑造自己来适应环境，而早期形成的经历又会进一步影响他们此后很长时间对自己和他人的看法。接下来，我们会通过一些例子来说明早期互动对依恋关系的影响。当然，这些例子并不特指某一种具体情形，而是代表了某类长期存在的互动模式。

行为：父母送孩子上学，离开时孩子哭了。

父母的反应（1）："别哭哭啼啼的！"
形成的依恋（1）：在我哭的时候，我会被嘲笑，他们看不见我的感受。只要身处亲密关系当中，我就不能哭，那样不安全。

父母的反应（2）："我知道你不想跟爸爸分开，但是有些时候就是这样。我知道你在学校很安全，你也知道爸爸肯定会来接你的，放学了你就能看见爸爸了。"
形成的依恋（2）：我的感受会得到认真对待。我在难过和哭泣时能得到接纳和安慰。在亲密关系中，哭是安全的。

行为：孩子早餐想吃冰激凌，并为此大哭大闹。

父母的反应（1）："你发脾气的时候我是不会跟你说话

的。回你的房间去，等你冷静了再出来！"

形成的依恋（1）：每当我想要得到什么的时候，别人就会远离我，不喜欢我，我就会被抛弃，被丢到一边。人们只有在我顺从和听话的时候才愿意跟我在一起。

父母的反应（2）："我知道，宝贝儿。你想把冰激凌当早饭，但是冰激凌不能当早饭。不过我也理解，你吃不到冰激凌挺失望的。"

形成的依恋（2）：我想要什么都可以说出来。在亲密关系中，我可以争取自己想要的东西。

行为：孩子不敢加入别人的生日聚会，紧紧抱着妈妈。

父母的反应（1）："你们都认识呀，快去吧！你怕什么呀！"

形成的依恋（1）：我无法信任我的感觉，因为它是可笑的、夸大的。别人比我更清楚我应该有什么感觉。

父母的反应（2）："你觉得这件事做起来很难。我理解你，慢慢来。等你准备好了再说。"

形成的依恋（2）：我能信任我的感觉。我可以用谨慎的态度面对外部世界。我了解自己的感受，别人也会尊重和肯定我的感受。

从出生的第一天起，孩子就在寻找是什么因素在影响他们与养育者的亲疏，并在行为上做出相应的调整，以此来建立安全的依恋关系。听到父母的第一种回应后（假定这一回应能代表一大类回应模式），孩子发现，有些感受**不利于依恋关系的维持**。然后，孩子就会想方设法（很可能是通过愧疚和自责）压抑这些感受，因为这么做对他们的生存至关重要。听到父母的第二种回应后（同样假定这一回应能代表一大类回应模式），孩子了解到，他们的感受是真实而合理的，能够存在于亲密关系中。但是，需要说明的是，父母的第二种回应并不会马上解决问题，让哭泣和喊叫立即停止。不过，这样回应还是会带来两个好处：短期看能培养孩子的情绪调节能力，进而为他们处理失望情绪打下基础；长期看能促使孩子建立自信，自我接纳，敞开怀抱，而非让他们自惭形秽，自我厌恶，自我封闭。

现在，让时间快进。几十年后，孩子的内部工作模式和依恋模式仍旧来自早年与父母的互动。只是，此时的他正在把他所习得的模式运用于其他亲密关系中。也许他会有这种想法："我不能在亲密关系中表现出软弱的一面，我只能靠我自己。"或者："除非确定别人会满足我的要求，否则我就不能要求任何东西，这一点对于维持安全和满意的关系至关重要。"如果我们想让孩子在未来的关系中既能保持独立又能借力他人，既能与人亲近又不"丢失"自我，既能表露软弱又能得到理解，那么我们就必须趁他们年纪尚小的时候立即行动。因为，孩子在与父母的相处中越是感到安全和稳定，越是能够体会其中的丰富感受，他们成年后就越是能够拥有安全和稳定的关系。

那么，我们现在该如何与孩子建立安全的依恋关系，以便他们日后能够与他人建立同样安全的依恋关系呢？一般来说，能及时回应孩子，能给予孩子温暖和稳定的预期，冲突后能及时修复感情的亲子关系能够让孩子拥有**安全基地**。把父母视作安全基地的孩子能够在生活中拥有安全感，那是一种"遇到困难时会有人在身边安慰我"的感觉。于是，这样的孩子就会有能力去探索世界，尝试新鲜事物，冒险，承受失败，以及表露软弱的一面。这里有一条深刻而关键的悖论：我们越是能依靠父母，我们就越能放开了去好奇和探索；我们与父母的情感纽带越是牢固，我们就越是自信。换句话说，依赖和独立并不一定对立，相反，它们还可以相辅相成，即真相不唯一，二者可兼得！**孩子们越是觉得自己可以依赖父母，他们就越是能够独立**。只有孩子相信总有人能理解自己，支持自己，安慰自己，而不会对自己妄加评判，他们才能成长为坚定、自信和勇敢的成年人。

内在家庭系统理论：情绪自由，孩子才能接纳内心的多个自我

内在家庭系统是一套心理治疗理论，它认为人不是铁板一块，而是有多个**组成部分**。内在家庭系统理论的基本假设之一是，人的人格可以分为多个部分或子人格。你可以想想你自己。也许你在熟人面前表现得很外向，但换了陌生环境又会很拘谨。也许你会在必要的时候捍卫自己的权益，但如果这件事由别人来做，你也可能会保持沉默。也许你在专业领域自信满满，但是到了社交场合却畏首畏尾。你的性格中有勇敢的一面，有焦虑的一面，有自信的一面，也有谦卑的一面。你的人格不只有一面，而是有很多面。这些不同的人格既没有好坏之分，也没有高低之别，而你就是它们的总和。而且，你越是能在某个人格出现问题时放松心情，你就越是能在各种情形中感到自在。我们的信心、韧性和自我认知都源自我们对人的多面性的理解。如果我们感到不堪重负而做出过激反应，那么这几乎是因为，我们已经被某个人格完全占据。于是我们失去了觉察本心的能力，任由汹涌的情绪把自己吞没。

这一理论能够让我们看清相互冲突（或者至少同时存在）的多种情绪，例如在痛苦中感到踏实，在矛盾中感到平静，在愤怒中肯定自己是个好人。我在独立执业的过程中发现，

倾听内心的不同声音给许多成年人带去了自由、同情、解脱和调节负面情绪的能力。而且，由于我已经见证了它的威力，所以我非常愿意把这种方法用在幼儿身上，好让他们能及早地把不同的想法和感受看作我们可以去关心的内心里的不同自我，而不是把它们看作本心的呈现或父母眼里的洪水猛兽。

如果把内在家庭系统理论和依恋理论联系起来，我们就能更加深入地理解孩子的早期发展。依恋理论认为，为了生存和满足需求，孩子必须学会依恋父母。因此，孩子们会通过"什么最有利于我的生存"的视角去观察他们所处的环境。把这一点与内在家庭系统理论结合起来看的话，我们还能看得更加深入。"获得亲近、关注、理解和接纳的是我内心里的哪些自我？我应该让那些自我发挥更多的作用，因为这么做能尽可能地加深依恋关系，进而最大程度地提升生存的概率！我身体里的这些自我是好的、安全的，是能帮助我们走近他人的，它们随时准备走近他人。与此同时，遭遇疏远和冷落的又是我内心里的哪些自我？我应该让它们远离自己，因为它们会威胁依恋关系，进而威胁我的生存。我内心里的这些自我是不好的、可怕的、不被爱的，它们无法走近他人。"

孩子从亲子互动中找寻这些问题的答案。当然，他们不是在父母的言语里找寻，而是在自己的感受中找寻。他们会记住是什么让自己获得了父母的笑容、关怀、拥抱和陪伴（例如"你有这种感觉很正常，你可以多跟我说说，我会一直听着的"），以及是什么让自己遭到了父母的惩罚、拒绝、批评和疏远（例如"回你自己的房间去！你这个样子，我可不想跟你待在一起"）。内在家庭系统理论的提出者、心理学家理查德·施瓦茨这样写道："成长中的孩子容易把感受转化为自我认知。因为父母不爱我，所以我不可爱；因为我遇到了不好的事情，所以是我不好。"换句话说，孩子会根据与养育者相处的感受来推断自己是什么样的人。如果父母能够理解孩子的某些情绪（即对这些情绪感兴趣，因而不排斥），孩子就会知道，他们内心里的相应自我是安全的、可爱的、有价值的；如果父母用抑制、惩罚、拒绝来回应孩子的某些情绪，或者试图改造它们，孩子就会明白，他们内心里的相应自我是危险的、不好的、不可爱的、超过了限度的。

　　正是这一原因，我们才强调区分**外在行为**与**内心感受**，这是非常重要的。虽然我们有必要约束展现出"坏行为"的失控孩子，但我们也要认识到，藏在坏行为背后的，是一个正在痛苦中挣扎、需求未被满足、迫切需要大人理解的孩子（或者从内在家庭系统理论的角度来看的话，是孩子身体里的某个部分），这一点也非常重要。在孩子眼里，大人说的话并不针对具体事件，而是传达了"他们应该成为什么样的人"的信号。所以，如果孩子说："我讨厌弟弟，把他送回医院去！"而你则回应："别这么说，他是你弟弟，你爱他！"那么孩子学到的就不是自己用词不当，而是嫉妒和愤怒是不该有的危险情绪！所以，把孩子做的事（可能是"不好的"事）与他们是怎样的人（孩子的本心是好的）区分开来才如此关键。当然，我们并不希望看到孩子打人（行为），但我们确实想让孩子拥有表达愤怒（感受）的权利。我们也并不希望看到孩子在商店里大哭大闹（行为），但我们确实想让孩子知道自己想要什么（感受）并努力争取。我们也并不希望孩子晚餐只吃麦片（行为），但我们确实希望孩子能够意识到他们对自己的身体拥有自主权，能够知道做什么事情会给他们带去好感觉（感受）。如果我们没有明确肯定孩子行为背后的感受，让他们知道，即使他们撒泼打滚，我们也爱他们，那么他们就会把行为与感受混为一谈。他们会认为，依恋关系的安全有赖于压抑行为背后的**感受**。长远看，这会让他们形成病态的关系模式。

所以，没错，婴幼儿阶段非常重要，能在相当程度上决定孩子日后能否成长为独立、自信、拥有自我觉知能力和健康人际关系的成年人。当然，事情也并非如此绝对，在人生的各个阶段，我们都有机会来培养这些品质。不过，如果为了孩子而疲惫不堪的你怀疑这一切努力是否值得（照看幼小的孩子的确非常辛苦），那么你大可放心，这绝对值得。你付出的每一分努力，都将影响孩子的一生。

准
则
5

永远都不晚

父母们问我最多的问题是："现在是不是太晚了？"我的回答永远是"不晚"。因为事实就是如此。接着，他们又会说："但是，我的孩子已经3岁了，我听说3岁以前才是最重要的阶段。"或者："可是我儿子已经8岁了，我觉得他已经很大了。"或者："我女儿都16岁了，我可能永远都没有机会了。"我甚至听到有人这样说："我已经是做奶奶的人了，我真希望当初能用不同的方式来养育我的孩子们……现在是不是已经太晚了？"请允许我再重复一遍：不晚！与你的孩子修复关系，弥合感情裂痕，改变他们的生命轨迹，这件事对孩子来说永远都不晚。而且，这件事对你来说也不晚。你可以想想，你内心里的哪些自我需要你去为它们做出修复和弥合的工作。身为成年人的我们可以改变自己和自己的生命轨迹。不仅现在不晚，而且永远都不会晚。

我的育儿方法特别关注学习新观念、改变自己和自己的行为，以及肯定自己。我们该如何去学习、修复和改变做法（先面向自己，再面向孩子）？在我们反思过去的做法时，我们该如何消解心头涌起的内疚和悔恨？虽然从很多方面来讲，只要我们想在生活的某个方面做出改变，我们都得面对如何处理内疚情绪的难题，但由于我们深爱着孩子，一心想成为优秀的父母，所以我们因此而产生的情绪尤其强烈。

养育孩子这件事不是神经脆弱的人能做得了的。它要求极高，或许更重要的是，养育者还需要不断自我反思、学习和调整。我时常想，养育孩子其实是对我们这些父母的一种历练。有了孩子后，我们就必须去面对关于我们自身、我们的童年，以及我们与原生家庭的关系的大量真相。虽然我们能借助这些信息来学习，改变，打破恶性循环，治愈创伤，但我们同时还要照顾孩子，安抚他们的情绪，靠有限的睡眠和疲惫不堪的身体勉力支撑。这是很不容易的。此刻，我们或许可以花点时间来肯定自己的不易。把手放在心脏的位置，对自己说下面这段话："我在努力改变自己，也在努力照顾家人。我在努力改变对我没有好处的做法，也在努力从小培养孩子们的心理韧性，让他们学会肯定自己。哇！我做的事情可真不少。"

这一章的内容，我希望你能反复多读几次，特别是在你陷入自责（"这都是我的错"）、悲观（"我已经把孩子毁了"）

和绝望（"这个家永远无法改变了"）的时候。这些内容是你在想要平复心情时可以反复查询的参考。它们也能提醒你，改变和修复并非难以实现。

大脑的可塑性：如果父母愿意改变，孩子的脑回路就会发生改变

对于大脑，我们要了解两件事。首先，大脑发育得非常早。同时，大脑也具有非常强的可塑性。**神经可塑性**是大脑在发现自己需要适应环境时重新学习和改造自身的能力。大脑可以在人的一生中持续发育。我们的身体注定会保护我们，如果大脑认为老方法不再有效，它就会引入新的模式、新的观念、新的处理和反应体系。虽然随着年龄增长，这件事做起来会越来越难（年龄越大，我们就越需要依靠努力和坚持来让改变发生），但总的来说，任何人都能学会新技能。

孩子的大脑是在亲子间的互动中发育的。内侧前额叶皮层是大脑中涉及情绪调节、认知灵活性、共情和人际关系的部分，它的发育会受到孩子与养育者的依恋关系的影响。换句话说，孩子的早期经历能显著影响大脑的发育。不过，我们从研究中得知，人的依恋模式也并非一成不变。通过大脑的自我改造，不安全的依恋关系可以转变为安全的依恋关系。心理学家路易斯·科佐林诺确立了治疗在神经系统改建过程

中的作用。他发现，来访者与治疗师之间的安全依恋关系能重塑来访者的脑回路，进而提升来访者的情绪调节能力和压力应对能力。我们可以把这一发现运用到家庭当中，因为我们知道，父母可以通过努力来与孩子形成更加安全的依恋关系。如果父母愿意改变和修复，愿意卸下防备跟孩子一起反思让孩子感到痛苦的过往经历，孩子的脑回路就会发生改变。

我们的大脑也具有非凡的学习能力。数十年的研究已经证实，大脑能随着环境的变化而变化。神经科学家玛丽安·戴蒙德在20世纪70年代初首次发现，缺乏回应的成长环境能导致大脑萎缩，而刺激丰富的成长环境则能促使大脑生长。如果环境发生变化，那么大脑也会随之改变。近期的一项育儿研究也证实了这一效应。这项研究评估了2～11岁儿童的亲子课堂的效果，最后发现，只要使用的方法适合孩子的年龄，那么亲子课堂的最终效果就都是一样的。在教孩子掌握新技能方面，亲子课堂对学步孩子和年龄稍大孩子的效果没有差异。这一结论非常鼓舞人心。如果我们担心自己给孩子造成了伤害，那么就可以想想这个研究。对于改变养育方式和干预的时机，研究者这样写道："重要的是，我们的研究结论永远不能作为推迟干预的理由，否则儿童及其家人还会继续遭受痛苦。对于针对儿童行为问题的一般干预措施，我们的结论不是'越早越好'，而是'永远都不早，也永远都不晚'。"

既然父母是孩子成长环境中最重要的人,那么父母改变继而引发孩子改变或许就不足为奇了。研究已经表明,与单独治疗孩子相比,在治疗孩子的同时也针对父母做指导或治疗通常效果更好。这一研究意义重大,因为它已经证实,孩子的行为(背后是孩子的情绪调节模式)与父母的心理成熟度有关。对于这一结论,父母们可能会从两个角度来解读。第一种解读是:"天哪,是我害了孩子,都怪我自己一团糟。我是最差劲的妈妈!"另一种解读则乐观得多:"哇,太神奇了!如果我能下点功夫提升自己的情绪调节能力(至少我自己的情绪能够得到改善),那么我的孩子也会随之改变。这真是振奋人心!"

我总是对父母们说:孩子的问题不是你造成的。但是,你是你的家庭这个系统里的成年人,所以你有责任改变环境,以此来让孩子更好地学习和成长。孩子们的脑回路是在我们与他们的互动中形成的。这一点是确定的。若是我们还像过去那样做事情,既有的反应模式就只会得到强化。但是,倘若我们能去反思、成长,尝试新的做法,改变对待孩子的方式,那么我们就能在提升自己的同时帮助孩子建立新的脑回路。此刻的你正在做这件事。你是一个勇于反思、成长和尝试新事物的人。此刻的我也正在做这件事。我并没有想通所有的事情,我自己也有很多焦虑和敏感之处,我也是所有想要打破恶性循环并且终身学习的父母中的一员。

修复的力量：父母永远能给孩子带去新的感受，进而改变现状

世上没有完美的父母。所有父母都有不在状态的时候：他们暴跳如雷，他们口无遮拦，他们把孩子的好心当成驴肝肺。别担心，我也有这样的时候，你的朋友们也有这样的时候，我们都有这样的时候。这没问题！重要的是，接下来你会怎么做。孩子养育得好与坏不一定取决于亲子间有无冲突，而应取决于冲突过后，我们能否去关心孩子，能否去了解他们在冲突中的感受，以及能否努力去修补亲子关系中的裂痕。

如果父母们想知道"现在是否已经太晚了"，那么我们其实已经预设，我们与孩子的关系无法改变了。抱有这种心态的父母忽视了一条非常关键的事实——我们永远都能给孩子带去新的感受，进而改变现状。假如忙碌了一天的你非常疲惫，却碰上孩子偷吃零食。你忍无可忍，冲他大喊："你怎么这么不听话！我真是把你给惯坏了！真是让人头疼死了！"听到你这么说，孩子尖叫着"我讨厌你！我讨厌你！我讨厌你！"跑回了房间。先来个深呼吸。如果你现在想的是："是的，我说过这样的话。"或者："贝姬医生不是昨晚去过我家吧？"甚至是："这就是贝姬医生举的例子？我的反应可要比例子里的大多了！"不管你的反应有多么夸张，我还是要说，我仍然觉得你在内心里是好父母。我知道，你

读这本书是为了改善现状。接下来的内容很重要,所以请继续读下去。

现在,孩子正一个人待在他的房间里。他现在有什么感受?很可能是强烈的痛苦。他崩溃了。也就是说,他被身体里汹涌的情绪吞没了。而且,他还分明嗅到了恐惧的味道("这种感觉太强烈了,我好害怕")。他的身体不得不想方设法来找回安全感。但此时的他孤身一人,身边没有一个可以信任的成年人来帮他。这时,独自承受强烈痛苦的孩子面前往往只有两条路可走,一条是自我怀疑,一条是自责。选择了自我怀疑的孩子会否认自己的感受,以此来重新获得安全感。他们可能会对自己说:"等等,我妈妈其实并没有说那些难听的话。她不可能那么说话,我一定记错了。毕竟,她没有道歉,也没有再提起这件事。要是她说了那些话,她肯定会跟我道歉的。"孩子用自我怀疑来保护自己,以防真相让自己难以承受。他们之所以这样做,是因为他们无法独自扛起那些情绪。自我怀疑使他们得以逃避现实,进而达到自我保护的目的。然而,他们这样做也是在努力让自己相信:"我的感觉不准确,我反应过度了,我无法相信我的感觉,别人比我看得更明白。"这是一种可怕的脑回路,因为它会让孩子成长为不信任自己、失去直觉的青少年和成年人。他们借助别人对待自己的方式来定义自己是谁和值得拥有什么。

如果冲突过后,父母没有尝试去修复感情,那么自责就是孩子的另一种常见的应对机制。自责能给孩子带去掌控感。因为,只要他认为,自己是个做坏事的坏孩子,要是自己能变得好一点,安全感就会多一点,那么他就会知道该怎么做了。对此,精神病学专家罗纳德·费尔贝恩有一条精彩的论述:"宁可在上帝的世界里做罪人,也不在魔鬼的世界里生活。"[1]如果冲突发生后,孩子没有成年人来帮助和陪伴,来主动修复关系和感情,那么他就会觉得这个世界充满危险。这时,他还不如把"坏"内化("我的本心是坏的"),这样一来,他至少还可以抱有这样的信念——我的世界仍然是安全而美好的。

这不正是我们担心"已经太晚了"的原因吗?我们因为亲子冲突而陷入自责("我真是个不称职的父母"),而这种认为自己不够好的思维方式又会阻碍我们做出有效的改变。我们应该让孩子用与过去不同的方式建立脑回路,同时也改造我们自己的脑回路。

于是,"修复"一词就成了我谈论养育话题的口头禅。当然,我们也可以在自己身上下功夫,努力提升我们的情绪调节能力,学习各种养育策略和沟通方法,但是,我们的目标并不是永远不犯错。它不是重点。我经常对父母们讲,最

---

[1]. W. R. Fairbairn, *Psychoanalytic Studies of the Personality* (Routledge & Kegan Paul, 1952).

有价值的目标或许是成为修复关系的高手。因为我们接下来还是会犯各种各样的错误，亲子冲突还是会不时出现，这就是现实。如果我们能学会**卸下防备，回到孩子身边**，让他们知道，我们在乎他们受伤时的感受，那么我们就是在做最重要的养育工作了。

修复怎么做：给予孩子理解与共情，让孩子感到安全

修复没有绝对正确的做法。其核心是在关系破裂后修补关系，即父母在孩子情绪失控后带着平静和共情出现在孩子身边。如果我们能跟孩子聊聊那个痛苦的时刻，给予孩子理解和共情，让孩子感到安全，我们实际上就改变了他们大脑中的记忆，他们的记忆中就不再会有"没人理解我，我是个坏孩子"这种可怕的标签。我们在批评、咆哮和误解后追加了安慰、温柔和理解，于是孩子的记忆就会变得不同。大脑的记忆是能够改变的，这一点很神奇，同时也是我与我家孩子修复关系的动力。

在这本书的下一部分里，我会进一步介绍修复的细节，包括大量的沟通方法。现在，我想先来谈谈修复的大致做法。首先跟孩子道歉，接着把你对于那件事的想法告诉孩子，也就是再谈谈那件事，让孩子知道，他脑海里的记忆并非事情的全貌。然后告诉孩子，你希望自己当初是怎么做的，以及

你将来又打算怎么做。重要的是要告诉孩子，有些事情是父母的责任（"妈妈大喊大叫是因为妈妈当时情绪太激动了。那是我的情绪，把它控制好也是我的责任。我大喊大叫从来都不是你的错，你也没有义务想办法帮我保持冷静。我爱你。"），而非暗示孩子，是他"逼"你这么做的。你还要记住，身为父母，你是孩子的榜样。如果孩子看到你在反思和改进，那么他也会从痛苦中吸取经验，并且为他的失控负起责任。

修复可以在事后的 10 分钟、10 天或 10 年进行。永远不要怀疑修复的威力，每一次你主动走近孩子，你都能帮他改造脑回路，改变最终的结果，化冲突为亲密和理解，而非孤独与恐惧。这么做能防止孩子陷入自责，增进亲子关系，也能让孩子在成年后拥有更加健康的关系。因为，我们都知道，人与人关系好并不是因为他们之间没有矛盾，而是因为他们能够在爆发矛盾后重修旧好，能够在遭受误解后重获理解。在阅读下一章之前，你或许可以推自己一把，现在就去跟孩子修复某段冲突经历造成的感情裂痕，或者在早晚接送孩子的时候去做这件事，为你做过的事负起责任。现在，请提醒自己："好的父母不追求永远不犯错，好的父母看重修复。"

每当我在我的社交媒体上看到父母们关于他们与孩子修复关系的留言，我都感到非常欣慰。留言中提到的孩子年龄不一，有新生儿，也有成年人。有位父母最近私信我说："我甚至在和我 9 个月大的孩子修复关系……他或许听不懂我说的每一个字，但是你已经告诉我，他会感受到我想要修复关系的愿望。我对他说，当时你一直在哭，可我们不知道你为什么哭。对不起，我冲你发火了。我知道我那样子很吓人。我理解你，我爱你。"还有一位妈妈是这样写的："我很后悔这些年来对女儿的惩罚，我不该把她一个人关在屋子里。我总觉得太晚了，我已经把孩子害了。但是今天，我告诉 8 岁的她，我已经明白小孩子真正需要什么了。在她最需要我的时候，我却总是把她一个人关起来，我真希望我从来都没这样做过。我看见她的身体放松下来了。我真的做到了，我们紧紧地抱在了一起。这一刻对我们来说太重要了。"下面这条留言是我一辈子都不会忘记的，它来自一位祖母："几个月前，我女儿让我关注你，好让我了解她是如何养育孩子的。结果，我学到了很多东西。今天早上，我打电话对她说，我希望我能回到过去，重新用这种方式来养育她。我还说，我现在明白了，在我大声吼她、把她往坏处而不是往好处想的时候，那种感觉一定非常糟糕。她哭了。我猜，她真的非常需要听到这些话。我们谈了很久。这是我们之间非常重要的一次谈话。"

不管你修复的是大的创伤还是小的裂痕，孩子都能感受到修复的力量。这样的沟通和解释能动摇孩子记忆中留存的孤独和困惑。大创伤和小裂痕都需要修复。每一分努力都有价值。

准则 6

心理韧性 > 快乐

"我的孩子应该比此刻的他们更快乐,"一位妈妈这样对我说,"他们要什么有什么,可他们还是会因为一些小事情而不开心。"

"我女儿总是担心一些特别严重的事情,例如无家可归、死亡和受到不公平的对待。她才只有 7 岁啊!"一位爸爸在诊室里对我说,"我总是跟她说:'别瞎担心!想想你生活里那些美好的事情!'可她还是会在夜里惊醒,醒来就睡不着了。"

"我小时候是一个非常孤独、压抑的孩子,"一位妈妈坦诚地说,"我想用与我父母不同的方式来养育我的孩子。我丈夫非常看不惯我的养育方式,他说我总帮孩子做这做那,太惯着孩子了。这有什么不好吗?你难道不想让自己的孩子快乐吗,贝姬医生?"

调节在先，快乐在后：快乐远没有心理韧性重要

我想让我的孩子们快乐吗？当然想了！不过在我看来，这些父母所说的并不能称之为快乐。我认为，这里还有一些更深层次的东西需要讨论。什么才能真正让人快乐？帮孩子祛除孤独和忧虑，确保他们每时每刻都感觉良好，这样他们就能靠自己来获得快乐了吗？我们说"我只想让我的孩子们快乐"的时候，我们真正的意思是什么？当我们对孩子说"高兴起来！""值得高兴的事情不是挺多的吗？""你怎么就不能高兴一点呢？"的时候，我们到底又是在表达什么？在我看来，我们说的与其说是**追求快乐**，不如说是**逃避恐惧和痛苦**。因为，如果我们过分关注快乐，我们就会忽视孩子在生活中注定会产生的其他所有情绪。也就是说，我们没有教给孩子应对那些情绪的方法。而且，我们如何透过亲子互动教孩子看待痛苦和烦恼，也会影响孩子将来如何看待自己和自己所遭遇的困难。

所有的父母都想把"最好的东西"给孩子，我也是如此！但我不确定孩子眼里"最好的东西"就是"只要快乐就好"。在我看来，快乐远没有心理韧性重要。毕竟，**追求快乐需要建立在调节压力的基础上**。我们必须首先感到**安全**，然后才能拥有**快乐**。为什么我们必须首先学会应对困难？为什么快乐无法"打败"其他所有情绪？要真是那样的话，生活肯定会

更加轻松！可遗憾的是，养育孩子跟生活里的其他事情一样，最重要的事往往需要我们付出更多时间和努力。帮助孩子培养心理韧性当然不是一件容易的事，但是我保证，它值得你去做。

把你的身体想象成一个大玻璃罐，里面飘浮着你可能感觉得到的所有情绪。为了方便说明，我们把这些情绪归为两类，一类是痛苦的情绪，一类是快乐的情绪。于是，这个情绪罐里就存放了天底下所有的情绪。随着时间的流逝，每一种情绪的强烈程度（即它的体积）都在不断变化。现在，请记住这一点：我们的身体天生有一套警报系统，它会不停地扫描**危险因素**。一旦我们无法应对失望、沮丧、嫉妒或悲伤等情绪，情绪罐就会被它们填满。这时，我们的身体就会启动应激反应。

而且，引发我们不安的并非仅仅是负面情绪本身，我们还会**因为自己的悲伤而悲伤**，或是**因为自己的恐惧而恐惧**。换句话说（假设我们的身体并未遭受实际的威胁，只是遇到了某种汹涌的负面情绪的"威胁"），倘若我们脑中的想法是："我要让这种情绪马上消失！"那么痛苦反而会愈演愈烈。这种痛苦已经不再出自原先的负面情绪，而是因为我们认为，这种负面情绪是错的、不好的、可怕的，必须除之而后快。于是最终，我们的身心都被焦虑所占据。焦虑就是无法忍受不适，就是拒绝接受身体的感受，就是固执地认为在特定时刻不该有某种情绪。焦虑不是消极和悲观的产物，而是进化的产物。如果我们认为那种情绪太可怕、无法接受，我们的身体就不会让我们放松下来。那么这时，快乐该从何谈起？是的，快乐被挤走了。它根本无处容身。

当然，我们并非只能如此。我们能够调节的情绪越多，例如沮丧、失望、嫉妒和悲伤，我们就越有可能为快乐腾出空间。情绪调节能力像一个保护垫，它能让上面那些情绪失去威力，还能防止它独霸情绪罐。调节在先，快乐在后。如果把这一点运用于养育孩子，那就是，我们能在孩子身上识别出来并报以宽容的情绪（注意不是行为）越多，孩子所能掌控的情绪也就会越多，他们也就越是感到自在。

我想让我的孩子体验快乐吗？当然想。我不仅想让他们成为快乐的小孩，我还想让他们将来成为快乐的成年人，所以我才如此注重培养孩子的心理韧性。心理韧性是我们在体验各种情绪的同时保持自我的能力。心理韧性能帮助我们从压力、失败、错误和逆境中走出来。有了心理韧性，快乐才能得以存在。

心理韧性的力量：心理韧性强的人，能更好地应对压力

拥有心理韧性并不意味着我们就能不受压力和痛苦的侵

袭。显然，只要人活着就无法逃避这些情绪，但心理韧性能决定我们受情绪影响的程度，以及我们如何<u>看待</u>情绪。心理韧性强的人能更好地应对压力。下面这个等式可以帮助你理解这一点（虽然有些简化）：<u>压力 + 应对方式 = 内心感受</u>。好消息是，心理韧性不是稳定存在的性格特征，而是可以培养的技能，也是我希望父母们能够帮助孩子从小培养的技能。因为，我们并非总能消除环境中的压力源，但我们却总是可以努力提升心理韧性。

你可能会惊讶于孩子有多么需要心理韧性。积木倒了再搭需要心理韧性，拼图遇到困难需要心理韧性，学习单词需要心理韧性，遭遇同伴孤立也需要心理韧性。遇到这类情形，心理韧性强的孩子能调整心态，鼓励自己，然后继续尝试，哪怕过程艰难，哪怕最终也并非总能成功。成年人常常会把心理韧性看作克服困难获取成功的能力，例如成功搭好积木，成功完成拼图，成功读出单词，或在被孤立后能对自己说"无所谓"。但实际上，心理韧性与结果成功与否毫无关联。如果我们都知道自己会成功，那就没必要给自己拼命打气去坚持了。心理韧性是*忍受痛苦*的能力，是*迎难而上*的能力，也是哪怕*暂时没有结果*仍旧气定神闲、不失自信的能力。心理韧性只能在获得成功*之前*培养，所以才如此之难。而正因为它难以培养，所以才如此重要。我们要学着忍受这种困难，我们坚持得越久就越有可能达到目标。

那么，我们该如何培养孩子的心理韧性呢？《儿童抗压手册》（The Handbook of Resilience in Children）的作者、心理学家罗伯特·布鲁克斯和山姆·戈尔茨坦发现，在提升心理韧性方面，儿童最需要父母做的事情有：共情，倾听，接纳孩子本来的样子，通过稳定的陪伴给予孩子安全感，找出孩子的优势，允许孩子犯错，培养孩子的责任感，以及提升孩子解决问题的能力。我希望，这本书能为你完成所有这些重要事项提供相应的工具。书中的理念和措施旨在帮助孩子在生活中提升心理韧性。我提供了许多应对策略和沟通方法来帮助孩子直面困难，寻找解决方案，看着自己在困局中坚持不懈，而非逃之夭夭。但是就我而言，最重要的不是知道在孩子遇到困难时说什么话，而是牢记大的目标或原则。因此，如果我们的大目标是鼓励孩子而非解决问题，是忍受困难而非逃避痛苦，进而提升孩子的心理韧性，那么我们就要时时提醒自己：我是在鼓励孩子忍受和克服困难，还是在唆使孩子从中逃离？我们要做的是前者，而非后者。

我提供的每一条实用策略都是为了帮助孩子提升心理韧性。身为父母，我要求自己在孩子遇到困难的时候**陪伴**他，让他知道自己并不孤单，而非直接**代替**他解决困难，以防他再次遇到困难时仍旧束手无策。例如，如果我的孩子说："哎呀，积木老是倒！你来帮我搭吧！"那么我不会为了帮他摆脱困难而这样说："来，我帮你搭一个结实的底座。"我可能会说："嗯，确实很讨厌！"然后，我会整理一下思绪，接着说："嗯，我们怎么做才能把它搭得更结实呢？"同时摆出一副好奇的模样。我这些做法都是在与孩子共情，同时继续让他面对困难。如果我的孩子说："班里的其他小朋友都开始掉牙了，只有我还没有！"那么我不会对他说："宝贝儿，很快就轮到你了，别忘了你都能读故事书了！"以此来帮他逃避失望情绪。我可能会这样说："别人都开始掉牙了，是吗？我知道你也想掉牙。我记得我上幼儿园的时候也有过这种感觉。"我这样做的目的是让烦恼中的孩子少一些孤独和无助。我们要时刻提醒自己："共情！共情！共情！"以此来促使我们首先做到设身处地地**走进**孩子的内心，而不是带领孩子**逃避**感受。

面向未来找答案：要快乐，还是要心理韧性？

让我们回到这一章的开头，我当时提到，有位妈妈问我："你难道不想让自己的孩子快乐吗，贝姬医生？"下面是我的回答：快乐不是我养育孩子的终极目标。当然，我也不是要让我的孩子不快乐。但非常讽刺的是，**我们越是注重让孩子高兴、快乐，我们就越是容易让他们长大后成为焦虑的人**。以快乐为目标会驱使我们代替孩子做事情，而不是锻炼他们自己解决问题的能力。我们生活在一个追求成功的社会，于是为了让孩子在快乐中获取成功，我们往往就会尽量少让或不让他们失望，直接出手帮他们走捷径。我们让他们远离挣扎，品尝胜利；我们让他们逃离痛苦，拥有快乐。

我们的这种冲动虽然合乎情理，但也比较短视。正如我们在准则 4 里讨论过的，我们与孩子的互动方式不仅影响他们的当下，还会影响他们未来的数十年，因为他们日后用来在繁杂生活中消化情绪、掌控感受和自我对话的脑回路都是在与我们相处的过程中形成的。如果我们对自己说，我们只想让孩子快乐，那么我们就会成为"情绪警察"，时刻帮助孩子**避免**不高兴，却不教孩子如何**应对**不高兴。如此一来，孩子就会形成这样的脑回路："不高兴不好，不应该不高兴，也就是说，我必须立即把它赶走。我必须找到更好的感觉，因为从来没人教过我如何忍受不高兴。"而在注重培养心理韧性的养育下，孩子形成的脑回路是这样的："不高兴很正常，而且是学习的机会。我不怕不高兴，因为我从小就学会了忍受不高兴，而这又是因为我的父母能忍受我的不高兴。"

如果我们对孩子说"我只想让你快乐"，那么我们就是在告诉孩子，他们必须摆脱痛苦，高兴起来。当女儿说"别的孩子都比我跑得快"的时候，我们却提醒她，她数学学得很好；当儿子伤心地说"杰克过生日没有邀请我去"的时候，我们却试图说服他，杰克邀请的人肯定非常少，告诉他杰克其实很喜欢他。我们以为自己是在帮助孩子，可孩子听到的却是:"我不应该难过。一旦我感到难过,我就必须尽快开心起来。"

当生活中有大事件发生时,同样的一幕也会上演,例如亲人去世、离婚、搬家和传染病暴发。如果我们对孩子说:"你会高兴起来的。"或者:"你这么小,不用担心这些事情。"那么孩子就会认为,他们不应该有那些感受。许多父母告诉我,他们想保护孩子远离负面感受。这种想法虽然出发点是好的,但结果往往适得其反,因为大多数所谓的保护措施只不过是在让孩子独自承受已经产生的痛苦,这种做法比痛苦本身还要可怕。与其保护孩子远离痛苦,不如锻炼孩子面对痛苦,而坦诚和带着爱的陪伴就是锻炼孩子的最佳方式。也就是说,与其对孩子说:"奶奶只是离开我们,到另一个地方去了。"不如这样告诉孩子:"我想告诉你一件事,你听了可能会难过。你的奶奶昨天去世了,你再也见不到她了。"然后陪孩子坐下来,看看孩子会有什么反应。接下来,你或许还可以加上一句:"你要是觉得特别难过,那也完全正常。"或者:"我很高兴能跟你说这件事。"我们传达给孩子的话外音是,痛苦是生活的一部分,如果发生了难过的事情,我们就可以跟自己爱的人聊一聊,一起渡过难关。

追求快乐不仅无法让孩子逃离痛苦,他们成年后显然也还是会经历痛苦。我从没听说哪个成年人这样说过:"我的父母确实让我摆脱了所有的负面感受,例如失望、沮丧、嫉妒……他们让我远离了所有这些负面感受！他们成功地把我的注意力转移到了别处，于是我现在就不会有这些感受了！我一直都很快乐！"可我却知道，很多成年人一旦无法快速摆脱失望、沮丧或嫉妒便会陷入焦虑。小时候太过关注快乐的成年人不仅对困难准备不足，而且对同样的困难还会产生**更多**的痛苦。因为，他们从内心深处认为，一旦他们找不到快乐，找不到"更理想的所在"，他们就是在犯错。如果我们成年后能拥有心理韧性，能够应对痛苦，那一定是因为，在我们幼小的时候，有人能肯定痛苦的价值，并且允许我们去体验痛苦。如果我们学到的是，只有心想事成，天天快乐，我们才能感到自在，那么迎接我们的就必将是现实的铁拳。

想象一下，假如今天的父母都能停止把快乐当作养育的终极目标，同时把孩子的心理健康放在第一位，那将会是一件多么振奋人心的事！假如养育孩子只是为了实现一个目标："我要让我的孩子有能力应对他在生活里遭遇的一切。我要让幼时的他在遭遇困难时得到帮助，于是长大后便能自助。"那将会是一幅多么美好的景象！

你是孩子的心理韧性的缔造者，这是你能送给他们的一份终极大礼。毕竟，能够成功应对生活里的各种困难才是一个人实现快乐的最可靠的途径。

准则 7

行为是一扇窗

想象下面这个场景。现在是下午 5 点半,堵心的事情一件接着一件在你的家中上演。你正要去厨房准备晚餐,却听到两个孩子因为玩具该谁玩的事吵了起来。这时,你的手机突然响起提示音,上司发来一封邮件,对你最近做的项目表达不满。然后,就在你要开始做饭的时候,你突然发现冰箱里已经没有鸡肉了,于是只好从柜子里抓出一盒麦片,决定用它来充当晚餐。谁知这时,你的伴侣又走过来说:"家里的卫生纸用完了,你怎么没有去超市买?"

听到这样的话,你忍不住把手里的麦片狠狠地摔到了地上,溅得到处都是,同时大喊:"你自己怎么不去买!你为家里做过什么!我真是受够了!"然后一扭头气冲冲地走了。

我们来看看,在你情绪激动,一边大喊大叫,一边摔麦片的时候,到底发生了什么?从表面上看,你的行为失控了。

但是假如往深处看，我们就能看到有个人正处在痛苦当中。她心烦意乱，觉得没有人在乎她的感受，没有人来安慰她，于是愤怒从心底涌起。

这一幕是不是很有意思？表面上，我们看到的是**行为**，但是透过行为，我们看到的却是一个人。摔麦片本身并不重要，但是透过这扇"窗"，我们却能**窥见**问题的核心。任何行为都是一扇"窗"，里面藏了一个人的感受、想法、冲动、感觉和未能满足的需求。行为从来都不是迫切需要我们去解决的问题本身，它只是问题的线索。

现在，我们还是回到那个场景当中。在把麦片摔到地上的那一刻，你需要伴侣为你做些什么呢？如果那个人是我，那么我肯定知道这么做确实不对。我摔东西和喊叫的行为仅仅表明我的情绪非常强烈，而非我不知道对错。我不需要伴侣用任何一种形式来教育我、批判我、惩罚我，或者羞辱我。我需要重新找回安全的感觉，需要重新肯定自己的本心是好的。稍稍冷静下来后，我需要反思自己为何会情绪失控，需要反思是什么让我的负面情绪累积到了爆发的地步？还有，我怎样做才能提升自己应对负面情绪的能力，好让自己下一次能够成功地调节这些负面情绪？

要想让自己做出改变，将来遇事能够更冷静地应对，唯一的方式就是去**探求**自身行为**背后**的感受。这句话听起来或许不合常理，但是倘若我们把注意力过多地放在评判和改变行为上面的话，结果反而会阻碍行为的改变，因为我们忽视了行为深处的核心冲突。

现在，仔细想想伴侣的以下两种反应方式。

伴侣的反应（1）：贝姬太不可理喻了。她怎么能做出这种事情呢？她不尊重我，是不是？这可不行！她太激动了，反应太夸张了！我不能让她觉得这么做没问题。我要告诉她："贝姬，摔东西是不对的！你知道的！这样太不尊重人了！惩罚你三个礼拜不能看电视！"

伴侣的态度（1）：生气，疏离，愤愤不平，批判。

伴侣的反应（2）：贝姬的反应好激烈，我不喜欢她这样。不过我想知道她当时遇到了什么事情。摔东西不对，她应该是知道的，所以她肯定遇到了难以承受的事情。她是个很好的人，所以她心里一定特别痛苦。我也经历过痛苦，那时的我也有些失态。我会去跟她说："你怎么了？是不是碰到了什么事情？我知道你平时不是这样的。我们聊聊吧，你做了什么并不重要，我更在乎的是你的感受。我会陪着你，跟你一起面对。"

伴侣的态度（2）：好奇，共情，试探，关心。

我想，所有人都喜欢伴侣用第二种"把行为当作一扇窗"

的方式来对待我们，而非第一种"唯行为论"的方式。

改变行为问题的核心：行为只是线索，
背后的动机更值得关注

现在，我们来谈谈孩子。许多年来，大多数父母接触到的都是"唯行为论"的教育观念。例如奖励小红花、奖励实物、表扬、忽视、关房间……这些都是矫正行为的方法，关注的是"如何改变行为"。注意，我也是个实用主义者，所以我知道，我们有时候想要改变孩子的行为。我也想改变我的孩子的行为！但是，真正重要的是**用什么样的方式**来改变。如果我们能把关注点深入**表象之下**，如果我们能给予孩子真正需要的东西，让他们的内心不要那么冲动，他们的行为便会和缓许多。如果我们能理解孩子**行为背后的动机**，我们就能帮助孩子提升心理韧性、调节情绪，而这一结果又必然会带来行为的改变。当然，这一改变不会立即发生，但是只要发生了，它就会是永久的、能够迁移至不同情境的重大改变。

假设你的儿子总是从他几个月大的妹妹手里抢走玩具。这时，如果我们只关注他的行为，那么我们会看到一个不懂得分享的自私孩子。但是，如果我们把他的行为看作一扇窗，窗里是他对家里多了一个妹妹的真实感受，那么我们眼前就会立即出现一个对他生活的世界感到不安、害怕生活里的重要东西被突然抢走的孩子。这时，我们的应对方式就会不同。我们可能依旧会把玩具从儿子手里拿走，还给小宝宝，但是接下来，我们就会与他共情，例如这样对他说："唉，家里多了一个小妹妹肯定让你很不开心！"现在，既然我们已经理解了孩子的心思，我们就可以多给他一些一对一的陪伴，或者通过跟他玩假扮游戏来帮他调整心态。（"翻斗车要抢它刚出生的妹妹推土机的玩具！嗯……咱们来想一想现在该怎么办……我们来帮翻斗车做个更好的决定吧。"）毕竟，这件事的焦点根本不在玩具上，而在于儿子的世界发生了巨大的改变，他需要父母来帮助他重新获得安全感。而一旦他对局面再次拥有了掌控感，他的行为就会自动改变。行为只是表象，核心问题一旦解决，表象也就成了无本之木。

需要说明的是，在我家里，如果较大的孩子从小宝宝手里抢了玩具，小宝宝通常也不会在意。而且，由于我关心的不是行为本身，而是行为给我的启示，所以我常常……什么都不做，只是静静观察。我不会让孩子把玩具还回去，而接下来就会发生不同寻常的一幕。由于我看到了孩子本心的善良，所以我并不害怕这一行为会一直持续下去，于是我没有做出任何反应。我知道问题的核心与玩具毫无关联，却与孩子的感受息息相关。并且，孩子更多时候会主动把玩具还回去，这不是开玩笑。

放弃控制行为，关系最重要：为什么不建议随意去奖励或惩罚？

矫正行为的方法确实能暂时改变孩子的行为，我不否认这一点。我也不否认，解决行为深处的问题可能要花更多时间，可现实当中不一定有这种条件。有时候，我们必须迅速纠正孩子的行为。也有时候，我们根本没有时间来解决行为深处的问题，因为工作和家庭已经让我们疲于奔命，而我们所承担的各种角色也让我们分身乏术。但是，如果不解决行为深处的问题，我们就无法改变行为背后的 动机。这就像是天花板漏水了，我们只用胶带封堵，却不去了解水是哪里来的。如果我们的眼里只有行为，我们就会失去帮助孩子培养能力的机会，甚至失去把孩子看作独立的人而非一系列行为的机会。

如果在我眼里，孩子抢玩具只是一个不该发生的行为，我就会执着于去改变这一行为。我可能会用小红花贴纸来引导孩子，只要一天不抢玩具就能获得一朵。我也可能会告诉孩子："如果你还抢妹妹的玩具，你就不能看电视了！"或者："你回房间冷静冷静！"然后把他关进他自己的房间。这些方法存在很多问题：孩子缺少共情，只能独自应对；你对待孩子的方式告诉他，他在你眼里是一个"坏"孩子，需要外力约束才能有好的表现（别忘了，孩子一直都在按照自己在父母眼中的样子来看待自己）；而最严重的是，这些做法忽视了孩子内心的真实感受，即引发了这种行为的痛苦和恐惧。

如果你的孩子比较乖巧，那么各种行为矫正法或许能取得非常好的效果，因为这类孩子很想让自己活成父母喜欢的样子。可问题是，虽然这种强调听话的做法在孩子小的时候可能会让我们比较省心，但是孩子大了就可能会出现一系列严重的问题，例如不会说"不"，不敢表达自己的需要，甚至不清楚自己到底需要什么，以及损害自己的利益满足他人。如果你的孩子比较叛逆，结果又会怎样呢？这时，各种行为矫正法往往只能强化而非纠正问题行为。因为，如果我们心里的感受没有被看到、被听到，我们就只能通过升级行为来寻求关注，以期让自己的需求得到满足。简单说，如果我们把行为当作主要问题，而非洞察未满足需求的窗，那么我们或许能暂时制止问题行为，但是行为深处的需求却依旧没能得到满足，于是类似的行为还会再次冒头，成为打不完的地鼠。如果我们不去管水是哪里来的，水就一直会漏下去。

各种控制行为的做法的另一个问题就在于"控制"二字本身。注重控制行为强过关系建设是非常危险的做法。如果你只想改变孩子的行为，那么当然，如果孩子小，奖励小红花和关房间或许都能"成功"。但是随着孩子长大，小红花不再管用，结果可能就会非常可怕。一次，一对父母为了他们16岁的儿子来找我。他们说，他们已经完全管不了他了。他跟兄弟姐妹闹别扭，晚上还会到外面去，过了熄灯时间很晚才回来。最近，他甚至逃学了，他的父母才因为这件事来找我。

这对父母一直在用各种行为矫正法来管教孩子，例如惩罚、奖励、小红花、关房间等各种控制形式。他们告诉我，他们的儿子一直"不听话"，他们咨询过许多专业人士，得到了使用奖惩措施的各种"药方"。他们说，这些措施一开始是有效的，但是新问题还是会不断出现。于是他们继续用这些方法来应对新问题，接着似乎又能管用一阵子……随后又会有新问题出现。他们说，这种情形已经持续了十多年。

听完他们的讲述，我突然意识到这对父母在16年里都没能与孩子建立**亲密关系**。他们刚刚踏进诊室的时候，这一连接几乎完全不存在。如果我们用贴小红花和关房间等手段来对待孩子，那么我们其实就是在告诉孩子，我们只关心他们能否在行为上服从。我们所表现出的只是对他们的痛苦和他们作为一个人的漠视（对他人感兴趣是与之结成人际关系的关键要素），而孩子是可以察觉到这一点的。现在，16年过去了，这个孩子其实是在用行为告诉父母："我不在乎你们的小红花和惩罚了。我已经长大了，你们也没办法再把我关进房间了。我不再害怕你们了，而且你们手里也没有筹码，因为我们之间本来就是**你是你，我是我**。"孩子长大后，各种控制行为的方法都将失效。他们不再对我们的奖励感兴趣,我们也无力再去惩罚他们。如果我们为了控制行为而牺牲了我们与孩子的亲密感,那么虽然孩子一样也可以长大,但是从许多方面来看,他们在**人的发展**上仍然像个幼儿,因为他们没能培养起情绪调节、问题应对、自我激励和冲动抑制等实现成功人生所必须具备的能力。如果我们忙于针对孩子的**外在行为**实施**外部控制**,我们就会忽视孩子内心这些关键能力的培养。

我们应当专注于建立亲密感而非改造行为的另一个原因是,如果我们没有通过信任、理解和关心来为我们与孩子的感情打下坚实的基础,那么我们就无法让亲子间的亲密感受继续存在下去。我经常想到"情感资本"这个词,即孩子在与我们相处当中所体验到的所有积极感受。在亲子发生冲突或亲子关系出现裂痕时,我们就可以拿它来修补。如果我们没有趁孩子还小就把这一基础打牢,那么等孩子进入青春期甚至长大成人后,我们就会陷入束手无策的境地。因为到了那个时候,孩子个子高了,力气大了,更独立了,也更有可能反抗贴小红花、关房间等奖惩做法了,于是我们一直倚赖的各种行为矫正法也就不再有用了。

对这个家庭来说,一切是不是已经太晚了?对**你的**家庭来说晚不晚呢?不晚,当然不晚,而且永远都不会晚,这一点我们已经知道了。但是,改变起来确实会相当困难。目标有可能实现，但相当不易。我联合几位专业人士，针对这个家庭做了大量工作，终于看到了一些显著的改变。这一过程充满了艰辛和跌宕起伏。治疗结束后，情况有了巨大的改善，但仍旧需要付出许多努力。这对父母非常坦诚，也一直在反思。现在，我依然在与他们保持联系，一方面了解他们继续与如今已 20 岁的儿子修复感情的情况，另一方面也了解他们做了哪些改变来养育家里的其他孩子。"如果能早一点知道这一切就好了！"孩子的父亲在治疗开始一年后这样对我说，"太多的专业人士建议我们使用奖励、惩罚这套办法来应对孩子的问题行为，而且这些做法看上去非常合理。他们列举的数据也让我印象深刻，比如问题行为减少 90%。谁不想用这样的方法呢？可是我没有想到，这么做还会有其他的影响。我们要的不是修正孩子的行为，而是帮助孩子成长为一个善良的人。我们想要理解他，帮他应对他眼里的困难局面。我从来没有想过，我们以前的做法只是加重了他的问题。对所有父母来说，这一点都太重要了。"

我同意，所以我们才在这本书里相遇。

循证育儿法的短视：只是暂时改变行为，而非真正解决问题

我热爱科学，也热爱实证研究。发表在权威期刊上的大

量科学文献都为各种行为矫正法提供了证据。父母们经常不解地问我:"你为什么要反对有数据证实能改变孩子行为的育儿方式呢?那么做怎么会是错的呢?"那么做并非一定是错的。不过在我看来,真正的问题在于,关于行为改变的各种证据可能会让我们只看到眼前的所见,却遗漏掉真正重要的东西。而且,这类研究也有一些荒唐之处。一位我非常敬重的心理督导师曾经告诉我:"如果我想的话,我可以搞一项研究来论证某种方法能将问题行为减少100%!如果每当孩子做了父母不喜欢的事情,父母就打他一顿,或者让他到大街上睡一晚,那么我敢肯定,我的这项研究结果将是,几周后孩子们都变得更听话了。"当然,我的心理督导师肯定不是在为虐待孩子张目。他想表达的是,我们需要全面深入地看待数据,而借助恐吓和高压所引发的行为改变并不值得夸耀。循证育儿法常常根据行为是否改变来判断干预是否成功,它的首要着眼点是行为,所以仍旧是一种"唯行为论"。在我看来,行为的改变并不足以证明问题已经得到解决。如果你的孩子不抢玩具了,可他却仍旧担心新来的妹妹会把他的整个世界毁掉,那么你帮助的其实并不是他,而是你自己,并且这样的改变也无法持续。因为,如果孩子没有被看见,没有得到父母的帮助,那么激发了先前行为的感受就只能变得愈发强烈,直到有一天转化为另一种问题行为。太过专注于改变行为可能会侵蚀我们的人性,导致我们只去关注我们自己和孩子在表面上的表现，而忽视了我们之所以称之为人的那些元素，例如我们的感受、我们的恐惧、我们的需要，以及我们的同情。对于这个问题，我的主张可以说是"真相不唯一"，即我既认为数据很重要，也主张全面深入地看待数据。如果那些用以证明行为改善的数据得自对孩子的控制和胁迫，得自对孩子害怕被抛弃的利用，那么我们就要质疑这样的数据，它们显然无法让我信服。

"唯行为论"的养育法之所以吸引人的另一个原因是，它们既具体又明确。坦白讲，如何借助小红花来奖励好的行为是很容易理解的。但是，想要弄清楚孩子为何不主动做出那些行为就不是一件容易的事了。从操作方面讲，把孩子关进房间似乎比跟孩子沟通更为简单。但假如我们能迎难而上，我们就会迈出重要的一步。阿尔菲·科恩在他具有里程碑意义的教育图书《超越管教》（*Beyond Discipline: From Compliance to Community*）中写道，只要父母或专业人士"把事情的焦点放在改变孩子的行为上，那么他们就已经无意识地接受了这样一种观念，这种观念无视我们许多人眼里真正重要的东西，例如孩子的想法、感受、需要、主张、动机、价值观等引发了特定行为的东西。行为只是表象，真正重要的是表现出了特定行为的人，以及行为背后的原因"。科恩如此解释道，传统的管教方式或许可以暂时"改变行为，但无法让人获得成长"。他力劝成年人培养"'透过'行为洞察真相的能力，以此来理解激发行为的动机，以及找到影响动机的方法"。

那么，我们如何才能做到这一点呢？我们如何才能透过行为看到深处的动机呢？虽然这听起来是个不错的主意，但是在面对顶嘴的儿子、乱扔食物的女儿或在家具上跳个不停的一对宝贝儿的时候，我们常常会感到难以实施。我在前面提到过，改变始于好奇。从现在开始，你不妨在亲子冲突后问自己下面这些问题。

- 对于孩子的行为，我最善意的解释是什么？
- 孩子当时到底在经历些什么？
- 在那个行为发生前一秒，孩子心里是什么感受？
- 孩子当时无法调节的冲动是什么？
- 我过去有没有遇到过类似的情形？如果我也表现出了类似的行为，那么让当时的我感到痛苦的事情是什么？
- 孩子觉得自己在哪些方面没有得到我的理解？
- 孩子是好孩子，只是情绪有些崩溃，这背后的原因是什么？
- 透过孩子的行为往深处看，我们能发现什么？

回答完这些问题后（假设我们已经诚实作答），我们自然会去关注已经发现的问题，会去关心刚刚表现出不良行为的孩子。我们通过一个例子来说明这一过程。你刚刚告诉4岁的儿子,你要接一个工作电话,需要他保持安静,可他非但不安静,还乱扔你桌子上的东西,同时大声喊叫。放下电话后,你没有训斥儿子,而是提醒自己,他的行为是一扇窗。你还对他的行为做了最善意的解释——他非常需要你的关注,需要你看到他,而小小年纪的他还无法控制身体里的情绪。你回忆起过去的一幕,你需要伴侣的关注,可他却放不下手机,于是你火冒三丈,冲他发了脾气,这与刚刚发生在你跟孩子之间的事情并没有本质的区别!意识到这一点后,你对儿子说:"妈妈接电话的时候,要你一个人安安静静待着确实挺不容易的。我们玩得好好的,妈妈突然要接电话,我知道那种感觉一定特别不好受。过一会儿,咱们可以把刚才发生的事再演练一遍,也许在妈妈必须接电话的时候,我们可以悄悄地把手握住,这样你就知道妈妈还是在陪着你了。"

对许多父母来说,这类不施加惩罚的做法会令他们感到不安,或者至少也会与他们的直觉相抵触。他们担心,对行为不良的孩子给予积极的关注只会鼓励他们继续如此行事。例如,最近有父母对我说:"我不再惩罚孩子了,但是我们现在掉进了一个怪圈,她会通过一些坏的行为来得到我的陪伴。我不希望她学会用这种方式来获取我的关注,可她现在就是在这样做!帮帮我吧!"

我理解这种担忧。但是我考虑的不是减少对孩子的关注，而是<u>在其他时候增加对孩子的关注</u>。孩子的问题行为往往源自对关注或者亲密感的渴求，如果这些需要得到了满足，孩子也就无须继续渴求了。这也是不良行为很少能在事后迅速得以修正的原因。若要真正解决孩子的行为问题，父母就要持续不断地去关注孩子。身陷怪圈的孩子需要父母提供更多的主动关注和一对一的高质量陪伴，需要父母进一步保证他们能够被看见、被珍视，保证他们哪怕不表现出问题行为也能得到父母的关注。增加关注或许意味着每天给予孩子 10 分钟的无打扰时间（我称之为"手机拜拜亲子时间"，我稍后会详细介绍），或者对孩子说："想不想吃冰激凌？我陪你一起吃！"如果你能花时间陪伴孩子，特别是陪伴经常出现不良行为的孩子，那么你就是在告诉他们："你在我眼里不是坏孩子。"而当他们的问题行为再次出现时，你就可以深吸一口气，同时提醒自己，行为的改善不是一日之功。同时，孩子发脾气后，我们也不必把对孩子的关心搞得太过隆重。你或许可以这样说："宝贝儿，我知道你现在很难受，我们可以一起想一些办法，既能让你哥哥知道你很生气，同时也不会伤到你。现在，我得继续叠衣服了。你要是愿意就可以继续跟我坐在这里。以后咱们可以经常这样待一待，就咱们两个人，好不好？我爱你。"

　　想要理解行为是一扇窗，并能真正学会透过这扇窗看到孩子的内心并不是一件容易的事。如果你觉得这件事非常难，那也没有关系！你没有做错任何事。实际上，这很可能是因为，你小时候也没有人能看见你的行为背后的挣扎。把行为视作线索是一项能力，需要练习。我建议你用锻炼肱二头肌的类似方式来对待自己。你需要持续不断地努力、重复，还要忍受各种不适和痛苦。但是，一旦你开始察觉到变化，那就没有什么能够比看到自己的所有努力得到回报更值得骄傲的事了。而且，那种努力给你的感受其实既**踏实**又**充满希望**。

准则 8

减少羞耻感，让关系更亲密

虽然来到我诊室的父母们表达了他们对孩子的各式担忧，也历数了孩子的种种顽劣，但是，父母们的讲述中常常包含着一个共同的主题。我们来看下面这三个例子。

"我女儿总是不愿意说对不起。昨天，她把妹妹最喜欢的玩具藏了起来，惹得妹妹哭个没完，可她却不承认是她惹哭了妹妹，还坚决不肯道歉，所以我就急眼了。她真是太不懂事了。她是不是完全没有同情心？"

"我儿子特别倔。他数学题做不出，我抽时间帮他，可我教他的时候他却不听，后来还发脾气。真是气死我了！我怎么也理解不了他为什么不让我帮他！"

"我女儿经常撒谎，不过一般是在小事情上，比如不承认偷吃了糖。可是最近，她在大事情上也开始撒谎了。她被学校的足球队开除了，却没有告诉我。我已经跟她说了，她必须跟我讲真话，撒谎是不对的，可是完全不管用。"

羞耻感的本质：我不能做自己，我不能有这种感受

这些都是什么情况？这些孩子的心里是否都藏着某种共同的挣扎？乍看上去，这一点似乎并不明显。但是在我眼里，每一个孩子，不管是拒绝道歉的、顽固不化的、还是撒谎成性的，都把他们的心门紧紧关闭了起来。他们都在痛苦的现实中苦苦挣扎着，不管是偷了妹妹玩具、做不出数学题，还是想要吃糖却得不到。在上面的每一种情形中，父母们口中的孩子都感受到了内疚、羞辱和难堪，而他们随后又都采取了不成熟的方式来应对，以此来逃避这些负面感受。这就是羞耻感的本质，即"我不能做我自己，我不能有这种感受"的情绪体验。

羞耻感是危险的信号弹：它激发了孩子的不安全感

每个人对羞耻感的体验都有所不同，所以我们首先需要给羞耻感下一个定义。在我看来，羞耻感是一种"我的一部分自我是无法与他人建立连接的，没有人愿意去了解和接纳那部分自我"的情绪体验。这是一种非常强烈的感受，它令我们不愿在他人面前呈现自己此刻的样子。羞耻感促使我们避免与他人接触，它让我们躲藏起来，与他人保持距离，**远离**他人，而非**走近**他人。而且，羞耻感还会唤醒孩子的终极恐惧，即"我的本心是坏的，我没有价值，我不可爱，别人不愿意跟我亲近。我将孤独无依"的想法。由于孩子的生存**依赖于依恋关系**，所以他们的身体会解读为，羞耻感就等同于"极度危险"。对孩子来说，能够激发"被遗弃的恐惧"的情绪、感受和行为绝对是最难驾驭的东西，因为它真切地威胁到了生存本身。

不过，要想理解羞耻感，我们就必须知道，羞耻感是人类长期进化而来的适应性感受。对孩子来说，**孤独**就是**危险**的代名词。因此在依恋关系中，羞耻感如同一发信号弹，指示孩子"把无法建立依恋关系的那部分自我隐藏起来"。羞耻感是一种十分负面的感受，因为它能向身体传达一条非常重要却又十分残酷的信息：倘若你继续做你自己，你的需要就不会得到满足，而是会遭受拒绝。这种拒绝往往表现为评判、不接纳、忽视、惩罚、责骂和关房间等形式，与被抛弃的感觉非常相似。羞耻感告诉孩子，你必须改变做法才能找回安全感。

明白了这一点，你就可以理解，羞耻感其实是孩子（或成年人）的威胁侦测系统中的一种有益情绪。羞耻感是一种保护机制，它能把孩子"卡"在那里，动弹不得，让孩子看起来像是拒绝道歉、不愿接受帮助，或者不诚实。但问题在于，孩子的木然和呆滞往往会激怒父母，因为我们会把孩子的这一表现理解为对我们的无视，会把他们的行为视作无礼或冷漠。结果，我们不仅看不到孩子的羞耻感并且作出相应的处理，反而还会冲他们吼叫，与他们争夺控制权，或者把他们关进房间。这些做法只会强化羞耻感，继而让整个局面陷入恶性循环。但是，一旦我们能及时察觉孩子的羞耻感并且认清它的本来面目，那么随后我们就能用更好的方式来应对了。

羞耻感只会加重行为问题：父母要识别并减少孩子的羞耻感

识别孩子的羞耻感是所有父母至关重要的育儿技能。对各种表现形式的羞耻感的识别能力是父母们的一张王牌。因为一旦拥有了这一能力，我们就能相应地调整自己的行为。当然，不是开始放任孩子，而是让我们的做法更加有效。许多孩子的问题行为背后都隐藏着羞耻感。而且，**羞耻感还能让孩子的各种问题行为变本加厉**。如果你再次陷入与孩子的控制权之争，或者如果你心想："我知道养育孩子不容易，但是需要弄成这个样子吗？"那么就请注意，让局面升级的往往是孩子的羞耻感。

身为父母，我们的目标是察觉孩子羞耻感的出现，搞懂什么情形会唤起孩子的羞耻感，以及观察羞耻感会转化为什么样的行为。接下来，我们就要帮助孩子减少羞耻感，找回安全感。先察觉羞耻感，再减少羞耻感。

那么具体该如何做呢？我们回到先前的那个例子，姐姐把妹妹最喜欢的玩具藏了起来，尽管妹妹哭得很伤心，可她仍旧拒绝承认和道歉。拒绝道歉是羞耻感的典型表现，孩子看似**冷漠无情**，实则已被自己的"坏"吞没，并被羞耻感"卡"得一动不动。她不能道歉，因为一旦她这么做了，她就必须把自己看作一个做了坏事的人，就不得不去面对不受人喜爱的负面感受（"没人会去爱、会去照顾如此糟糕的孩子"）。她无法面对一旦道歉就必然会浮现的被抛弃的恐惧，于是她僵在了那里，以此来逃避更大的痛苦。是的，在不肯说"对不起"的这一行为背后隐藏了如此复杂的感受。羞耻感也可能表现为冷漠、麻木或者对父母的无视。一旦发现孩子僵住，你就要考虑她可能已经被羞耻感裹挟。如果你**察觉**到了孩子的羞耻感，那么就要给自己按下暂停键，这一点非常关键。

准则 8 减少羞耻感，让关系更亲密 • 101 •

如果孩子被羞耻感吞没，我们就必须主动放下原先的意图，让孩子道歉，让孩子领情，或者让孩子诚实回答，进而专注于减轻孩子的羞耻感。

下面这种做法无助于减少羞耻感。"伊拉，你必须说对不起，这个词多简单！别把事情搞复杂了！你怎么能这么不在乎你妹妹呢？快点！"这时，伊拉被父母扣上了"坏孩子"的帽子，这让她更加坚信，自己是"坏孩子"，她在羞耻感上也"卡"得更结实了。

而这么说或许能帮助孩子察觉并减轻自己的羞耻感："嗯，说对不起是很难的，我也有过这种感觉。你还没有准备好，那么我先来帮你说吧。"然后，**身为父母的你**走到另一个孩子身边说："对不起，我拿走了你最喜欢的玩具。我知道你很难过。我能做些什么来让你好受一点吗？"接下来，最关键的是，不要用带刺的眼神去批判孩子，不要说教，也不要说"看，这多么容易！"这样的话。你只需相信，是的，**相信**，孩子已经领会了你的意思，并让这件事情告一段落。或许几个小时后，你发现孩子已经**不再被羞耻感困扰**（你看得出来，她又在自在地玩耍了），这时你就可以说："说对不起是很难的，我是大人都觉得很难！"或者，你也可以拿两个毛绒动物来模拟一个动物受了委屈，另一个动物在纠结要不要道歉的情景。然后停下来，看看女儿会说些什么。需要注意的是，只要羞耻感依然存在，反思、领悟和成长就无从谈起。如果孩子被羞耻感裹挟，我们就必须放下教育的念头，停止感觉上合理的做法。我们必须把目标从纠正行为转变为让孩子看到她的本心是好的，让孩子知道她是可爱的、有价值的，我们是在乎她的。只有这么做才能帮助孩子从羞耻感中解脱出来。这一步是无法绕开的，否则我们的身体根本不会买账。

在你看来，上面这个帮孩子道歉的例子是不是显得你有点软？有点肉麻？有点便宜了孩子？我过去也有这种感觉。我当时担心，如果不坚持让孩子说"对不起"，而是由我来代替她说，那么我就是在纵容孩子。出现这种担忧后，许多父母还会这样想："我不能让一个15岁的大孩子觉得她妈妈只会示范如何道歉，这太可笑了！她必须战胜自己，学会自己说对不起！"但是，任何年龄的孩子都会有羞耻感，不管是5岁还是15岁。所以，你必须深入体会孩子当下的处境。如果你家的青春期孩子在被学校足球队除名的事情上撒了谎，那么她也可能是被"卡"在了羞耻感里。只是她的具体表现不是拒绝道歉，而是撒谎。所以，虽然我这时候说的不是"说对不起是很难的"，而是"我理解，谈论你不希望发生的事情是很难的"，但背后的道理都是一样的。

现在，我们先停一下，深吸一口气，重新来关注孩子（也包括我们自己）内心中的<u>善良</u>。记住，孩子的本心原本就是好的，所以我们无须通过训练来让孩子变好。不过，我们确实有必要帮助他们跨越一些障碍，以此来让他们看到自己本心的好。这些障碍乍看上去是问题行为，但实际上，它们的存在是为了保护孩子。我之所以建议父母们努力帮孩子减少羞耻感，为孩子示范如何道歉（绝不能强迫孩子道歉），并非是因为这么做对孩子来说"感觉更好"，而是因为，这么做最有可能让孩子最终做到反思自己的错误，并且独自去道歉。

当然，孩子的一部分羞耻感可能来自一些外部因素，也就是说，这不是因为孩子做错了什么，而是因为，我们生活于其中的这个世界用来评判孩子的一些条件不是孩子所能左右的，这很不幸。例如，特定的身形和家庭经济状况所引发的羞耻感就可能会给今天的孩子带去很大的压力。但好消息是，你越是竭尽所能帮助孩子减少羞耻感，增加亲密感，孩子就越是能够应对那些超出你控制范围的羞耻感。因为，不管孩子的羞耻感来自哪里，减少羞耻感的最佳方式通常都是一样的，认识到自己的本心是好的，认识到自己是可爱的、有价值的。

被隐藏的自我：如果羞耻感被放任，会对孩子造成长期影响

如果我们没能察觉并减少孩子的羞耻感，任由它在孩子

身上发酵，这就很可能会造成长期的影响。今天的许多父母已经亲身体验了这一影响的结果，因为总的来讲，与我们相比，我们的上一辈更容易忽视孩子行为背后的感受。对今天的许多父母来说，羞耻感已经深入我们的骨髓，紧紧附着在不被父母接纳的那部分自我身上。然后，当我们突然被允许（甚至被鼓励！）表现出儿时不被父母接纳的行为（例如表达不同意见，坚决地说"不"，或者说出自己的感受来吸引他人共情）时，羞耻感仍然存在，我们仍旧感觉自己"卡"在不被接纳的当初，而不管那时是3岁、8岁，还是其他年龄。乃至到了今天，我们仍旧在回避这些行为，或是因为表现出了这些行为而感到焦虑，而不是用成熟的方式来接纳它们。

假设你在一个非常看重"坚强"的家庭中长大（你现在已经知道，这两个字其实等同于压抑情绪）。也许你还记得父母说过这样的话："你怎么这么爱哭？""真晦气！""你这种样子，没人愿意跟你待在一起。"这个家信奉的是"振作起来，强作欢颜"。在这种情况下，你偶尔会感到脆弱、悲伤或忧虑的那部分自我将会如何应对？它会把自己藏起来。它接收到的信息其实是："你是坏的！你是危险的！安全是与他人保持亲密，但你威胁到了这种亲密！为了我的生存，你必须离我远一点！"这不是别的，就是羞耻！当然，你对那部分自我威胁依恋关系的担忧其实**在家庭之外**并不成立，你可以既表达自己的感受，又拥有稳固的亲密关系。然而，在你成长的家庭当中，你的这一担忧是成立的。于是为了生存，你形成了相应的脑回路。这些旧习改变起来会颇费一番功夫。

把时间快进几十年。现在，你已经结婚了，工作压力很大。上司经常责备你，你担心被解雇，总是焦虑不安。你的一部分自我很想哭泣，很想向伴侣敞开心扉，通过倾诉来获得理解和支持。然而，童年的教训却深藏于你的内心，暗暗支配着你的行动。"支持？你以为流露出脆弱和焦虑的一面能得到支持？它只会威胁关系，而不会加深关系！把这种想法丢开吧，抛弃吧，你要保护你自己！"于是，你没有去找伴侣，也没有去找朋友。你的焦虑不断累积、发酵，直到以暴躁、沮丧和愤怒的形式表现出来。或者，你也可能会变得沉默寡言、自我封闭。也许，你会借助酒精来消化情绪。你的伴侣甚至已经发现了你的异常，并且对你说："我发现你有点不对劲，有什么事情可以跟我说说，我们一起面对！"但是，你的内心只会告诉你："哈！我才不会上当！我清楚着呢！一起面对？那样的话我就完蛋了！"

跟孩子一样，羞耻感也会阻碍成年人的积极改变和成长。我们的羞耻感能影响我们建立和维系亲密关系的方式，能影响我们养育孩子的方式，也能影响我们在亲子冲突中回应孩子的方式。因此，在你努力察觉和减少孩子的羞耻感的同时，你也需要花一些时间来思考自己的羞耻感。你过去不得不学着去隐藏的是你的哪部分自我？这一隐藏自我的经历对现在的你有什么影响？你的哪部分自我直到今天仍然需要得到认可、共情和接纳？

亲密感最重要：亲密是羞耻的对立面，也是羞耻的解毒剂

我的一位来访者在治疗开始几个月后告诉我，她为自己想了一句口头禅："亲密感最重要。"她说，每天早上，她都会在心里跟自己说这句话，她甚至还把这句话写成纸条贴到了冰箱上。她这样对我说："我觉得，你说的所有的话，背后的主题都是亲密感。亲密的感觉最重要，别的都是其次。即使我儿子说'我讨厌你'，我也仍然能首先去感受他的内心。即使我女儿不听话，我也仍然能体会到她内心的痛苦，而不是强迫她听话，强迫当然无论如何都不会管用。甚至，即使我丈夫冲我发脾气，我也仍然能理解他到底在说些什么，而不是立即为自己辩解。我对自己也一样！不管我遇到了什么事情，只要我能关心自己的感受或者与他人分享我的感受，我的状态就都不会太差，我就都不会崩溃。在家庭生活的方方面面，'亲密感最重要'这句话帮了我的大忙。"

亲密感最重要，这句话给我留下了深刻的印象。亲密是羞耻的对立面，也是羞耻的解毒剂。羞耻感让人想到的是孤独、危险和"坏"，而亲密让人想到的则是陪伴、安全和美

好。不过，这里需要说明的是，亲密并不意味着准许。准许的对象通常是具体的行为，而亲密所反映的则是我们与行为背后的特定个人的关系。所以，我们在亲子冲突中关心孩子的感受并不会强化他们的不良行为。在任何时间、任何地点，以及对任何人而言，羞耻感都不会促成积极的行为改变。羞耻感像一个泥坑，它能把我们困在里面，动弹不得。而亲密感则能给人自由，能让孩子知道："你可以做你自己。哪怕你感到痛苦，你也仍然可以做你自己。你可以跟自己在一起，我也会跟你在一起。"

准则 9

说真话

乍看上去,"说真话"这一原则或许过于显而易见,可能也是这本书里最直白的一条,但它做起来却极为困难。为了你的孩子,你需要真诚地与他们沟通,不含糊,不回避。要做到这一点,你就必须坦然面对你自己的许多感受,特别是那些不舒服的感受。对大多数父母来说,这都不是一件容易的事。

正在读这本书的你很可能也认为,父母应该说真话。你认为自己不是一个说假话的人,你很可能也会教导孩子说真话。但是,一旦谈到复杂、具体的话题,说真话往往就会让你感到不适。如果孩子无意中听到你和伴侣争吵,那么在你为此而安抚孩子的时候,你就需要去面对你的婚姻和你自己的冲动所带给你的怀疑、悲伤和懊恼。如果承认孩子没有入选足球队是件糟糕的事,承认人有时候需要一些时间才能走出悲伤，那么你就会想起自己遭受拒绝的痛苦经历。给孩子解释种族主义是怎么一回事可能会勾起我们的愤怒、恐惧、内疚，或是多种感受杂糅在一起的复杂情绪。而给孩子解释他们是从哪里来的（特别在涉及孩子们想知道的生理细节时），也会让我们想起幼时家人对性的态度让我们产生的各种复杂感受。

让心更近：好的养育建立在父母直面真实自我的意愿之上

我们与孩子谈论重要的、让人难过或尴尬的真相的能力，取决于我们在这当中产生的对各种情绪的忍耐力。这一点也是父母提升自我比学习任何单一的育儿方法都更为重要的原因之一。我们越了解自己的脑回路，越学着去忍受和理解自己的痛苦，越去提升负面情绪的应对能力，我们也就越能在孩子面前展现出真实的自我。好的养育建立在父母直面真实自我的意愿之上。做到了这一点，我们的心才能与孩子走得更近。

父母们常常担心，告诉孩子真相会吓到孩子，会超出他们的承受能力。可是，我们常常搞不清楚到底什么才会吓到孩子。孩子害怕的与其说是信息，不如说是缺乏信息而导致的茫然和孤独感。孩子天生就对环境中的变化异常敏感（"为什么所有人突然都开始说地震?""为什么爸爸妈妈看起来很担心?""我无意中听到他们在说奶奶,他们到底在说什么?"),如果他们不理解这些变化,他们就会感到害怕。一旦感知到危险,他们就需要成年人来帮助他们打消顾虑,以此来重新获得安全感。这一切都是进化的结果。为了生存,人类的孩子必须把森林里的异响解释为有熊接近,除非大人能告诉他们,那声音其实来自一只松鼠。或者,大人发现,那声音确实来自一头熊。不管真实的情形是什么,孩子都会感到恐惧,直到大人出现。这时,即使父母告诉孩子那确实是一头熊,孩子也会因为知道有大人保护自己而感到更加安全。我们陪在孩子身边,给予他们支持,告诉他们实情,关心他们的感受,这些才是能让孩子感到安全的东西。有了这些东西,哪怕处境艰难,他们所承受的压力也是有限的。

如果没有大人在身边,结果会如何?如果孩子独自面对他所感受到的变化和由此而产生的恐惧,没有人来告诉他到底发生了什么,结果会如何?对于这类情形,心理学有一个专门的术语来描述它,即"未成形的体验"[1]。大体上说,这是一种"情况不对劲,但是不知到底发生了什么"的感受。对孩子来说,"未成形的体验"非常可怕,因为那种不对劲

---

1. D. B. Stern, "Unformulated Experience: From Familiar Chaos to Creative Disorder," *Contemporary Psychoanalysis* 19(1), 1983, 71–99.

的感觉会萦绕在身体周围,让他们找不到安全感。另外,如果让孩子自己去理解那些"可怕的变化",他们往往就会采用那些能带给他们一些掌控感的方式,例如自责("一定是我做了什么才导致了现在的状况,我是不好的,我太让人受不了了。")和自我怀疑("一定是我的感觉出了问题,其实并没有什么不对劲。我的感觉不太准。如果真的发生了什么事情,爸爸妈妈会告诉我的。")。

那么替代方式是什么呢?是与孩子建立亲密感(你是爱孩子的、受孩子信任的大人),同时把真实的信息清楚而直接地告诉孩子。这么做能给予孩子安全感,同时提升他们的心理韧性。需要注意的是,我并不主张毫无必要地去**惊吓**孩子。我主张提升孩子的能力,而能力往往需要通过学习应对压力来获得。所以,孩子必须有一个愿意**面对**而非**逃避**真相的父母。情绪调节能力的根基是理解真相。也就是说,看到父母直面残酷的真相,孩子也会学着调节自己的情绪。

在不同的情况下,说真话的方式也不尽相同。说真话并不总是意味着,你要把孩子想了解的所有信息原原本本地告诉他们。何况有时候,你自己也不掌握这些信息。说真话有四种方式:肯定孩子的感受,正视孩子提出的问题,告诉孩子什么是你不知道的,以及把关注点放在表达的**方式**而非**内容**上。

说真话的方式一：肯定孩子的感受

有事情需要告诉孩子时，我开头常常会这样说："发生了某件事情，你肯定注意到了。"这句话很关键。孩子对他们所处的环境有强大的感知能力，他们只是没有足够的生活经验来分辨事情的危险程度。实际上，研究已经发现，与成年人相比，孩子对环境的感知更加细致。我们常常对自己说："孩子太小了，不可能注意到这些。"或者："他根本不可能发现。"然而，事实并非如此。如果你注意到身边发生了什么，那么你的孩子应当也已经注意到了。一般来说，孩子都是弱小无助的，所以他们才是敏锐的观察者。因为，他们需要通过察觉环境中的变化（例如潜在的威胁）来保证自身的安全。

例如，你正在陪 3 岁的女儿玩积木，这时，你的伴侣在走廊里打开了吸尘器。绝大多数成年人都不会对吸尘器的声音感到害怕，因为我们的生活经验能让我们反射性地意识到，这种声音来自吸尘器，我们是安全的。但是，在年幼的孩子看来，这种声音却是意料之外的变化。她可能会哭，或者紧紧抱住父母，或者跑向与声音传来相反的方向。为了肯定孩子的感受，你可以这样对她说："我们刚才在玩积木，爸爸打开了吸尘器。吸尘器的声音特别大，你完全没有想到会这样。我们没有想到的特别大的声音都会让我们害怕。不过那是吸尘器的声音，吸尘器的声音就是这样的！我在这儿陪着你，你现在很安全。"

你的孩子既不是在为难你，也没有无理取闹。记住，孩子害怕的不是吸尘器本身，而是她不理解的突然响起的巨大响声。在这种情况下，我们要做的并不是要让孩子不去注意这种声音，而是要让她理解这种声音。一旦孩子认识到，这种声音是吸尘器发出来的，并且父母也陪伴在自己身边，那么这种声音就不再那么可怕了。

即使孩子对发生的事情并没有做出明显的反应，肯定孩子的感受也同样重要。想象一下，你和伴侣在厨房里吵了起来，而孩子正在吃午餐。随后，争吵的声音越来越大，还夹杂着难听的字眼，你们的表情也变得难看起来。这时，你就可以用下面的方式来告诉孩子实情："我和爸爸刚才说话的声音非常大，你肯定注意到了。"如果孩子一直在吃午餐，看起来好像并不需要我去解释，那么我还会说上面的话吗？我肯定还是会说的。因为我知道，孩子天生就善于观察和感知，所以就算他看上去很平静，我还是会认为，他的心里还是会产生恐惧，而我不想让他独自面对这一恐惧。记住，我对"说话声音大"这件事的解释其实很简单——首先提到说话声，接着肯定孩子的感受。这么做确实非常重要。告知孩子实情往往需要我们对事情做出最简单、最直接的描述。我经常提醒自己："只讲事实，别的都不说。"这样一来，我就给了孩子当下需要的东西：一是我的陪伴，二是他可以去理解的事实。之后，根据具体情形的不同，我可能还会加上一些话。我可能会安抚孩子，这不是他的错（特别是在孩子注意到大人情绪强烈，或者发现大人相互争吵时），或者编一句口头禅来消解孩子的担心（例如在吸尘器的例子中，"虽然声音很大，但我是安全的。虽然声音很大，但我是安全的"）。但是，这些都是其次的，最重要的还是肯定孩子的感受。

肯定孩子的感受之所以如此重要，原因之一就在于，如果我们**不**把实情讲出来，而是想当然地认为"那不是什么大事"，或者"他这么小，根本不会注意到"，那么孩子就会**怀疑**他们的感觉。他们可能就会想："也许并没有发生什么事情，我猜是我的感觉出了问题。"而且，随着时间的推移，这种想法还会一直存在下去。这就像是我们在训练孩子无视周围发生的事情，而训练的结果还会一直保持到他们的青春期和成年后。你想让你的儿子勇敢地向他的朋友们表达不同意见，扛住来自同龄人的压力吗？孩子必须信任他对环境的感知和他内心的感受，他才能说出："兄弟们，我觉得不能这么干。我不去。"你想让去约会的女儿在感到不舒服时勇敢表达自己的感受吗？只有父母从小肯定她的感受，让她养成信任自己感受的习惯，她才更有可能说出："不，那样我会不舒服。""停，我不喜欢这样。"

肯定孩子的感受能让孩子日后及时发现事情不对劲，也能让他们自信地说出自己的想法。这一能力不是孩子到了青春期或成年后就能自动具备的，相关的脑回路是在孩子年幼时形成的。如果你现在心里想的是："老天！我的孩子已经十几岁了，我完全没这么做过，我错过了窗口期！"那么我们就可以回到"现在还不晚"这条最重要的原则上来。脑回路在任何时候都可以改造。你可以跟你家的青春期孩子谈谈你的养育方式，聊聊你已经意识到的事情，还有你打算怎样改变。你可以试着对孩子说"你那么感觉没问题"，或者"你是你身体唯一的主人，只有你自己知道你感觉到了什么，你想要什么"。相信你能做得到。

说真话的方式二：正视孩子提出的问题

下面，我们来思考这个问题：如果孩子问的问题让我们感到不适，或是让我们觉得超出了他们的年龄，我们该怎么办？例如："有一天你会死吗？""好的，但是小宝宝是怎么钻进妈妈肚子里的？到底是怎么进去的？"

如果你跟大多数父母一样，那么你也会想要回避真相，或者会这样想："我的孩子还没有准备好了解这一信息！"在我看来，一旦孩子开始提出问题，那就意味着，他们已经做好了得知或至少初步得知相应事实的准备。你可以先简要回答，然后视情况决定是否做出进一步的解释。孩子问的问题或许看似幼稚，但提问这一行为本身也说明，他们已经对事实有所察觉，并且做好了学习的准备。人必须首先具备最基本的知识和好奇心，然后才能提出问题。假如我有一个朋友是物理学家，她对我说："贝姬，我正在做关于分子光解离的研究。你有什么问题都可以问我！"这时，我会感到非常茫然，因为我对分子光解离一无所知。我充其量只能问一句："什么是分子光解离？"别的问题全都问不出。如果我能提出更加复杂的问题，那就说明我对这个话题已经有了一定的认识。如果孩子问出了关于死亡的问题，那就说明他已经在思考死亡了。如果孩子问到了受孕的具体过程，那就说明她已经在思考这一过程是如何发生的了。提出问题的孩子需要得到解答，这样一来，他们才不会被脑中已经产生的想法、感受和画面所困扰。因此，你可以尝试放下"孩子还没有准备好"的执念，并且提醒自己："不管有没有准备好，孩子已经对这件事有了初步的了解。"

说真话的方式三：告诉孩子什么是你不知道的

有时，父母无法做到如实回答孩子的问题，不是因为他们不想这样做，而是因为他们自己也不了解实情。诚实地告诉孩子我们不知道什么，是"说真话"原则的重要组成部分。例如，在新型冠状病毒大流行的早期，父母们会跟我说："我不知道接下来会发生什么，所以我无法向孩子保证疫情很快会结束！"他们借口自己缺乏相关的知识，于是不去与孩子谈论病毒，谈论生活中的变化。问题在于，孩子需要的并不是针对未来的保证，而是当下有人能来关心他们。他们需要的不是答案，而是有人能理解他们的感受。这些东西也是成年人所需要的，也是我们想要尽早给予孩子的。你不可能永远都知道答案，但你却可以永远致力于让孩子感到安全和安心。

如果我无法明确回答孩子，我往往就会套用一个句式"我不知道的是……我知道的是……"这时，"我知道的是……"这句话实际上就是在安抚孩子，我会陪伴他，关心他。不管发生什么，这是我们所唯一**确定**知道的东西。这听起来就像是："你害怕今天抽血。我不知道的是，抽血要花多长时间，有多么疼。我知道的是，抽血肯定会疼，但是过一会儿就不疼了。我会一直陪着你，我们一起度过这段时间。"

如果是更严重的事情，例如你告诉孩子，祖母得了癌症，于是孩子问："她会好起来吗？她会完全好起来吗？"这时，用"我不知道的是……"这句话来陈述事实。"这是个好问题。我希望她会好起来，宝贝儿！但是现实是，我们也不知道她会不会好起来。我知道的是，我会把真实的情况告诉你，哪怕真实的情况会让人难过。不管你对这件事有什么感受，我都会陪你一起面对。"

说真话的方式四：注意自己说话的方式

谈到诚实沟通，父母们往往纠结于说话的内容。例如"我该怎么跟孩子说他爷爷去世了？""我该怎么跟孩子解释什么是无家可归？""我该怎么告诉孩子，我们不再见他舅舅是因为他人很坏，还不知悔改？"对于这些情形，我想说的是，能够解释这些不完美事实的完美词语并不存在。实际上，我们说话的*方式*，例如语速、语气、停顿、对孩子的观察、有没有把手放在孩子的后背上、有没有夸奖孩子"这是个好问题"，或者告诉孩子"很高兴能跟你聊这个话题"。这些因素比任何具体的词句都更加重要。就算存在"完美的语言"，但只要你的语气是冷淡的，或者你不关心孩子的感受，你就都会让孩子感到茫然无助和不知所措。最能让孩子的身体记住的是你对孩子的陪伴和你对他感受的关心。

如果要跟孩子谈论痛苦的事，你就要先让孩子有所准备。我一般会这样说："我想跟你说一件事，这是一件我们都会觉得特别难过的事。"说话时，你要看着孩子的眼睛，语速要放慢。说完这句话后，做一个深呼吸。这么做不仅能让你定一定神，也能让孩子有机会学着你的样子来调节情绪。接下来，直接把实情说出来，不要绕弯子。例如"爷爷今天去世了。去世的意思就是生命停止了。"而不是说"爷爷离开这里了"或者"爷爷睡着了，要睡很久很久"。说出这一痛苦的事实后，先停下来，了解孩子的感受。例如，你可以这样问："你听了有什么感觉？"或者："你觉得难过是很正常的，我也很难过。"又或者，你也可以把手放在孩子的后背上，只是关心地看着他。

如果孩子用语言（"我很难过"）或表情（哭泣或愤怒）表达了他的感受，你就要用接纳、肯定和包容的态度来回应他。如果孩子提出问题后，你知道你的回答会让他很难受，那么你一开始或许就可以这样说："这个问题很重要，我现在就来跟你说这件事，你听了可能会觉得难过，但是我会一直陪着你的。"也许，你想在回答孩子的问题前先把心情整理一番，于是你也可以这样说："这个问题问得很好，我要认真地回答你。但是我需要一点时间来想一想，想好了再跟你说。我肯定会跟你说的，因为你问的这个问题非常重要。"这里的重点是，只要你做好了准备，那么即使孩子没有再问起这件事，你也要去答复他。如果你不这样做，孩子心里的恐惧感就会**加重**，因为他将独自面对一开始促使他发问的那些感受和信息。最后，你还要记住的是，你是可以哭的。你要说出自己的感受，同时让孩子知道，虽然你的情绪也很强烈，但你仍然会始终如一地陪伴他、保护他。因为，所有人都会有情绪。让孩子知道我们也会感到难过，知道我们尽管痛苦挣扎也仍然能走出来，这是我们能让孩子学到的最珍贵的东西。

准则 10

不要忘记自我关照

我不希望孩子长大后这样说我:"我妈妈?她为我做所有的事情。"或者:"我妈妈永远把我放在第一位。"又或者"我妈妈从不懂得照顾自己,她总是忙着照顾我们。"我希望他们永远都不会说出类似"我妈妈为了照顾我,把自己都累坏了"这样的话。

我希望孩子谈到我时说些什么呢?例如像这样:"我妈妈?她知道什么时候需要照顾自己,她也能很好地照顾我。"或者"我妈妈在照顾自己方面为我树立了极好的榜样。她让我学到,照顾自己非常重要,她也教会了我如何在照顾好自己的同时去关心他人。"甚至像这样:"我妈妈让我看到,养育孩子并不需要失去自我。养育孩子的意思其实是在自己发展和成长的同时帮助孩子发展和成长。"

自我关照：我们与自己关系的质量，决定着与他人关系的质量

在溺爱式育儿盛行的当今世界，许多父母都误认为，有了孩子就要牺牲自我。也就是说，一旦挑起照顾幼儿的重担，你就失去了照顾自己的权利。可是，这种毫不利己的养育方式其实对任何人都没有好处。这么做对父母们没有好处，因为他们一方面付出太多，一方面又忽视了自己的需要，到头来落得筋疲力尽、牢骚满腹。这么做对孩子也没有好处，因为孩子肯定能感受到父母的劳累和怨气，还可能因此而感到内疚、焦虑或不安。

妨碍父母关照自己的原因有很多。他们担心自己"自私"，于是不得不把每一分空闲时间都用来"提升"孩子或为其"成功"铺路。或者，忙了一整天的他们只是没有时间和精力去关照自己。有的父母从事多份工作或工作时间较长，也有的父母没有可以信赖的人或机构来帮他们照看孩子，在他们眼里，关照自己这件事可能会显得非常奢侈。

就算父母能够优先考虑自己，他们往往也会感到非常内疚。而一旦孩子抗议，这种内疚还会变本加厉。例如，如果你决定不给孩子办游戏派对，孩子可能就会觉得无法理解："今天我的朋友们不能来家里玩，是因为你不想让别人来咱们家吗？"或者，如果你决定出去走一走、透透气，孩子可

能就会说:"你要一个人出门去?你不想带上我吗?"又或者,如果你晚上约了朋友玩,那么你可能一整晚都无法踏实,因为孩子可能会问你:"你晚上要出去吃饭,不哄我睡觉了?"

尽管孩子可能会做出这样那样的反应,但假如父母能够在关照自己这件事上设置好规则,孩子其实也会感到安心。毕竟,父母是一家之长,孩子希望能在他们身上感受到坚定和自信。而如果父母在养育孩子的过程中过于无私,<u>没有了自我</u>,那对孩子来说就会是一件非常可怕的事。孩子可不希望他们的一家之长不知道自己要什么,总是受到别人影响,甚至迷失自我。

没有人生来就是要压抑自己来满足别人的。如果你倾向于为了家庭牺牲自己,那么这种价值观就很可能形成于你的早年,即你形成脑回路的阶段。如果你不习惯优先照顾自己,你就可以先学着去关心自己。你可以对自己说:"在我小时候,<u>我对别人的需要十分敏感</u>,我肯定是为了<u>生存</u>才这样做的。这种敏感促使我忽视了自己的需要。"我们必须首先尊重和肯定过去的反应模式,然后才能去迎接巨大的挑战——做出改变,尝试新的方式。只有理解自己的挣扎,我们才能找到自己心中的善良。有了它,改变才有可能。一旦我们发现,我们的本心是好的,我们就可以改变过去的自我对话,开始对自己说:"我正在努力建立新的模式。我要努力找到自己的愿望和需要,并且提醒自己它们有多么重要。尝试新东西的时候，我的身体会感到不舒服。而透过这种不舒服，我看到的其实是我正在建立我幼时未能建立的新的脑回路。我的不舒服只是证实了变化在发生，而不代表我做错了什么。"

如果我们只是把自我关照理解为日程表上的一条普通事项，那么这件事本身也可能会给我们带来重重压力。"什么？我必须先改变自己，然后才能改善我和孩子的关系？"好在，只要改换下面的角度来看待问题，我们就会感受到力量和希望："我现在有机会可以一举两得。我既能以自己引以为豪的方式来养育孩子，又能在这么做的同时疗愈自己。我能同时做这两件事。"

关于父母的自我关照，我可以写一整本书来专门讨论。实际上，我也很想找机会来写这本书，例如在写完手里的这本之后。到时候，我肯定需要把自己关照一番，例如暂停写作，休息一段时间，让身心恢复元气。现在，我想介绍几个我最喜欢的关照自己的方法，读毕即可使用，并且不会占用多少时间。请记住，如果我们自己没有能量，我们就无法把能量灌注到孩子体内。如果我们对自己没有耐心，我们就无法对孩子耐心。只有让我们的内心世界发生改变，我们才能在外部世界推动改变发生。我们与自己的关系的质量决定了我们与他人的关系的质量。

五种方法，学会如何关照自己

■ 深呼吸

虽然这是个老生常谈的话题，但我还是不能不提它，希望你也不要忽视它。原因在于，我列出的关照自己的所有方法都需要我们能够迅速静下心来，若非如此，我们就无法激活存储了这些方法的大脑区域，而静心的捷径就是深呼吸。所以，我们可以把深呼吸当作通往脑中自我观照"武器库"的大门。

深呼吸之所以有效，是因为它能触发舒缓压力、降低血压等一系列重要的生理过程。膈式呼吸法又叫腹式呼吸法，它能刺激迷走神经（脑神经中最长、分布最广的一对神经）。迷走神经是副交感神经系统或"休息与复原"系统（与交感神经系统或"或战或逃"系统的作用相互拮抗）的重要组成部分，它能帮助你的身体恢复到安静而放松的状态。也就是说，深而缓的腹式呼吸能激活有镇静作用的脑回路。如果我们感到烦闷、愤怒、沮丧、焦虑或失控，那么我们只需几次深呼吸就可以刺激大脑的特定区域，让它们发出下面的信息："你是安全的，你会没事的，一切都会好起来。"一旦身体放松下来，我们就能做出更好的决定，以及与自己和他人更舒适地相处。

如何做

我使用的方法是"热巧克力呼吸法",我教孩子练习深呼吸也是用这种方法,所以你完全可以跟孩子一起练习。

- 舒服地坐在椅子上,两腿不要交叉,两脚平放在地上,后背挺直。
- 闭上眼睛,或者去看地上的某一个点。
- 一只手放在肚子上,另一只手放在胸前。
- 想象你面前有一杯加了几粒棉花糖的热巧克力。慢慢吸气,把热巧克力的香气吸进去。接下来,慢慢呼气,小心不要吹掉热巧克力上的棉花糖。你可以想象你的上唇和下唇之间夹着一根吸管。这么做能帮助你放慢呼气的速度。**长时间保持呼气状态是让自己平静下来的关键**。重复这一步骤 5 ~ 10 次。
- 如果在这当中,你想起了别的事情,分散了注意力,那也十分正常。杂念袭来的时候,你可以对自己说"你好,杂念",或者"你好,担心",又或者"你好,计划",接着继续你的深呼吸练习。

■ 察觉、理解和接纳自己的感受

逃避感受永远无法解决问题。事实上,你越想逃避痛苦,越盼望它消失,它就会越强烈。我们的潜意识认为,**逃避**这一行为本身就证明了危险的存在,所以它能触发我们的内部警报系统。我们越是用力驱赶焦虑、愤怒或悲伤等情绪，这些情绪反而变得越顽固。与其试图逃离负面情绪，不如转换思路。我们需要对自己说："焦虑（或悲伤、愤怒）不是我的敌人，我可以有这种情绪，我可以忍受自己的不舒服。"对于任何负面情绪，这么做都是有效的。如果你再次陷入你想要逃避的负面情绪，那就不妨提醒自己去察觉、理解和接纳，如果情绪的自我调节有什么秘方的话，那就是上面这三点。

如何做

察觉：察觉并说出你的情绪。例如"我现在压力很大！""我今天觉得很压抑。""我现在很焦虑！"或者"我觉得胸闷、心慌。"

理解：尊重你的感受，承认它们没有欺骗你。告诉自己为什么这些感受是可以理解的。例如"我太累了。我要照顾两个孩子，给他们做饭时他们还吵个不停……所以我感到压力大是很正常的"，或者"上司冲我吼叫，朋友也有事不跟我吃晚饭了，难怪我今天觉得特别压抑"，又或者"我太忙了，要做的事情太多，脑子都要转不过来了。所以我当然会焦虑、紧张"。提醒自己，我们的各种感觉和感受都是"可以理解的"，这么做能让我们更加接受身体当下的状态。所以，我们可以尝试多对自己使用这一表达。

接纳：允许自己拥有这样或那样的感受。我知道，这听起来有点奇怪，但这句话非常有用。大声告诉自己（或在心里默念）："我完全可以觉得生活好难。""我有这种感受完全没问题。"或者："带孩子真是一件苦差事，我完全可以这么觉得。"现在要记住的是，我们接纳自己愤怒，但同时也要提醒自己语气平和；我们接纳自己懊恼，但同时也要敦促自己温柔以待。

■满足你的需要和忍受他人不满的痛苦

下面，我们来做一个实验！请你大声说出下面的话（最好对着镜子），然后观察自己的反应："我可以满足自己，即使这样做会影响他人。"现在停下来，注意体会，你在内心深处是否愿意接受这句话？对于这句话，你有什么下意识的反应？这句话有没有勾起你的什么回忆，或是让你的脑海里浮现出什么画面？做这个实验的唯一目的只是了解自己。你的任何反应都是好的，都没问题。

现在，你感觉到了什么？有没有觉得有些不舒服？有没有觉得需要立即纠正自己？你能十分坚定地说出这句话吗？还是说，你很难相信这句话会从自己的嘴里说出来？不论是向他人求助，还是找别人来陪自己，甚或是让伴侣照看孩子，在这些时候，很多人都难以坚持自己的主张，害怕那些主张会给他人造成不便。由于这一点很难做到，所以我们到头来往往会放弃自己的想法，告诉自己："没关系，我自己一个人做吧。"或者："看来我只能下次再跟朋友出去散步了。"又或者："好吧，早上还是我来带孩子吧。"这一反应模式包含四个阶段：首先，你想满足自己；其次，你表达需求；接着，你的伴侣或朋友似乎不很方便；最后，你收回尚未满足的诉求。

现在是时候改变这一模式了。但这么做的前提是，我们必须认清，我们是无法让他人避免不便或痛苦的。我们没有责任确保他人快乐，他人也没有责任来附和我们的主张。我们需要的是他人的**合作**，而非**准许**。

我经常提醒自己，要想满足自己的需要，我或许就必须给他人造成不便或打扰，而这么做是没问题的。他人的痛苦不应成为我不去满足自己需求的原因。如果我能理解并接受这一点，我就可以毫无愧意地扔下孩子去散步。如果我的伴侣看上去有点生气，我就会努力去与他共情，告诉他："我知道，你一个人陪孩子们会很辛苦，我明白。"但我接下来还是会出门。此外，我还可以选择点什么外卖，即使某个孩子会因此而抱怨。如果我真正想吃的是寿司而非比萨，我就必须愿意去承受来自儿子的阻力。许多父母从小就习惯于把别人的痛苦认定为自己的责任，所以，一旦我们看到我们的伴侣、朋友或孩子因为我们主张或拒绝了什么而不高兴，我们就会放弃。深吸一口气，把下面这句话记在心里，这么做能帮助我们防止失去自我。**在很多时候，满足自己需要的唯一**

途径是在这中间容忍他人的痛苦。

如何做

- 告诉自己:"在坚持自己的主张时,别人可以不高兴。不高兴不代表他们是坏人,但也不能阻止我坚持自我。"
- 想象你站在网球场的一边,另一人站在另一边。告诉自己:"我在这边,我有我的需要和选择。他在那边,他有他的诉求。他如何看待我的选择是他那一边的事,不是我的事。我能看到他,甚至能理解他的感受,但那些感受不是我造成的,我也没有义务让那些感受消失。"

■为自己做一件事

如果你十分不习惯自我关照,那就可以先从一件能够上手的事做起。这里的重点是,一开始不要搞得太复杂,不要一上来就是 30 分钟的健身课,或是坚决让孩子在晚上 9 点前入睡。你需要从"我确定我做得到"的小事开始。自我关照本身就包含对自己许诺并履行承诺,哪怕我们同时还要照顾他人。如果你在这方面做得很少,你就需要通过练习来逐渐学会优先考虑自己,提升自我价值感。

你可以先用下面这些小事来关照自己。

- 早上喝一杯水
- 冥想两分钟
- 趁热享用你的咖啡
- 为自己做一份像样的早餐
- 听一段舒缓的音乐
- 读几页书
- 痛快地哭一场
- 坐下来，用"热巧克力呼吸法"做 5 次深呼吸
- 用"婴儿式"瑜伽姿势休息
- 涂色
- 找朋友聊天
- 梳头
- 写日记

这些事能否做成往往取决于我们能否对当时有求于我们的人说不。下面这些表示拒绝的回应或许能帮你把上面那些事做成。

- "我不去了，我对那个没兴趣。"
- "不行，我去不了。"
- "很感谢你能想到我，但我没有时间。"
- "我有点自己的事情要忙，你得等一会儿。"
- "不行，我现在过不去。我知道等人的滋味不好受，

你可以先找点别的事情做。"

■ 修复与自己的关系

我知道，每一位正在阅读这本书的父母都想陪伴孩子成长，都想用更加健康的方式养育孩子，都想让孩子将来能够自爱而爱人。你正在花时间读这本书，这表明你愿意花费最宝贵的注意力去反思、学习、尝试和成长。

我也知道，你们当中的许多人已经担负起了打破家庭关系模式的代际循环的重任。你就是那个转折点，你就是那个发誓"破坏性的关系模式**到我为止**，我要传递给孩子们新的、更好的模式"的英雄。打破循环是一场史诗般的战斗，承担这一重任的你一定不同凡响。

我还知道，你有时也会把事情搞砸，大声吼叫，或是说出让自己后悔不迭的话，但是这没有关系。一时的激动和反应过火并不代表什么。你的本心是好的，你一边全心为孩子付出，一边也在自我成长。

自我关照需要你能熟练地与自己修复关系。如果你犯了错，或是做了让自己后悔的事，你就必须宽容自己。这本书在与孩子修复关系的话题上谈了很多，但是，与别人修复关系的前提是首先与自己修复关系。

如何做

- 把一只手放在心脏的位置，告诉自己："疲于应付没关系，犯错没关系，有些事情不知道也没关系，我无须事事完美。即使我表现出来的情绪有些失控，我的本心也依然是好的。"
- 在与孩子相处当中，如果你对自己感到不满，或是你对自己的反应感到失望，那就告诉自己："不以一事论成败。"

第 2 部分 Part 2

建立亲密感，改善行为

实战 1

我在育儿路上很受挫，有没有首先要解决的问题？

"贝姬医生，我们也不知道该从哪里讲起，"两个孩子的父母说，"我们家已经乱成一锅粥了。家里一天到晚都是吼叫声，我们也总是吓唬他们，可是除此之外我们真的一点办法也没有。我们的孩子一点也不听我们的话。4岁的那个动不动就发脾气，7岁的那个也总是顶撞我们。有一天，老大赫斯顿突然说他很笨，没有朋友，可每当我们尝试跟他说件事的时候，他都说我们不懂，接着就把他的门摔上了。老二伊奇，每天早上我们把她送到幼儿园的时候，她都会哭个没完。一大早就遇到这种事，真是让人受不了。请帮帮我们吧！"

在最近的一次咨询中，这对父母一见到我就诉了一大通的苦。我深吸了一口气说："第一，很高兴你们来找我。第二，我会帮你们解决你们提到的所有问题,一个也不落。"

他们笑了。我也笑了。我接着说:"其实不是这样的。我们并不会去解决你们刚才提到的任何一个问题,至少今天不会。事情是这样的,在亲密感建立之前,我们是无法改变行为的,所以我们首先要集中精力来做这件事。真正的问题并不是你们所提到的任何一件具体的事,既不是发脾气、顶嘴和摔门,也不是下车后哭闹。真正的问题似乎是,你们的家庭系统有些失衡。所有人都失去了安全感。"

说到这儿,这对父母似乎平静了一些。仅仅听到有人指出问题(一个真正触动了他们的问题),并且显得成竹在胸就能让人感到轻松。于是,我们一开始并没有讨论吼叫和恐吓,而是谈了如何与孩子拉近距离,建立亲密感。我向这对父母介绍了一些我称之为"高效的亲密感培养法"。它们都是经过实践检验的有效做法。如果有家庭(不管是我自己的家庭还是来访者的家庭)需要重新与孩子建立亲密感,回到平衡状态,我就会一再地把它们派上用场。虽然它们当中的一些工具及其实际应用可能带有些许理想色彩,但我认为有些方法还是适合所有人的。不论你家的系统失衡表现为孩子的无礼、撒谎、手足之争和发脾气,还是我将在后面的章节里讨论的其他具体的问题行为,这些方法都能引发积极的改变。因为它们能帮助父母把注意力集中在与孩子拉近距离和增进亲密感上,而非集中在纠正某个行为上。我们现在已经知道，行为从来都不是问题，它只是症状。这些事半功倍的方法能解决最根本的问题，因而也能让家庭气氛变得更加和睦。

情感资本的重要性：我们不能从行为入手，只能从亲密感入手

正如我向来访者解释的那样，如果父母与孩子争斗起来，那么一般就只有两种结果，要么孩子与父母的亲密感遭到损害，要么孩子的内心产生痛苦，或是孩子的一些需求遭到压抑。想象孩子有一个情感账户，里面的钱是亲密感，而孩子的行为就是账户状态的表现，即账户里的钱是多还是少。我在前面提到过"情感资本"。如果我们真正走进孩子的内心，体会孩子的感受，尊重孩子的情绪，并且努力理解孩子在经历什么，我们就是在往情感账户里存钱。如果情感资本充裕，孩子就会感到自信和安全，就会感到自己是有能力的、有价值的。而这些内在的积极感受会促使孩子表现出好的行为，例如合作、灵活认知和调节情绪。因此，为了引发积极的改变，我们必须首先与孩子拉近距离，建立亲密感，如此才能让孩子感觉更好，进而让他们表现得更好。注意，行为的改变发生在最后。所以我们不能从行为入手，而只能从亲密感入手。

我们还要记住的是，情感资本既可以增加也可以减少。

就像银行账户一样，我们也会经常从情感账户里取钱。当我们要求孩子们打扫房间时，当我们告诉他们我们需要几分钟来回复一个突然打来的工作电话时，当我们说"该走了，亲爱的"或"看电视的时间到了"时，我们都得动用情感资本。我们平时花掉的情感资本是非常多的，因为我们常常不得不要求孩子们做他们不愿意做的事情，要求他们遵守他们不愿意遵守的规则。这意味着，我们平时存入的情感资本必须更多。我们需要储备足够的情感资本，以此来保证我们的情感账户不会无钱可取。

这里的窍门是，我们在心平气和的状态下更容易与孩子建立亲密感。若是在亲子冲突的时候这么做，效果就不会很好，因为在"或战或逃"模式下，我们很难走进孩子的内心。在心态平和的时候，我们可以放慢脚步，体会孩子的感受，看到他们的优点，进而让彼此的关系变得更为紧密。下面这些措施是供你在心态平和时使用的，这种时刻是改善亲子关系、学习新技能和促成行为改变的黄金时间。每当我察觉到家里的气氛有些异样时，我都会首先拿出这些工具，为情感账户补充资金。

积累情感资本的工具一：手机拜拜亲子时间

手机拜拜亲子时间是我最常推荐的育儿措施。要说事半功倍，什么方法也比不上它。

顾名思义，手机拜拜亲子时间就是撇开手机陪伴孩子。一旦手机在身边，我就没法专心陪孩子玩了，于是我就想出了这个主意。手机放在房间里的时候，我总是想要去查看，例如回复信息、在购物网站上下单，以及我在一天当中会遇到的数不清的其他事情。我虽然可以向自己保证不会去碰手机，而是专心去玩桌游、搭积木……但那种吸引力实在太强大了。

孩子最想要的就是我们的全心关注。从我们的关注里，他们能感受到自己是安全的、重要的、有价值的、被爱的。然而，我们的手机却像一块强大的磁铁，总是让我们分心，而孩子们也能感受到我们的心不在焉。需要说清楚的是，我并非反对使用手机等电子设备。我只是建议父母们**对电子设备的使用设置行为规则**。我们不仅需要为孩子设置行为规则，也需要为自己设置行为规则，这样我们才能给予孩子心无旁骛的关注。虽然我们无须时刻都这样做，但是在有些时候，我们确实需要这样做。

专心陪伴孩子是积累情感资本的最佳方式。如果孩子不听话、没礼貌，或是两个孩子不和睦，你都可以试试手机拜拜亲子时间。其他类似情形也一样。

手机拜拜亲子时间每次只需 10 ~ 15 分钟。我们的目标是走进孩子的世界，而非像我们一天到晚反复强调的那样，让孩子走进我们的世界。在手机拜拜亲子时间里,你要允许孩子按照自己的意愿玩耍,你要做的只是从旁观察。你绝不可以告诉孩子应该做什么,应该怎么做。你只需出现在孩子的世界里,这一点才是最重要的。

手机拜拜亲子时间最大的好处之一是,游戏带给父母们的乐趣增加了。如果房间里没有电话,我们就能更专心地去玩游戏了。在手机拜拜亲子时间里,我总是告诉自己:"贝姬,没有哪件事比你此刻正在做的这件事更重要。"或者:"我不需要再去做其他事情了,能跟儿子一起玩就足够了,这样已经很好了。"如果没有手机催促我做这做那,我确实就能安心地投入游戏当中。

现在,我们来谈谈如何在你的家里开启手机拜拜亲子时间。

① 给手机拜拜亲子时间起个名字,以此来体现这段时间的独特性。例如"爸爸与马可的专属时刻","妈妈与女儿的特别时刻"。

② 把时间控制在 10 ~ 15 分钟之间。

③ 没有电话,没有其他电子设备,没有惹人分心的任何东西。

④ 让孩子决定玩什么,怎么玩,这是关键。

⑤ 孩子是主角,你要做的只是观察、模仿,描述孩子的状态和孩子正在做什么。

重要的是主动告诉孩子，你要把你的手机收起来。这样孩子就能明白，你知道手机会让自己分心。这么做能让孩子感到被看见，能让孩子感到自己很重要。

以下是提议手机拜拜亲子时间的具体做法。

- *对于较小的孩子*。"我们来玩一会儿手机拜拜吧！我要把我的手机放到另一个房间里，专心来陪你。只有我们两个人，你可以想想我们一起做什么！"
- *对于较大的孩子*。"嘿，亲爱的。你知道吗？我想跟你一起玩手机拜拜，只有咱们俩，让我的手机离得远远的。因为我知道，手机会发出噪声，还会分散我的注意力，特别烦人。过一会儿就开始怎么样？大概10～15分钟，你可以想想我们在一起做什么。"

记住，手机拜拜亲子时间所聚焦的是孩子自己的世界。尽量不要问孩子问题，而是要努力跟上孩子的想法。如果你觉得有些不自然，那也没关系！对于这种陪伴方式，大多数父母都会觉得有些不习惯。你可以试试下面这些做法。

- *描述*。例如"你在建造一座塔"或者"你在用红色的蜡笔涂颜色"。
- *模仿*。如果孩子正在画一朵花，那么你也拿一张纸，坐到他旁边去画你自己的花。什么话都不需要讲。在模仿当中,你要用行动向孩子表明,你在全身心地陪伴他,他在你眼里是重要的、有趣的。

- **印证孩子的想法**。如果孩子说:"我想玩卡车!"你就可以回应他说:"你想玩卡车!"如果孩子说:"那只猪想进谷仓。"你就可以回应他说:"嗯,那只猪想进谷仓。"

如果这些做法让你感到尴尬,那么请记住,这么做的目的只是陪伴孩子度过一段不受打扰的、高质量的亲子时间。如果做不到 15 分钟,那就可以试试 10 分钟、5 分钟,甚至 2 分钟。手机拜拜亲子时间能让孩子感到自己很重要,感到自己是被爱着的,一旦孩子拥有了这样的感受,行为的改善就会水到渠成。

积累情感资本的工具二:填充游戏

家里小的孩子出生后,大儿子感到特别不适应,于是我想到了这个填充游戏的主意。我后来也经常跟孩子们一起玩这个游戏。当时,他变得非常执拗、没礼貌,脾气也特别坏……这些特点都让我想要离他远点。但我很快意识到,他其实非常痛苦。他的愤怒之下隐藏着他的担心:"我还会得到关注吗?""我的需要还能得到满足吗?""妈妈和爸爸还会花足够的时间来陪我吗?"新的家庭成员的到来让他感到非常痛苦，以至于他的情感账户几乎见了底。就在他惹我讨厌的那一刻，他其实非常需要我去为他注入情感资本。

因此，我想起了这个填充游戏。儿子每次不听话时，我没有激烈反应，而是深吸一口气，和缓而温柔地对他说："我觉得，你是想告诉我，你身体里的妈妈不够了。"我的柔软也让他柔软了下来，于是他往往也回答说："是的……现在只到这里。"然后伸手指向他腿上的某一处。这时，我就会紧紧地抱住他，直到他"身体里的妈妈"被填充到头顶。这时，我还会继续拥抱他，好让他能够有"更多一些的妈妈"来度过接下来的一段时间。他的行为有改善吗？没有，不是马上就有。这个游戏并没有在顷刻间改天换地，但它绝对是一个转折点。这是第一步，因为它把孩子真正需要的东西——**更多的爸爸或妈妈**——具象化了。

下次当孩子的表现让你巴不得走开时，你就可以试试这个填充游戏。你可以幽默地、半开玩笑地告诉孩子：你这个样子是因为你身体里的妈妈（或爸爸）不够了，所以现在该彻彻底底地填充一次了。

一旦你看到填充游戏的好处（你极有可能会发现，你和孩子的态度都会明显地和缓下来），你可能就会想要在孩子身体里的妈妈少到他不得不用无礼和顽劣来告知你时，主动跟孩子玩这个游戏。或许，你可以在孩子玩乐高积木前，或是在你让孩子开始准备睡觉前跟他玩这个游戏。你可以这样问孩子:"在开始之前,我能给你填充一些妈妈吗?"

提议玩填充游戏的具体做法。

① 告诉孩子:"我想,你身体里的妈妈(或爸爸)已经不够了。我觉得现在只到你的脚踝那里!我来帮你填满吧!"

② 长时间紧紧地抱住孩子。

③ "现在感觉到哪里了?什么?只到你的膝盖?好吧,再来一轮……"

④ 再次紧紧地抱住孩子,或许要抱得龇牙咧嘴,像是你用尽了所有的力气。

⑤ "什么?只到你的肚子?我还以为我填得更高了呢!好吧,我再给你更多的妈妈,第三轮……"

⑥ 孩子感到身体被填满后,再抱孩子一次,接着说:"我再多给你一些,以防你不够用。最近事情比较多,我得多给你填充点妈妈。"

什么时候玩填充游戏。

① 当孩子在早晨醒来时。用填充游戏来帮孩子开启新的一天。

② 在与孩子分开时。填充游戏能让孩子在跟你说再见前用非常具象化的方式把你装进心里。

③ 在你开始工作前。填充游戏能拉近你与孩子的距离。
④ 在意料之中的麻烦发生之前（例如，在你要求儿子把他的玩具拿给妹妹之前，在儿子发现妹妹正在用他最喜欢的盘子之前，在孩子开始尝试一个你知道会比较难的拼图之前）。
⑤ 在孩子表现出不好的行为的时候。通过本心善良和情感资本的视角来解读孩子的行为是非常有益的。用你来填充孩子，能给他们的内心带去美好和安全感，进而提升他们的情绪调节能力。

积累情感资本的工具三：接种情绪疫苗

情绪疫苗好比用来预防疾病的疫苗——我们今天强健体魄，将来才能更好地应对挑战。我们已经知道，人类应对困难局面所靠的并不是改变或回避情绪，而是学着去调节情绪。如果孩子很难放下手里的平板电脑，我们就不能指望他们有一天突然开窍，高高兴兴地奉上平板电脑，我们只能指望他们能够去察觉、理解和接纳已有的情绪，进而逐渐适应和接受没有平板电脑的状态。同样，如果孩子很难在棋盘游戏或体育运动中体面地认输，我们就不能指望他们突然不再那么好胜，或是超脱地认为"这只是游戏而已"，我们只能指望他们能够去察觉、理解和接纳已有的情绪，进而使他们能够用深呼吸和更加体面的方式来接受已有的结果。

因此，倘若我们的目标是调节情绪，而非粉饰、改变或消除情绪，那么我们该如何帮助孩子去面对他们所经常遭遇的情绪崩溃呢？我这里有一条良策，即提前为未来的情绪挣扎做好准备。所谓接种情感疫苗，就是在情绪爆发**之前**与孩子建立亲密感，从而提升孩子的情绪调节能力，防患于未然。我们主动走近孩子，与他们讨论并且确认他们或许很快就会遭遇的困难局面，探讨甚至模拟演练到时可能会采取的应对方式——这一切都在未然之中。通过建立亲密感、确认即将遭遇的困境和展望应对方式，我们早在情绪全面爆发之前就为孩子注入"情绪调节抗体"。这样一来，我们就实现了对情绪的**预调节**。当困难局面真正来临时，孩子就不会毫无准备。当然，这并不意味着当她输掉比赛时，她就立刻能接受得云淡风轻！我们都知道，要想获得进步，关键还要靠不断地练习。

请记住，孩子们行为极不稳定的时刻也是他们情绪反应强烈并且身处**孤独状态**的时刻。而有了情绪疫苗，我们就将亲密感注入这样的时刻，哪怕这些时刻尚未到来。这么做能帮助孩子缓解情绪波动。

我这里还有一条良策，既然孩子可以从情绪疫苗中获益，那么我们也可以。想象你今天可能会遭遇的某个困难局面，然后提前给予自己关注、理解和接纳。"我接纳自己的这种感受。我现在要深吸一口气,提前做好准备……也许当困难局面真正来临时,我就能用深呼吸和与自己共情来面对了。"这么做的效果会超乎你的想象。

提议接种情绪疫苗的具体做法:

情绪疫苗 = 建立亲密感 + 理解 + 有助理解的故事,它们都是在我们预想的事情发生前进行的。下面,我提供两个例子来帮助你理解。

为关闭电视接种情绪疫苗

父母:"在我们开始看电视之前,我们先来想想,到了要关电视的时候,我们那时会有什么感觉?要让我们喜欢做的事情停下来是很难的,是不是?我也一样。"

孩子:"你能现在就把电视打开吗?"

父母:"我们会打开电视的,很快就会。我现在要做个深呼吸,让我的身体为关电视的时候做好准备。"为孩子示范具体怎么做。"还有,我在想,我们现在是不是可以挑出几条你在关电视时的反对理由,让我们的身体做好准备。"用轻松愉快但不含嘲讽的语气说:"再看五分钟!我的朋友们看得可要比我多多了!我马上就……求求你……我想做什么你都不让!"

- **你正在做什么?** 你正在趁困难局面尚未发生时与孩子建立亲密感,并且把幽默的游戏元素加入其中。这并不意味着关电视的时间一到，孩子就会说："妈妈，给你遥控器！"但这确实意味着，你正在培养孩子调节负面情绪的能力。要不了多久，孩子就会看着你说："我还想再看一集！"而非大声尖叫着扔掉遥控器。

为作业难做接种情绪疫苗

父母："我在考虑你写作文的事，你坐下来开始写的时候可能会觉得非常难。这一点我完全理解。我也一直觉得写作文特别难，而且很烦人。"

孩子："没错。"

父母："我在想，我们现在能不能一起做个深呼吸。我在书上看到，如果我们能提前预料到困难，并且跟自己聊两句，到时候就能觉得轻松些。"如果孩子对你的提议不感兴趣，那也没关系。你仍旧可以把一只手按在胸前，看着地板，或者闭上眼睛说："刚开始写的时候，我可能会觉得非常头疼。不过这并没有什么关系！我现在要提前做一个深呼吸，提醒自己，觉得写作文难是没问题的。而且，就算是难做的事我也一样能做！"

- **你正在做什么？** 趁困难局面来临前与孩子建立亲密感，对孩子可能会表现出的情绪给予理解。

积累情感资本的工具四：坐在孩子"情绪的长椅"上

我们已经知道，只有在我们独自面对情绪的时候，情绪才是可怕的。如果有人对我们说："你觉得很难过（或者悲伤、害怕、生气），那也没关系。我陪着你，跟我说说吧。"那么我们的情绪就会立即开始消退。我们不再感到受不了，也更加有安全感。

在孩子情绪不好的时候，那种感觉就像是他们被扔到了一条情绪的长椅上，例如愤怒的长椅、失望的长椅，甚至没人喜欢我的长椅。而在这种时候，孩子们（包括成年人）都非常需要有人能在长椅上坐下来陪伴他们。只要有人能陪我们坐在一起，长椅感觉起来就不再那么冰冷了，我们此刻也就获得了一个温热长椅的人。

如果你的儿子告诉你："我真希望我没有弟弟，他总是给我捣乱！"那么你就可以想象，他正坐在一条跟人相处很难受的长椅上。这时，你需要走过去，跟他坐在一起。你或许还得为他设置一条行为规则，但这并不影响你去跟他坐在一起。你可以这样对他说："你觉得跟别人相处很难受。我明白，亲爱的。我不会允许你打弟弟的，但你觉得生气也是没问题的。我在这儿陪着你。"

如果你的女儿正在因为她最好的朋友要搬到另一座城市而闷闷不乐，并且对你大喊："为什么我们不能搬家，让我跟丽芙继续在一起？我讨厌住在这里，我讨厌你们所有人！"这时，首先做一个深呼吸。女儿的行为背后是一种情绪，她在用这种方式来求得你的理解和支持。她正坐在一条失落的长椅上。这时，你要坐到她身边，告诉她："你说的我都听到了。这种感觉确实非常难受。"

同时，你也要试着与**你自己**坐在一起。找到擅长安慰人的那部分自我（他在你心里！一直都在），让他与感到害怕、难过或自责的那部分自我坐在一起。你可以对有些崩溃的那部分自我说："我在陪着你呢，崩溃感。我看到你了。我会倾听你的声音。你是我的一部分，你不是我的全部。我会跟你一起面对的。"

坐在孩子的情绪长椅上的具体做法。

如果孩子告诉你，他的情绪很不好，你就要提醒自己："我需要跟他一起坐下来。坐在他的情绪长椅上，而非试图把他从上面拉下来。我通过这种方式来与他建立亲密感，培养他的心理韧性。"告诉孩子你就在他身边，而不是要求孩子改变情绪。

怎么说

- "听起来你真是太难了。"
- "你太倒霉了，确实就是这样。"

- "我很高兴你能和我聊这件事。"
- "我相信你。"
- "你现在还小……唉，确实太难了。我理解。"
- "这件事让你感到很难过。亲爱的，难过没有任何问题。"
- "我就在这里陪着你。我很高兴我们能一起讨论这个问题。"
- "有时候，我们没办法让自己的感觉马上好起来。有时候，遇到事情不顺利，最好的办法是安慰自己，还有去跟愿意理解我们的人说说话。"
- "我爱你。不管你现在有什么情绪，也不管你的生活里发生了什么，我都一样爱你。"

怎么做

- 跟孩子一起坐在沙发上或床上，听孩子跟你讲话。
- 孩子说话时，尽可能少说话。多点头，表现出一副理解的表情。
- 在孩子难过的时候拥抱孩子。
- 跟孩子一起深呼吸。

积累情感资本的工具五：提升游戏力

父母们可能会把养育孩子这件事看得过于严肃，后勤工作事无巨细。例如:"你先上学,然后我去接你,带你去看牙医,再送你去参加足球训练,然后做作业,吃晚饭,晚上早点睡觉,好吗?"于是亲子关系很容易就会陷入对立、争吵,或是单纯的无趣之中。我在心理工作中发现,很多家庭都缺少一大类元素,即嬉闹、游戏、诙谐和趣味。

趣味非常重要,这一点怎么强调都不过分。诙谐和嬉闹能极大地促进情感资本的积累。欢笑能降低皮质醇和肾上腺素等应激激素的水平,并能提升人体的免疫机能。也就是说,我们得认真对待欢笑这件事,因为每当我们放声大笑时,我们的身体都会变得更加健康。此外,胡乱地跳舞、自创歌曲和追逐游戏等活动也能让孩子感到被爱,感到自己很重要,同时增加安全感。由于父母的主要工作之一是让孩子感到安全,所以趣味是养育过程中极为重要的方面。在面临危险的时候,人是笑不出来的,所以我们跟孩子一起欢笑能传达出这样的信息:"这是你的家,它很安全。有爸爸妈妈来保护你。你可以在这里自由地做你自己。"

对一些父母来说,有趣是比较容易做到的。如果这对你不是问题,你就可以跳过这一段。但是,如果跟孩子一起嬉闹会让你感到尴尬或不自然,例如你认为自己是那种比较严肃的父母,你就得先花一些时间来自我觉知。在养育孩子这个件事上,所有的父母都会在某些方面感到头痛,例如设置行为规则、应对冲突和让孩子觉得有趣。如果趣味这件事对你来说非常困难，那就很可能是因为没人为你做过这样的示范。通常情况下，这种父母本身就成长于借助羞辱（"你真让我难堪，马上停止"）、忽视（当孩子想玩游戏或搞怪时，父母不搭理孩子），甚或惩罚（"瞎说什么，回你的房间去！"）来阻止孩子嬉闹的家庭。如果你家就是这样，那么你很可能已经学会与喜欢嬉闹的那部分自我保持距离，因为在你小时候，你的那部分自我是不受欢迎的，于是你就把它隐藏了起来。你可以去重读上一章关于自我关照的内容，并且借助其中的一些方法来重新找回喜欢嬉闹的那部分自我。它一直在那里，尽管它不声不响，不敢露头（这是可以理解的）。

我在下面列出了一些能让孩子感到有趣的想法，不过我也提醒你，这类做法多不胜数。如果孩子们在笑，空气中弥漫着轻松的气氛，你也不关注任何看得见的目标或结果，那么你就做对了。

让孩子感到有趣的具体做法。

- 搞怪舞会。
- 才艺秀。所有家庭成员轮流到"舞台"上去做一些夸张的动作。"演员"鞠躬致意后，所有"观众"疯狂鼓掌。如果孩子只想当观众，不想上台，那也没问题，不要逼迫或羞辱孩子。（感谢我家孩子的出色保姆乔丹想出了这个主意！）

- 自编歌曲或儿歌。
- 家庭卡拉 OK。
- 玩时装秀、过家家等假扮游戏。
- 建造堡垒。
- 孩子没礼貌、不听话或哭闹时，先用诙谐的方式来回应。例如"哦，天哪，玩具又不见了！好吧，好吧，它们会在哪里呢……哦，等等，等等，我找到它们了！它们藏到沙发下面了！看我不把它们给揪出来。好了！找出来了！累死我了！"
- 问你自己："我小时候喜欢玩什么？我总是想要有人来跟我一起做什么事？"我曾经为一个家庭做咨询，其中的父亲不知该如何陪孩子一起玩。后来，他想起了他小时候玩的一种游戏棋，随即眼前一亮。他买到了这种游戏棋，开始跟孩子玩了起来。终于，他在借助玩耍来与孩子建立亲密感的道路上迈出了第一步。

积累情感资本的工具六："我有没有跟你说起过，有一次……"

亲子关系最艰难的时刻通常出现在针尖对麦芒的你来我往中。孩子失控，我们也跟着大喊大叫，例如"你怎么又这样"。接着，孩子开始一言不发，不愿再跟我们说哪怕一句话，让我们束手无策。矛盾已经激化，我们无法直接处理。孩子心中积压了太多的羞耻感，我们也失去了冷静。结果往往是，我们试图解决问题的努力完全失败（"你不理解我，请从我的房间里出去！"）或是矛盾进一步激化（你试图跟孩子讲道理，却把关系搞得更僵）。这时，我们必须找到一种办法来避免硬碰硬地正面冲撞，迂回到后门去解决问题。

你可以对孩子说："我有没有告诉过你，有一次……"即用我们自己的经历来间接地与孩子谈论眼下的事情。这么做能增加我们与孩子的亲密感，能让孩子感受到我们看到了他本心的好，还能提升孩子解决问题的能力，而完全无须直接与孩子谈论问题本身，因为孩子或许根本无法与你平心静气地讨论当下的事情。

"我有没有跟你说起过，有一次……"的具体做法。

① 明确孩子到底在纠结什么。（是他人的成绩让孩子闷闷不乐，还是令人头痛的数学让孩子心烦意乱？）
② 假设遇到问题的是你自己。想想你最近或小时候有没有因为类似的事情而挣扎过。
③ **不要**在孩子情绪激动的时候说，要等孩子冷静后再讲。例如："我有没有跟你说起过，有一次……"然后谈谈你在遇到类似事情时的经历。
④ 告诉孩子你当时是怎么做的。理想的情形是你没有

找到快速解决问题的办法，但仍旧在痛苦中挺了过来。

⑤ 结尾时，不要直接把这件事与孩子联系起来。例如你无须这样说："像不像你现在这样……"只需讲你的经历，不要过多联系。你要相信，你讲的东西终究会到达孩子渴望亲近你的那部分自我。

这种做法效果很好，可以事半功倍，这是为什么呢？第一，当你跟孩子讲述你在类似情形下的经历时，你实际上就是在说："你的本心是好的，你是可爱的，你是有价值的。你是一个好孩子，只是情绪有些崩溃。我透过你的反应看到了你本心的好，**因为我的本心也是好的，我也有过同样的挣扎**。"你不能直接对孩子说这些话，因为孩子的感受会非常强烈，他们会难以接受。但是，你却可以通过讲述你自己的经历来迂回地传达这些信息。

第二，你正在与孩子的内心进行深度的连接，因为你正在向孩子袒露自己软弱的一面。在孩子们的眼里，我们往往是从不出错的。毕竟，我们能轻松地完成让孩子们感到头痛的所有事情，从穿衣服、系鞋带这类小事，到解数学题或开车等更为复杂的事情，都是如此。在孩子们眼里，一切都困难重重，而在父母们眼里，一切都得心应手。这中间是一条巨大的鸿沟，足以令孩子们望而生畏。这一点也可能会使孩子们在无意识中产生羞耻感。如果我们身边自始至终都只有专家，那么谁都会在学习新知和尝试新事物的同时感受到巨大的压力。试想，如果你正在一位顶级厨师的注视下学习烹饪，或是当着网球名将的面学习打网球，那是什么感觉？如果你在学习烹饪时，身边是一个虽然懂得比你多，但偶尔还是会把大蒜烧煳的人，或是你在学习打网球时，指导你的虽说是一名退役校队选手，但有时还是会双发失误的教练，那么你的感觉就会轻松很多。这些人知道很多，但又没有知道太多。如果他们吐露了自己的挣扎，那么他们实际上就是在向我们传达这样的信息："犯错是学习的组成部分。虽说你的本心是好的，但这并不代表你的情绪就不会失控。这两件事可以同时存在……就像我。"收到这样的信息后，我们会不会长吁一口气？这就是我们想要传达给孩子的东西。

　　但是，这么做还有更厉害的地方。如果你向孩子讲述你面对类似问题的经历，你的面前就会上演不可思议的一幕——孩子会摇身一变，把善于解决问题的那部分自我显露出来。而如果这是他自己的问题，他善于解决问题的那部分自我就会被压抑，这一幕就极难出现了。在听你讲述自身经历的过程中，他很可能会开动大脑，寻找解决方案，而他这样做也会强化他解决问题的脑回路。这样一来，碰到有问题需要解决的时候，他的表现就会比过去更好。这种事也发生在成年人身上，不是吗？有时候，我们原本是在谈论别人的问题,可是谈着谈着,我们就会产生自己做出某种改变的思路或冲动。而如果讨论的对象是我们自己,这样的思路或冲动就不会产生。很多时候,我们必须从外人的角度来看待自己的挣扎才能减轻内心中的羞耻感和自责,才能为更有同情心、更善于解决问题的那部分自我留出施展才华的空间。

积累情感资本的工具七:积极修复裂痕

我们都会犯错。你会犯错,我会犯错,网络上的那些"完美父母"们也会犯错。我们大喊大叫,反应激烈,我们把自己的情绪发泄到孩子身上,我们指责,我们贴标签……我们这么做不是因为我们是坏父母,而是因为我们是正常人。那么,如果我们和孩子之间闹了别扭,接下来要怎么做呢?**要修复**!我们在准则5里谈到过,修复为我们提供了**改变最终结果**的机会。与把害怕和孤独写进记忆(即使孩子不明说)不同的是,孩子将拥有父母主动与自己和好,再次让自己感到安全的记忆。这一结果比什么都重要。

我经常这样想,关系是否健康并不取决于有没有纷争,而是取决于我们在修复这件事上有没有做到位。所有的关系当中都会有裂痕,但这些裂痕也可以成为加固关系的绝佳契机。关系之所以会有裂痕,是因为每个人都有自己的生活和感受,我们无法每时每刻都把自己的感受搁置一边去理解另一个人,去走近对方的心。即使我们努力去了解自己的敏感之处,或者努力去增强自我察觉的能力(以便认清自己有什么情绪,进而不受它们的摆布),我们也仍然无法阻止我们与他人的亲密关系出现裂痕。我们与朋友会有裂痕,我们与配偶会有裂痕,我们与孩子当然也会有裂痕。因此,我们只能在修复上面下更大的功夫。

是的,修复和道歉之间是有区别的。很多时候,道歉的目的是结束对话("对不起,我大喊大叫了。好了,我们可以继续了吗?"),但好的修复可以开启对话。修复比道歉更进了一步,因为它试图在另一个人感到受伤、被误解或孤独的时刻重新与对方建立亲密感。"我很抱歉"这句话可以是修复的组成部分,但很少能当得起修复这两个字本身。

改变最终结果的具体做法。

① 告诉孩子你一直在反思。

② 尊重孩子的感受。

③ 说出你下次会采取什么不同的做法。

④ 借助好奇与孩子拉近距离。现在,孩子的感觉会好很多。

下面是一个包含以上四个步骤的修复示例。"我一直在想上午发生的事(反思),你当时推倒了妹妹搭的积木塔,随后我走了进去。我相信一定有什么事情让你感到不高兴，你才把妹妹搭的积木塔给推倒了（察觉）。对不起，我冲你大喊大叫了。我当时要是能多问问你发生了什么事就好了（采取什么不同的做法）。我们从头再来可以吗？你能告诉我你把积木塔推倒前发生了什么吗？这一点很重要，我很想听听，把事情搞明白（好奇）。"

如果有人能反思对你做过的事（"我一直在想……"），并能尊重你的感受（"碰到这种事，你一定很不开心"，或者"当我……的时候，那种感觉一定非常可怕"），那么他们就像是在说，他们在乎你心里的感受，而不只是你表现出来的行为。我们已经知道，我们是通过关注行为背后的感受来帮助孩子学习察觉和调节情绪的。所以，当最终的结果改变后，我们不仅拉近了我们与孩子的距离，我们还帮助孩子提升了他们的情绪调节能力。修复真的是一件一本万利的事！

接下来，如果我们谈到自己希望当初能够采取不同的做法来应对，那么我们就能让别人知道，我们对自己的行为是认真的。我们不仅对我们做过的事情负责，我们还承诺未来做出改变。如果我们表达了我们对他人在我们生气时的感受，我们就能拉近彼此的距离，增进亲密感，因为我们能传达出这样的信息：我们更在乎的是对方的感受和处境，而非我们的自尊或舒适。我们还能借此机会更多地了解对方，加深我们之间的关系，因为我们愿意倾听他们心中真实的声音。

现在，请允许我解释清楚，在跟我自己的孩子修复关系时，我有时并不会对把上面的四个步骤全用上。有时我只会说"对不起，我大喊大叫了"（反思），或者"我对你问我的事情反应太过度了，我猜你当时肯定觉得非常难受……我认识到这一点了，对不起，我爱你"（反思和察觉），又或者"我昨天心情不好，原因是工作压力大。看到你不喜欢吃晚饭，我觉得很生气，但这不是你的错。心情不好是我的事，不是你的事，我真后悔当时把气撒到你身上"（反思，察觉，说出下次会采取什么不同的做法）。所以，你只需按照你觉得正确的方式来修复就好了。在这当中，有时你不需要说太多，有时你又必须说很多。总之，关键是要承担起你自己的责任，并且告诉孩子，**你的感受不是他们引起的，他们也没有义务来安抚你的情绪**。如果任由孩子独自面对负面情绪，他们就会转向自责（"我是个坏孩子"）和自我怀疑（"也许我反应过度了？也许那不能叫大喊大叫？也许别人本来就应该这么对待我？"）。而当我们主动修复关系的时候，我们就能确保不让孩子误入歧途，进而守护他们的自信心和安全感。请记住：对孩子们来说，他们所**独自**面对的痛苦感受是这个世界上最可怕的东西，而修复的过程则能用亲密感来取代这一孤独，这对我们所有人来说都是双赢的安排。

实战 2

孩子不听话（或者说，不合作）怎么办？

> 一天，一位有两个孩子的母亲索尼娅怒气冲冲地来到我的办公室。"我儿子菲利克斯一点也不听话，叫他干什么他都不干，他完全不懂得尊重人，所以我最后只能冲他发火了。我还能怎么做呢？帮帮我吧，贝姬医生！"

当我们说"我的孩子不听话"的时候，我们并非真的在说孩子没有听见我们说话。如果父母说："冰激凌在厨房桌子上！"或者："你现在还能看一集电视！"那么孩子是绝不会听不到的，至少我从没听到有父母说起过这种事。对于索尼娅遭遇的这类情形，我们实际上说的是"合作"。我们嘴上说的是"我家孩子不听话"，但我们的意思其实是："当我想让孩子做他不想做的事情的时候，孩子不合作。"

作为成年人,如果有人要求我们去做我们不想做的事,我们会如何应对?这通常取决于我们当时觉得我们与提出要求的人有多么亲密。如果我对我的婚姻非常满意,那么假如我丈夫让我下班后顺路给他带点东西,我就很可能会答应他。但是,假如我最近觉得自己没有得到对方的肯定,或是遭到了对方的误解,我就更有可能会告诉他我没空。

我们越是觉得我们与对方亲密,我们就越是想满足他们的要求。从本质上讲,孩子听话与否只是特定时刻下亲子关系亲密程度的标尺。因此,遇到孩子不听话,你就不能把问题归结到孩子身上,而是要归结到你们之间的关系上,这一点非常重要。如果孩子对你的话充耳不闻,或是很少按照你的要求去做事情,那么他就是在告诉你,你们之间的关系需要修补了。当然,出现这种情况并不意味着你的养育方式出了问题……你不是坏父母,孩子也不是坏孩子,你们之间的关系也不见得有多差。但是,**亲子之间有时需要更多的爱和关注**。我家有三个孩子,我总是接收到这样的反馈(表现为孩子不听话):我必须放慢脚步,考虑每个孩子的独特需要,我还得做一些事情来巩固亲子关系。每当这时,我都会努力挤出时间来体会孩子有什么感受,有什么事情会让他感到痛苦,以及为什么他会觉得自己"没有被看见"或是受到了冷落。我这么做并不是在自责,而是在主动承担责任去搞懂孩子为何有些失意,以及亲子关系中的哪些部分需要得到特别的关注。我总是提醒自己，亲子关系越密切就越能促进合作，因为我们都乐于帮助我们感到亲近的人。

不听话的问题也有第二个因素。我的大儿子曾经对我说："父母总是让孩子停止做好玩的事情，接着去做不怎么好玩的事情。所以孩子总是不听话。"我认为他说得很对。也许孩子正在玩积木，我们却想让他去洗澡，或者孩子正在吃巧克力饼，我们却想让他穿上鞋到外面去，或者孩子正在看电视，我们却想让他把电视关掉。我们要求孩子做一些他们"必须做"却又不愿意做的事情。对我们来说，这些事情是优先事项，但对他们来说不是。在这种情况下，孩子不愿意合作是合情合理的。成年人很可能也会这样。假设你正在和一个朋友吃午饭，这时另一个朋友走过来说："嘿，你们能不能把手里的午饭放下，帮我打扫一下厕所？"我敢肯定，你们都会说不，然后继续享用你们的午饭。父母们对待孩子往往也是同一套做法：要求他们停止做他们喜欢的事，接着去做他们不喜欢的事。这并不是说，我们不应该去要求孩子。问题的关键在于我们提出要求的方式和方法。例如，大喊大叫并不是促成合作的有效方式。事实上，这么做适得其反。如果我们大喊大叫，孩子的身体就会进入应激模式。他们会从父母咄咄逼人的语气、巨大的音量和夸张的肢体语言中感受到危险，这甚至会让他们无法去关注父母到底说了什么，因为他们的注意力完全集中在自身的安全上。如果你曾经因为孩子不听话而大发雷霆："你到底有没有在听我说话？"对不起，答案是确实没有。在这种情形下，孩子根本无法去"听"。孩子既没有不尊重你，也没有故意不听你说话，这只是因为，他的身体进入了一种原始的防御状态，就像被冻结了一样。然而，我们并不希望孩子害怕我们，我们也不希望他们在我们想要他们合作的时候进入冻结状态（注意：就算你大喊大叫了，只要你能在事后主动修复关系，你也仍然是好父母）。如果我们能把关心、尊重、趣味和信任加入我们对孩子的问话当中，那么曾经的针锋相对就会逐渐转变为合作。

育儿工具箱

■先拉近关系，再提出要求

关于让孩子听话，最重要的策略是，在你要求孩子到**你的世界**里来做这做那之前，你首先要到**他们的世界**中去跟他们拉近关系。孩子必须首先感到自己被看见，然后才能放下他们喜欢的事情（例如画画或玩黏土），转而来满足你的要求（例如收拾绘画工具）。感到被看见是增进亲密感的一大法宝，感到与他人亲近能促使我们想要与他人合作。如果我们能借助语言来接纳孩子正在做的事情，我们就好像在说："我看到你了，你是一个真实存在的人，你有你自己的愿望、想法和感受。"我们发出的信息是，我们此刻正在**倾听孩子**

的心声，而这将促使他们用合作来回馈我们。

示例：

- "你搭积木搭得真认真！我知道你不想停下来去洗澡，可是如果我们现在抓紧时间洗个澡的话，你睡前就还能有时间继续搭。"
- "我知道你还想继续玩，因为你们玩得特别开心！可是我们现在得走了，不过你和马蒂亚斯很快就会再见面的。"

■ **给孩子做选择的权利**

这一条策略与上一条策略搭配使用效果特别好。如果你能给孩子做选择的权力，他们就会更愿意合作。没有人喜欢被耳提面命，特别是孩子，因为他们已经被管得够多了。这一条策略适用于所有年龄段的孩子。如果可以选择飞奔到卫生间或者像火箭一样发射到那里，那么即使是两岁的孩子也会更愿意选择合作——去刷牙。只给孩子提供你同意的选项，接着告诉他，你相信他会按照自己选择的去做。

示例：

- "我们现在离开艾比家，还是你再玩一局离开？你自己决定……再玩一局？好的，我知道你会按照你自己的选择去做的,所以就听你的吧。"

- "你是现在收拾你的盘子,还是洗完澡以后收拾……洗完澡以后?好的,我相信你会这么做的。这样安排挺好的。"

■ 提升游戏力

提升游戏力、善用幽默能促使我们改变视角,进入孩子的世界,这正是我们在要求孩子做事情时所苦苦寻找的东西。如果我们带给孩子的感受是有趣而非懊丧,我们就能走进孩子所喜欢的那个充满了诙谐、轻松和欢笑的世界。实话说,我们自己也想进入这样的世界。如果我们能把欢笑带入亲子互动,孩子就会觉得与我们更加亲近,进而更可能与我们合作。

示例:

- "天哪……你听话的耳朵丢了!好吧,我来找找,你等一下,我想我找到它们了。我的老天,你知道吗?它们居然在这只花盆里!它们怎么跑到花盆里去了?咱们得赶紧把它们装回去,免得它们在花盆里生根发芽,最后开出花来!"
- "我知道……听父母的话一点意思也没有!要是我一边转圈跳舞,一边说话,你会不会更爱听?"

■ **闭眼技巧**

我通常并不十分喜欢各种养育"技巧",因为它们往往偏重短效的服从,而非长效的亲密感建立和能力培养。但我最喜欢的育儿策略之一——"闭眼技巧"是个例外。这一技巧能为孩子提供他们之所以愿意听话的多项核心要素——它能同时给予孩子尊重、信任、独立、自主和乐趣。我说着"我要闭上眼睛了",用两只手遮住眼睛。接着继续说:"我要说的是,如果我睁开眼睛的时候能看到有个孩子穿好了鞋……甚至连搭扣都粘好了……我就会大吃一惊!这到底是怎么做到的?太厉害了!我都看傻了,我得跳个扭屁股舞,然后还可能跌倒在地上!"然后停下来,等待。

很有可能,孩子会像离弦的箭一样火速去把鞋穿好。为什么?因为此刻的孩子是自由的。他觉得自己握有主动权,而非只能被动听命于你。他觉得你信任他,因为你已经捂住了眼睛(哪怕你可能会从指缝里偷看)。而且,你还加入了趣味性,答应做一些滑稽的事。哪个孩子不喜欢看父母如此搞怪呢?

这一策略也适用于较大的孩子。许多七八岁孩子的父母告诉我,他们惊奇地发现,他们的孩子不仅喜欢闭眼技巧,而且还要求父母跟他们这么玩。如果你确信,这么做对你家的孩子无效,你仍旧可以借鉴这一策略的思路,把它改造一番来给孩子玩。例如"我看到你还没有打扫你的房间……嗯,好吧，我要开始准备晚饭了，我相信你会遵守你的承诺，在你下楼之前把衣服收拾好的"。这么做的依据同样是信任原则。如果你还想加入一些趣味性，那么就可以在离开时补充一句："如果房间真的收拾干净了，我就可能会表演个节目！"

如果你想不通这么做为什么会有效，那么就可以想象一下，假如上司让你修改报告，接下来有两种情况。第一种情况，上司就站在你的办公桌前。第二种情况，上司说完立即走开，这一动作中透出信任与鼓励。在这两种情况下，你分别会有什么感觉。如果是第二种情况，我的工作肯定会做得更好。我们都喜欢被信任，而非被控制的感觉。要是上司答应在我改完报告后跳舞呢？我肯定会立即开始工作。这么好玩的事情怎么能错过？

■ 角色互换游戏

谈到让孩子能够在我们需要他合作的时候合作，我们平时可以采取的措施有很多。总的来说，我们越是让孩子感到自己被看见、被信赖，感到自己独立而自主，他们就越是愿意听从我们的要求。理解这一点可能会让人备受鼓舞，因为在一天当中，我们有无数的机会来积累情感资本，而情感资本在一定程度上也是听话资本。

为了做到这一点，你可以跟孩子玩下面这个游戏，游戏的名字叫作"我现在必须听你的话"。在介绍这个游戏时，你可以这样说:"我知道当个小孩很不容易,总是被父母要求做这做那!我们来玩个游戏吧。在接下来的 5 分钟里,你当大人,我当小孩。你让我做什么事,我就必须按你说的去做,前提是保证安全。"告诉孩子,他不能让你去给他买吃的、买玩的,只能让你做你平时做的事情。不过,这里的细节并不重要。重要的是互换角色,让孩子有机会体验当大人的感觉,以及对孩子身为一个小孩要面对各种困难表示共情。在你们玩这个游戏的时候,你可以夸大听"大人的话"的困难程度:"唉,真的吗?我必须收拾磁力片吗?我不想收拾。"或者:"唉,为什么要现在洗澡呢?要是能不洗该多好!"我发现这个游戏对我自己也有启发,让我了解了被迫做自己不喜欢的事有多么难受。

实践时刻:案例分享

菲利克斯不听话,索尼娅察觉到了自己的懊恼:"你好,懊恼。孩子处于不听话的阶段时,做一个父母确实太难了。"接着,她提醒自己:"听话的本质是合作,而合作的前提是亲密感。"她深吸了一口气。过了一会儿,她跟菲利克斯玩了角色互换游戏。菲利克斯让索尼娅单脚跳，收拾蜡笔，还让她一遍又一遍地做滑稽的舞蹈动作。不出所料，菲利克斯很喜欢这个游戏，而索尼娅也发现，这个游戏比她想象的更好玩。

那天晚上，当索尼娅要求菲利克斯收拾他的房间时，她记起要让孩子感到自己被看到，于是她对菲利克斯说："要到时间了……很快你就得停止玩积木了。我知道，玩积木的感觉特别好！不过我们得跟它们说晚安了。很快你就得把地板上的衣服收起来，然后开始刷牙了。你想现在就收拾，还是两分钟以后再收拾？"索尼娅欣喜地看到，当她跟孩子拉近关系，并且提供多个选项时，孩子变得更愿意听话了。

实战 3

如何应对孩子情绪化地发脾气？

> 3岁的埃兹拉来到厨房，问他的妈妈奥莉要冰激凌来当早餐。奥莉亲切地对孩子说："冰激凌？不行，亲爱的，早饭不能吃冰激凌。来块华夫饼怎么样？"
>
> 埃兹拉大声说："我现在就要吃冰激凌！就吃冰激凌，现在就要吃！"然后他跌坐在地上，又哭又叫，没完没了地要吃冰激凌。

发脾气是正常的。事实上，发脾气不仅很正常，而且是健康的。当然，这并不是说发脾气很好玩，或者不会造成什么妨碍，我说的不是这些。发脾气对受影响的所有人来说都是一件痛苦的事。不过尽管如此，发脾气也仍旧是儿童健康发育的必要环节。发脾气只意味着一件事——孩子无法应对特定情形下的情感需求。在发脾气的时刻，孩子也在体验超出自身调节能力之外的某种感受或冲动。重要的是要记住：

发脾气只是一种**失调**的生理状态，而非故意捣乱。

发脾气往往始于孩子想要一件东西（例如冰激凌）却被其他东西（或其他人，例如父母）阻碍。愿望受挫是人类最难忍受的事情之一，对孩子来说是这样，对成年人来说也是如此。孩子发脾气的意思实际上是："即使你说不行，我也仍旧知道我想要什么。我的整个身体都在向你表明，我知道我想要什么，得不到它让我非常痛苦。"我们想防止孩子在发脾气时做出危险的行为吗？当然想。我们想让自己保持冷静吗？当然想。我们的目标是让孩子停止发脾气，或者将来永远都不发脾气吗？不是。而是**我们希望孩子能够为自己着想**。

作为父母，我们希望孩子能够知道自己有什么愿望并且去满足，能够坚持"我知道我想要什么，哪怕别人对我说不行"。**我们不能在孩子幼小时鼓励他们顺从而听话，同时却又期待他们将来能够自信而果敢**。这是行不通的。假设你的孩子已经 25 岁了，如果有人向他提出了不得体的要求，那么你是否希望他能干脆地予以回绝？你是否想让他能够对上司提出加薪的要求？你是否希望他能对自己的伴侣说："我希望你跟我说话时能尊重我的感受？"如果我们希望孩子长大后能够**认识到自己的愿望和需要**，那么我们就得把发脾气看作孩子健康发育的必要环节。

如果发脾气是由于愿望受挫而引发，那么孩子在这当中到底又释放了些什么呢？透过发脾气的表象，我们看到的是**一个痛苦持续蓄积**的孩子，其中有沮丧、失望、嫉妒、悲伤或愤怒。有时，我会觉得孩子发脾气就像是各种感受从孩子的身体里爆发出来，就像"盛放孩子痛苦感受的罐子"已经完全满了，而随后遇到的事情让罐子里的各种感受溢了出来。这一画面能帮我意识到，孩子发脾气既不是什么烦人的事，也不是不可理喻的过度反应，而是人在感到崩溃或痛苦时的自然表现。在孩子发脾气的时候，我们可以提醒自己，我们也有崩溃的时候。我们也会被痛苦淹没，有时还会因为一丁点小事而反应激烈。假如有一天，你丢了钱包；开会被骂；朋友吃饭没有叫你同去；现在你回到家，想穿上你最喜欢的那件舒适的运动衫，却发现它洗后缩水，已经不再合身，这时你会如何反应？如果是我的话，我很可能会伤心地哭起来。也许，我还会痛苦地大叫："真倒霉！怎么会这样？"如果我的伴侣对我说："贝姬，这没什么大不了的，换一件就可以了！"那么我的反应肯定不会好到哪里去。但是，如果他一开始就能意识到，在他看到的事情之外，我一定还遇到了别的不顺心的事情，并且给出相应的回应，那么我的内心就会开始平静下来，因为我觉得自己被看到了，被理解了，我感到安全，也发觉自己的本心是好的。那件缩水的运动衫只是压倒骆驼的最后一根稻草，真正的原因是表象之下累积许久的失望、沮丧和悲伤。要想帮助孩子渡过发脾气的难关，我们就必须能够透过"最后一根稻草",看到背后那些真切而痛苦的感受。我们要看清发脾气的内在原因,而非只针对表现而做出反应,这是非常重要的育儿技能。

我即将介绍的应对策略将帮助你做到这一点。这些策略适用于孩子单纯的情绪崩溃,**即不存在打人、吐口水、咬人、踢人或扔东西等任何躯体攻击行为**的情形。如果孩子在发脾气的同时伴随躯体攻击行为,我们就要采取一些不同的做法,我将在下一章详细介绍。以上策略都有一个共同的目标——帮助孩子提升情绪调节能力,而不是要让孩子停止发脾气。如果我们的目的仅仅是让孩子停止大喊大叫或哭泣,孩子就会感受到这一点,并且会学到:"让我受不了的感觉也让我父母受不了。我父母正在努力让这一切画上句号,也就是说,我的情绪确实如同他们所感受的那般糟糕。"孩子根本无法学着去调节我们这些成年人都在努力躲避、巴不得除之而后快的情绪。在孩子发脾气的时候,我们的目标应当是保持冷静,同时保证孩子的安全。在这一基础上,孩子才能**从我们身上**学到应对情绪崩溃的方法。下面这些策略的目标都是与孩子建立亲密感,让孩子知道你理解他,以及帮助孩子认识到自己的本心是好的。

育儿工具箱

■"我没有任何问题"（不要怀疑养育方式出了错）

在孩子发脾气的时候，父母要想保持冷静是非常困难的，因为孩子情绪崩溃常常会让我们感到自责。孩子发脾气的外在表现总是伴随着我们内心中的自责。如果我们想不明白："孩子这是怎么了？"那么我们也会怀疑自己："我是不是哪里做错了？"我们甚至可能会这样想："我的养育方式有问题。"这个念头会让我们感到非常痛苦，以至于我们常常想要让孩子停止发脾气，以此来祛除我们自身的痛苦。因此，下次孩子发脾气时，你就首先要告诉自己："我没有任何问题。孩子也没有任何问题。我能应付这件事。"也许，你可以把这句口头禅贴在某个私密的地方，比如浴室镜子上或床头柜上。尝试把这一想法融入你的日常生活。与其他育儿策略相比，这么做或许更能让你在孩子发脾气时保持冷静。

■牢记"真相不唯一"

我希望你能记住这句话："真相不唯一。我的决定是我的事，我说不行。你的感受是你的事，你可以生气。"与这句话本身相比，它的理念和语气更加重要。这句话背后的理念是，父母可以做决定，孩子也可以有自己的感受。在语气方面，我们不可以用冷淡或冷漠的态度来说这句话，那样子就像在说:"你尽管生气,我不在乎。"我们想要传达的是包容和共情,我们甚至可以加上一句"我知道你为什么会有这种感觉"或者"我知道你觉得很难受",又或者"做个小孩子真不容易"。应对孩子情绪崩溃的关键是记住三件事。第一,我们无须对孩子的情绪负责。第二,我们做决定后,孩子无须说"好的,没问题"。第三,告诉孩子,我们能接纳他的情绪,这么做也能让孩子接纳自己的情绪,而这一点对提升情绪调节能力至关重要。

■ 说出孩子的愿望

对于孩子发脾气,我最喜欢的应对策略之一是说出孩子情绪深处的愿望,即把孩子想要却没能得到的东西说出来。孩子发脾气的背后总有某个未被满足的愿望。它可以是有形的东西,例如吃冰激凌当早餐;也可以是无形的东西,例如想更加独立,或者想获得关注。如果我们能把孩子的愿望说出来,我们就能立即看到表象之下的东西,找出让孩子感到痛苦的东西——愿望受挫。说出孩子的愿望能增加亲密感,激发你的共情力,让孩子感到自己被看见(进而让孩子感到自己在内心里是好的、安全的),还能帮助孩子平静下来。孩子的愿望可以很小、很具体,也可以很大、很抽象。例如对于简单的愿望,你可以这样说:"我知道你早餐想吃冰激凌。"或者:"你想晚点上床睡觉。"对于复杂的愿望,你可以这样说："你想凡事都自己做决定。"或者："你希望那件事没有发生。"

■ **说出情绪的体量**

父母常常被告知，在孩子不高兴的时候，他们要"说出孩子的情绪"（例如"你非常生气"或者"我知道你很难过"）。在孩子并非特别不高兴的时候，我们或许可以借助这种做法来与孩子增进亲密感。但是，换作孩子大发脾气的时刻，我发现说出情绪的**体量**要有效得多。如果我们能说出孩子的感受有多么强烈，我们就能把那些令人困惑不解的情绪转换成为某种具体的、更易理解的东西。假设你的孩子因为等不及用他姐姐正在用的蜡笔而发脾气。你就可以说："你想要那些蜡笔……你的愿望有这么大……跟这个房间一样大！哦，不对……跟整座房子一样大！什么？哦，应该是跟整个小区一样大！"再比如，你必须离开公园，惹恼了孩子。为了说出孩子情绪的体量，你就可以这样说："你对这件事不是一般的不高兴……你的不高兴就跟这辆车一样大！不是，比车还大，跟整条街一样大！"但愿你的孩子能跟着说下去："不是，跟全世界一样大！"这是一件好事，这意味着，孩子感到父母了解自己的情绪有多严重，他能把这一点表达出来了。说出孩子情绪的体量后，充满爱意地看着孩子，或许还可以加上一句："我很高兴能知道你的情绪原来有这么大。这一点非常重要。我陪着你,我跟你一起面对。"

实践时刻:案例分享

奥莉看到埃兹拉坐到了地上,提醒自己在孩子发脾气时应该做些什么:"我要做的是保持冷静,同时保证孩子的安全,而不是让孩子停止发脾气。"于是,她深吸了一口气,知道埃兹拉只是感到很痛苦,而非故意跟父母作对。她发现,孩子发脾气很可能只是表象,他最近遭遇了许多不愉快的事情,他的负面情绪一直在累积。现在,在他想吃冰激凌当早餐却被拒绝的一刻,这些情绪全部涌出来了。奥莉告诉自己:"我没有任何问题,孩子也没有任何问题,我能应付这件事。"接着,她告诉埃兹拉:"冰激凌不能当早餐,不过你也可以因为这一点而感到不高兴。我知道你不高兴。我也喜欢吃冰激凌。如果你愿意的话,我们可以找点别的好吃的东西来当早餐。"听到这些话,埃兹拉似乎停顿了片刻,但随后又继续哭喊着要吃冰激凌。奥莉挨着他坐到地上,继续说:"我知道你特别想吃冰激凌。你的这个愿望就跟这个厨房一样大……就跟这栋房子一样大!这么想要的东西却得不到,真是太难受了。"她等待孩子结束发脾气,最终这一刻到来了。奥莉非常疲惫,埃兹拉也是,但奥莉提醒自己,她做了自己该做的事,而且做得非常好。

实
战
4

如何纠正伴随攻击行为的发脾气（打人、咬人、扔东西）？

> 4岁的利亚姆看到，他6岁的姐姐夏洛特从厨房里拿了一个蓝色的水杯。利亚姆大喊："不行，我想要那个！蓝色是我最喜欢的颜色。"他们的妈妈艾莉森表明了自己的态度："夏洛特已经拿到蓝色水杯了。我知道你喜欢蓝色的。你今天可以用红色的或者绿色的水杯。"利亚姆爆发了。他走到放水杯的抽屉前，趁艾莉森还没有赶到，伸手进去，把水杯到处乱扔。艾莉森走近后，他开始打她、掐她，同时还大声尖叫："我讨厌你！我讨厌你！"

即使孩子这样发脾气也是正常的、健康的，我保证。这类伴随躯体攻击行为的情绪爆发表明，孩子的额叶（即负责执行功能的脑区）已经不再发挥作用，他已经被情绪的生理反应所淹没，进入了对抗"威胁"的状态。打人、踢人、掐人、吐口水、咬人……这些行为告诉我们，孩子在内心里认为自己处于危险当中，而且他无法调节自己的情绪，于是他就表现出了任何人在面临危险时都会表现出的反应——用激烈的方式自我保护。

人脑的前额叶皮质是语言、逻辑、计划和判断等功能（这些功能都能帮助我们调节情绪）的生理基础，在幼儿中发育却极为滞后。所以，幼儿很容易爆发出强烈的情绪。孩子一来到这个世界就能自由地感受和体验，可他们却完全无力调节这些感受和体验的强烈程度。他们无法像成年人那样理解内心的焦虑和不适感，所以在他们情绪崩溃的时候，他们所感受到的可能不只有不适，还有害怕。在上面的"水杯"例子当中，利亚姆不仅要面对无法得到蓝色水杯的挫折感，还要面对由巨大的挫折感所引发的恐惧和惊慌。他感到受挫，也对受挫的感觉感到害怕。这在生理学上意味着什么呢？意味着应激激素皮质醇水平的上升，同时血压和呼吸频率也一起上升。结果，他无法正常思考。他进入了"或战或逃"模式，而威胁则来自他自己内心那些他既无法承受也无法理解的感受。孩子把内心的变化看作威胁，只有当父母告诉他们，那些变化不是威胁，孩子才能转变看法。所以，孩子只是在用情绪爆发的方式来表达："我害怕我心里的那些感受。我不知道我的心里为什么会这样。我被这些可怕的感受所攻击，可我无法摆脱它们，因为它们就在我心里。所以请帮帮我，帮帮我，帮帮我！"

　　学着在孩子大发脾气的时候冷静地提供帮助是非常困难的事，这不只是因为孩子的攻击行为，还因为在这种情况下，父母们必须履行自己的职责。要想防止局面进一步恶化，父母们就要展现出权威的一面。这么说虽然听起来理所应当，但很多成年人，特别是女性，在平时就很难做到坚持自己的主张。而且，由于要做到这一点非常不易，所以许多父母会下意识地指望孩子来解决问题，而不是站出来说："我是成年人，我对这里的一切负责，我知道该怎么做。"另一大难点是，在我们用这种方式来扮演权威角色的时候，我们也必须能够容忍孩子对我们的不满。我们必须做好相应的准备。例如，当我们把孩子抱走的时候，孩子可能会大叫"不要，不要抱我"，或者，当我们站出来把孩子与朋友分开的时候，孩子可能会愤怒地盯着我们。这类情形使我们不得不问自己一些尖锐的问题。例如"如果我的决定遭到抵制，那会是一幅什么样的景象？"或者"如果我来扮演权威的角色，那么接下来会发生什么？"又或者"如果我爱的人一脸愤怒地看着我，我心里会有什么感受？我会有什么样的冲动？"回答这些问题对于展现我们权威的一面至关重要。只有这样，我们才能在孩子失控的时候通过约束孩子的行为来体现对孩子的爱。

克服了与扮演权威角色有关的挣扎后,你还得去面对一个行为失控的孩子。重要的是要记住,第一,孩子情绪爆发是因为他们**对内心的感受和冲动感到害怕**。如果在你看来,孩子只是受到了惊吓,而非孩子本身是**坏的**、**好斗的**,那么你就会更有可能给予孩子所需要的东西。第二,你要提醒自己,在孩子表现出攻击行为的情况下,你要做的事情与孩子只是单纯发脾气时的情形是一样的,即保持冷静,同时保证孩子的安全。在这种情况下,保证孩子的安全意味着**约束孩子的行为**。因为,失控的孩子需要父母坚决地介入其中,制止危险行为,进而营造出更加安全、更强调行为规则的环境,以此来使孩子无法继续制造破坏或伤害。

在孩子情绪爆发的时刻,不要试图教导孩子,或者帮助孩子学习新的技能,你唯一需要做的只是约束。我有时会在心里反复对自己说:"约束,约束,约束。我能做的一切只是约束。只要做到这一点就足够了。约束,约束,约束。"

育儿工具箱

■ "我不会允许你……"

大声说出下面的两句话:"你不能扔水杯!"以及"请不要再扔了,行吗?"然后停下来,深吸一口气。现在,再来试试这一句:"我不会允许你扔水杯的。"对所有的父母来说，"我不会允许你……"这句话都是育儿工具箱里的必备工具。"我不会允许你……"所表达的意思是，一切都在父母的掌控之中，父母会阻止孩子继续以失控的、在孩子自己看来也非常糟糕的方式行事。因为，我们经常忘记，在失控的时候，孩子的感觉也是不好的。他们不喜欢自己心里无法做出好的、安全的、决定的感觉，就像成年人不喜欢看到自己做出糟糕的事情一样。然而，在发脾气的时候，孩子因为发育上的局限没有能力阻止自己。如果他们能够阻止自己扔东西，他们就不会扔了；如果他们能够阻止自己打人，他们就不会打了；如果他们能够阻止自己咬人，他们也就不会咬了。失控的孩子需要成年人介入，为他们提供*他们自身无力提供*的约束。父母以"我不会允许你……"的方式介入，并且持续跟进，不让这一结果发生，这就是对孩子的爱和保护。

我说的"跟进"是什么意思呢？如果你说"我不会允许你踢妹妹的"，那么你接下来往往需要用身体把两个孩子分开。如果你说"我不会允许你打我的"，那么你接下来往往需要随时准备用手制止孩子打你。如果你说"我不会允许你在桌子上跳的"，那么你接下来往往需要把孩子抱走。

值得注意的是，"我不会允许你……"并不是应对日常情形的最佳策略。我不建议你总是强力阻止孩子，试图掌控一切。"我不会允许你……"只适用于孩子无法做出明智决策的时候，例如在孩子感到不安全，或是他的行为表明他急需父母扮演坚定的引领者时，在这类情况下，如果你说的是"请不要……"或"你不能……"，那么孩子就会因为自己需要对一切负责而感到害怕。这只会让孩子进一步失控，因为孩子会觉得你在逃避责任，进而会认为："为什么父母要让我来负责？父母明明看到我很无助，却不站出来帮忙！那些已经占据我的内心、并且让我无法承受的感觉如今也让我的父母手足无措……这种感觉更可怕……比什么都可怕。"难怪孩子无法冷静下来。

■ 区分冲动和行动，以安全的方式释放

有咬人的冲动是可以的，但咬人是不可以的。有打人的冲动是可以的，但打人是不可以的。找到安全的方法来疏导孩子的冲动比努力抑制冲动要有效得多。例如，如果孩子经常咬人，你就可以准备一条可供啃咬的牙胶项链。当你发现孩子不高兴时，你就可以把项链拿给他，以此来切断他在另一个孩子身上发泄冲动的循环。同样，如果孩子踢人，你就可以让他待在一个可以自由踢蹬的房间里。毕竟，我们只能学着去调节我们允许自己拥有的情绪和冲动。父母们常常希望孩子能够丢掉冲动（"你为什么想要打别人？你是不是有毛病？"），但是，只有从人性的角度接纳冲动，并且通过疏导来允许孩子释放冲动，孩子才能获得调节冲动的能力。久而久之，孩子就能做出更好的决定了。

■ **控制火势（及其具体步骤）**

你可以把孩子情绪崩溃的情形想象成失火，这似乎并不难，因为这种时候往往会让我们感到非常焦灼。对于情绪失控所引起的火，我们是没有灭火器的（毕竟，情绪是人最重要的东西，我们并不想让孩子的情绪归于寂灭），所以我们只能寄望于控制火势。如果真的着了火，你会怎么做？你会希望火波及的区域尽可能小。如果可以的话，你会把火从开阔区域"移"到一处狭小的空间，关上门，然后静静地等待火势逐步减弱。

如果你已经说了"我不会允许你……"，并且已经站出来阻止孩子的失控行为，可孩子依旧怒气冲冲，那么他很可能就是在恳求你来约束他。有时候，坚决地阻止孩子做危险的事情是爱他和保护他的最高形式。你可以借此来向孩子表明，他的情绪之火不会吞掉整座房子、整个院子或整场生日聚会。你可以采取下面的这些步骤。

第 1 步：认识到孩子的情绪已经失控后，告诉自己："孩子的情绪之火需要控制。我可以做到这一点。"孩子会试图拒绝你的帮助，因为他的内心会把一切都看作威胁。可他真正对你说的却是："请你坚决地站出来，做对我最有益的事情，即使我在尖叫和抗议。"

第 2 步：把孩子抱到一个相对"安全"（即没有可能会

被情绪风暴殃及的各种危险物品）的小房间。这么做能让孩子知道，他的情绪之火不会烧掉整座房子。告诉孩子："我的首要任务是保证你的安全，而现在，安全的意思就是把你抱进你的房间，跟你一起坐下来。你现在很安全。我爱你。我就在这儿陪着你。"与其说这些话是说给孩子听的，不如说这些话是说给你自己听的。这些话能让你感受到自己的力量，记起自己的职责。即使孩子仍旧在挣扎，你也要坚持做你该做的一切。记住，孩子不是不听话，而是感到害怕。你是唯一知道孩子此刻需要什么的人，那就是你充满爱的陪伴，以及你对孩子的危险行为的坚决制止。

第 3 步：进入房间，关上门，坐在门口，让孩子无法出去。孩子会想出去吗？很可能会。但幸运的是，你的个头比孩子大，所以你只管坐在那里。

第 4 步：防止孩子实施任何躯体攻击行为。为了感到安全，也为了控制情绪，孩子需要父母来证明，父母能够阻止自己做出错误的决定，以及自己的感受不会危及自身或他人。你需要时刻准备用手制止孩子打你或踢你，并且对孩子说："我不会允许你打我的。"或者："我不会允许你扔书的。"

第 5 步：集中注意力深呼吸。让呼吸夸张一些，让你的呼吸声能够同时被你自己和孩子听到。如果你什么都不做，只是坐在门口实践"热巧克力呼吸法"，那就很好了。孩子能够被父母的情绪状态所感染。如果孩子能感受到你调节情绪的过程（哪怕孩子正在大发脾气），那么你就是在帮助孩子平复情绪。

第 6 步： 反复告诉自己："我没有任何问题，孩子也没有任何问题。我能应付这件事。"如果你觉得你这样跟孩子坐着有些奇怪，你就可以这样对自己说："这种感觉有点奇怪，这意味着，这对我来说是很新鲜的经历。这是一个好兆头，意味着改变正在发生。"

第 7 步： 不要试图讲道理，不要说教，不要惩罚，一定不要说太多。孩子正处在受威胁的状态，顾不得去处理语言信息，于是很可能会把你说的话视作威胁。但是，孩子却可能接收非语言信息并做出反应，例如我们的身体语言、语气和语速。在孩子情绪大爆发的时候，你可以想象孩子正在使用一种不同的语言，似乎孩子能够理解你的意图和你的动作，却无法理解你说的话。因此，你的深呼吸和冷静才是孩子需要的东西。等待孩子的情绪之火逐渐熄灭。这个过程可能需要 5 分钟，也可能需要半小时。

第 8 步： 在和孩子说话之前，首先要有意识地放慢语速，让语气变柔和。**刺激耳膜、激动无比的情绪大爆发需要的是镇定、平稳的声音**。说话时，你的声音要比平时更缓慢、更柔和。同时,你还要避免看孩子的眼睛(可以看地板或别的东西),因为在孩子(或成年人)处于"或战或逃"模式时,直接的目光接触可能会被他视作某种威胁。你可以对孩子说:"你是个好孩子,只是情绪有些崩溃。我在这儿陪着你。我爱你。你可以觉得生气、不高兴,没问题。"或者,你也可以尝试反复唱一段简单的儿歌,速度要慢,例如"布莱克,布莱克,没事的。布莱克,布莱克,没事的。布莱克,布莱克,没事的。我们一起做个深呼吸",接着做一个夸张的、孩子能够听得到的、缓慢的深呼吸。

你用在孩子身上的这些控制措施都在传递这样的信息:"你可以把情绪表达出来,但我不会允许你的情绪造成破坏或伤害。把情绪宣泄出来能让你觉得更舒服,但不计后果的爆发只会让你觉得更难受,所以我不会允许你这样做。"

■ 重新翻译孩子的语言

在情绪失控的时候,孩子会说出一些特别难听的话。例如"我恨你!""别烦我!""你走开!"这时,我们可以把孩子的话重新理解一下。实际上,孩子并没有在跟你说话。虽然他说得很大声,而且似乎也是指向你的,但你需要注意的是,孩子实际上是在对他内心无法控制的、让他觉得受到威胁的可怕感受说话。这就像是孩子在对他的失控说:"我恨你!""别烦我!""你走开!"以此来保护自己,甚至以此来恳求得到解脱。如果你能用这种方式来重新理解孩子的话,你就会发现保持冷静这件事已经变得容易许多。你就会看到,孩子正在担惊受怕,正在遭受攻击,因而非常需要你的陪伴。

■通过讲述一起回顾

孩子的情绪平稳下来后,大多数父母都会这样想:"唔,这事终于结束了,让生活继续吧!"但是,假如等所有人都平静下来后,我们还能再次走近孩子,通过讲述当时的情形与孩子一起回顾,那么孩子就很可能会受益匪浅。我们可以让孩子回到自己情绪失控的那一刻,同时给他关心、共情和理解,以此来把情绪调节能力的诸多关键要素与情绪失控的时刻相关联。这样一来,当情绪再次失控时,孩子就会更容易想起这些要素。

实际上,讲述当时的情形是为了通过回顾情绪崩溃时的慌乱来让孩子理清头绪。这是一项可选策略,你无须每逢孩子情绪崩溃都这样做,只要不时拿来用用就会有帮助。例如,如果弟弟因为哥哥不跟自己玩而情绪失控,并且表现出了攻击行为,那么你就可以在事后几小时,甚至一天后这样对弟弟说:"不知道我理解得对不对,你想跟哥哥玩,但是哥哥不同意，于是你说'求求你'，可哥哥还是不同意……那种感觉特别不好受，接着你又是乱踢，又是大叫。爸爸把你抱进了你的房间，跟你一起坐了下来。过了一会儿，你就安静下来了。"

这时许多父母会问："然后呢？我接下来该怎么做？要不要告诉孩子，下次该如何面对？"不要！你的陪伴、条理和讲述本身已经改变了孩子对整件事情的记忆。别忘了，拥有情绪调节能力（即更少发脾气！）始于理解与亲密，而讲述的作用正是如此。现在，你可能会感觉孩子变得柔软了一些，于是你想这样说："嗯，哥哥不跟你玩确实让你觉得很不好受。要是再发生这种事，你打算怎么做呢？"这么说是没问题的，没什么坏处。不过要记住的是，关键是亲密和讲述，解决方案是次要的。

实践时刻：案例分享

> 艾莉森走到利亚姆身边，把他从放水杯的抽屉旁边拉开，同时说："我不会允许你扔杯子的！"艾莉森知道，利亚姆此时觉得自己处在危险当中，所以她没有因为利亚姆说"我讨厌你"而生气。她认识到，真正的问题在

于那些失去控制的、让利亚姆感到恐惧的感觉，而非他表面上说了或做了什么。艾莉森发现儿子已经被恐惧吞没，就把他抱进了他自己的房间。在这当中，她抓住了利亚姆的手腕，不让他打到自己。艾莉森对儿子说："我的首要任务是保证你的安全，而现在，安全的意思就是把你抱进你的房间，跟你一起坐下来。你现在很安全。我爱你。我就在这儿陪着你。"她掩上屋门，把利亚姆放下来，紧接着坐在了他的身边。利亚姆一边挣扎，一边尖叫着大喊："出去！我讨厌你！"艾莉森仿佛看到，利亚姆实际上是在对他自己的那些感觉说话，而非对她说话。这使她意识到，她的职责是坚决地带领孩子穿越这场情绪风暴。利亚姆仍旧尖叫个不停，艾莉森感到自己的心跳在加速，挫折感也越积越多。她告诉利亚姆："我得出去一下，做几个深呼吸，很快就回来。我爱你。你是个好孩子。"她走出房间，做了几个深呼吸，并且提醒自己，她很安全，她能应对眼前的局面。接着，她回到房间，阻止了利亚姆踢她，并且零零星星地说了几句话："我在这儿。""把情绪释放出来。""没关系，你是个好孩子，只是情绪有些失控。"最终，利亚姆平静了下来，想让妈妈抱抱自己。艾莉森没有惩罚或报复他，而是拥抱了他，并且说："我知道……我知道……我爱你。"

实战 5

怎样化解手足之争、二胎矛盾？

> 6岁的哈里和4岁的安妮卡正在玩积木，他们的父亲雷正在准备午餐。雷听到一声尖叫，然后是一阵哭声，接着又是一阵异响。他跑进游戏室，发现哈里霸占了所有的积木，一块也不给妹妹玩。安妮卡跑向父亲哭诉："他推我！把我推倒了！"哈里尖叫着说："才没有！是她拿走了我正要用的积木！她老是给我添乱！"

为什么兄弟姐妹之间会有这么多争吵呢？我们先从伊莱恩·马兹利什和阿黛尔·费伯的绝妙比喻说起。她们是我非常喜欢的育儿图书《和谐相处的兄弟姐妹》的作者。她们提醒我，如果孩子有了别的兄弟姐妹，那种感觉就像是你的伴侣有了别的配偶。你当然会想："这对我来说好在哪儿？"想象一下，有一天，你把她的一件东西（原本是你的）从她手里拿了过来，可所有人立即开始对你大喊大叫："你怎么能这样！你怎么能从她手里抢玩具！她还那么小，不懂事，你看看，你都吓到她了！"这时，你不仅会大惑不解，还会怒火中烧，因为你觉得自己没有"被看见"。而这就是孩子开始拥有兄弟姐妹之后的生活。

　　弟弟妹妹的到来会激发孩子的**依恋需求**和**被抛弃的恐惧**。从依恋的角度来看，孩子**总是在确认自己是否安全**。他们在问："我的需要会得到满足吗？我能觉得自己被看见吗？我本来的样子、我的各种特点、我的兴趣爱好和行为方式会得到肯定吗？在父母看来，我**的本心是好的**吗？"如果孩子们互相争吵，他们就是在"告诉"父母，他们感到不安，他们在家中的安全感（这是他们的基本需求）受到了兄弟姐妹的威胁。他们自然希望你听到他们的声音，理解他们的感受，给予他们特别的时间和关注，并且容忍他们因为这件事而产生的一系列情绪。他们在亲子关系中越是感到安全，伴侣的新配偶所形成的威胁就越小。当然，这样的生活仍旧会存在困难与冲突，因为要与另一个人分享你所爱的人的关注永远都不是一件容易的事，但有些因素会让情况雪上加霜，而有些因素则会使矛盾得以缓和。

　　要想缓和矛盾，父母就必须接纳孩子指向兄弟姐妹的**一系列情绪**。许多父母都抱有下面这些十分常见却又不切实际的想法："兄弟姐妹应该成为最好的朋友！""我的孩子们应该永远善待彼此！""我让孩子有了弟弟（妹妹），孩子应该对此感到非常高兴！"我是在暗示家里最好不要有一个以上的孩子吗？是在暗示兄弟姐妹之间通常会彼此敌视、彼此憎恶吗？不是，完全不是。这些想法跟前面那些想法一样极端。我只是说，兄弟姐妹之间的关系是复杂的，我们越是能理解这其中的复杂性，我们就越是能引导孩子去包容他们的兄弟姐妹，孩子就越是能调节相关的负面情绪，不让这些情绪转化为相应的行为，这正是我们的目标。记住，问题不在于情绪，而在于对情绪的调节。孩子情绪调节能力的强弱取决于我们是否愿意察觉、理解和接纳这些情绪（以及在这些情绪转化为危险行为时设置行为规则）。我们越是能理解孩子的感受，例如孩子对某个兄弟姐妹的嫉妒或愤怒，孩子就越不可能将这些感受通过行为爆发出来，例如侮辱、殴打、嘲弄和贬低。

谈到兄弟姐妹之间的争斗，我们还要考虑另一个重要因素：出生次序。出生次序值得单独写一本书，不过我先在这里择要介绍几点。首先，在兄弟姐妹出生前，家中的第一个孩子已经习惯了自己的独生子女状态，这类孩子的脑回路是在拥有父母全部关注的情况下形成的，所以兄弟姐妹的到来会从根本上动摇他们的世界。当然，这类孩子也可以去适应，但我们必须认识到，这一改变仍旧是巨大的，因为他们对这个世界的全部看法都建立在他们认为自己是家中唯一孩子的基础之上。兄弟姐妹降生后，家中的第一个孩子往往会显得非常自私，但在"我不喜欢她，把她送回医院！"或"看我！看我！"的恳求背后，我们看到的却是一个脑回路正在遭受巨大冲击的孩子。第二个和第三个孩子（以及后面出生的所有孩子）的脑回路是在完全相反的环境中形成的。只要一出生，他们就**总是**跟别的孩子生活在一起，**总是**看到别的孩子能做到自己做不到的事，也**总是**在跟别的孩子争夺父母的时间和关注。家里的第二个孩子常常需要忍受挫败感。积木搭得没有第一个孩子好，跑步不如第一个孩子快，阅读也没有第一个孩子轻松。这里并不存在什么问题需要解决，你只需理解这种互动关系。当然，兄弟姐妹之间的互动关系并非只有一种。在有些家庭里，弟弟或妹妹的表现反而胜过哥哥或姐姐。例如小的已经学会阅读了，大的还不会，或者小的运动能力很强，大的却表现平平。这些微妙的情形各自都有难以应对的方面。但是总的来说，当你思考孩子到底在经历些什么，有什么感受，有什么不安，以及孩子的行为背后有什么尚未满足的需求的时候，你都要考虑出生次序在其中的作用，这一点至关重要。

育儿工具箱

■ 手机拜拜亲子时间

要想改善孩子们之间的关系，最重要的措施就是手机拜拜亲子时间，即孩子各自与父母单独相处的时间。孩子越是对自己与父母的关系有安全感，他就越能把兄弟姐妹视为玩伴而非对手。每当我家的孩子之间发生矛盾时，我就会提醒自己："这是因为他们缺少亲密感和安全感。他们都需要我单独去关心他们，以此来让他们对自己在这个家庭中的地位感到放心。好吧，我们来安排一段手机拜拜亲子时间！"手机拜拜亲子时间是实现诸多改变的根基。

■"不求公平，但求满足孩子所需"

我看到许多父母都通过"追求公平"来处理冲突，但实际上，追求公平反而是冲突的一大推手。我们越是追求公平，就越是在鼓励争斗。如果追求公平，我们就是在鼓励孩子提高警觉度，那样子就像在说："继续像老鹰一样盯紧你的兄弟姐妹，弄清楚他们有什么，这样你才能知道你想在这个家里得到什么。"我们不应在家里追求公平，还因为这当中存在更长远的考虑，即我们要引导孩子从内心发掘自己的需要，而非从外界寻找。我可不希望孩子成年后这样想："我的朋友有什么？他们做什么工作？住什么房子？开什么车？他们有什么，我就要有什么。"这样的人生是焦虑的人生、空虚的人生，也是缺乏内在生活的人生，即缺乏内心感受，只在表面上与他人攀比的人生。

如何破除公平的魔咒呢？如果孩子大叫"不公平"，那就努力引导他关注内心。不要强迫孩子这样做，要亲身垂范。不要去确保公平，例如"你很快也会有新鞋的！"而要理解孩子的感受。"看到哥哥有了新鞋而你没有，这让你很难过。你也能有一双新鞋吗？现在不行，亲爱的。不用担心，在这个家里，每个孩子都能得到自己需要的东西。你的鞋还好好的。你可以不高兴，没问题。我明白你的感受。"

或者，如果孩子尖叫着说："不公平，我参加足球训练，你却带着马拉去买冰激凌！你明天也要带我去买冰激凌，只带我去，你必须这样做！"如果你看重公平，你可能就会这样回答："好，那我明天就带你去吃冰激凌。"这么做会让孩子学到，他应当通过观察别人（谈到手足之争，这里的别人就是他的兄弟姐妹）来决定自己想要什么。而如果你看重的是孩子的需要，你就可以像下面这样来回答。

父母："你想让我带你去吃冰激凌，是吗？"

孩子："是的，带我去吧！"

父母："好的，也就是说，我们明天的手机拜拜亲子时间，你想做的事就是我带你去吃冰激凌？"

孩子："嗯……也许吧。或者也可以像我们说过的那样一起去公园。嗯，去公园也行。我想好了告诉你行吗？"

父母："当然可以，考虑一下，然后告诉我你最想做的事情是什么。"

在这种情况下，孩子会学会看向自己的内心，以此来弄明白自己真正需要的到底是什么。

■允许孩子对父母宣泄情绪

如果孩子知道他们能向你倾诉他们对兄弟姐妹的情绪，他们最终把情绪发泄到兄弟姐妹身上的可能性就会大幅降低。因此，你要告诉孩子："家里有个姐姐可能会让你觉得很难受，是吧？""你对刚刚来到家里的弟弟有这么多情绪是可以理解的，他能让你高兴，也能让你难过，让你生气。所有这些情绪都是可以理解的，我们可以聊聊这些情绪。"或者："我们一会儿要去看你姐姐的体操比赛……我知道，看到姐姐得到那么多关注，你心里可能会有点不平衡。不过就算你有这种感觉，你也仍然是个好孩子。你可以跟我说说你的这种感受。"记住，情绪即力量。不被接纳的情绪更有可能通过行为表现出来。你越是接纳孩子的嫉妒，当嫉妒浮出水面时，问题就越是容易解决；你越是不允许孩子嫉妒（"不要那样说你姐姐"），嫉妒情绪就越是容易把孩子吞没，并且表现为言语侮辱（"玛丽是这里最差劲的体操运动员，她笨死了！"）或问题行为（在观众应该保持安静的时候喧哗，或是从你身边跑开，大声尖叫）。

我之所以允许孩子向我宣泄情绪，是因为我对兄弟姐妹间的侮辱或谩骂是零容忍的。在我看来，这些都是欺凌，我建议所有父母杜绝这类言行。骂人并非天真无邪的玩笑，这么做可能会伤害另一个孩子的自信，特别是在父母不出面制止时。所以，我建议父母私下告诉孩子，他可以把自己对兄弟姐妹的愤怒或嫉妒单独说给父母听，这样一来，孩子就有了宣泄这些情绪的专门渠道。你甚至可以在与孩子单独相处的时候告诉他："我知道，有兄弟姐妹的生活是很不容易的。我也知道，你对你姐姐有非常多的不满。你可以趁着单独跟我在一起的时候把这些不满都说出来，我不会跟你说这样的生活很幸福，也不会说你不应该有这样的感受。我会尽力理解你的感受并且帮助你。还有一件事情很重要，我肯定不会允许你骂你姐姐，或者对她出言不逊的。我最重要的职责就是保证家里每个人的安全，包括在说话方面。"

■ 降温，让孩子说出自己的想法，有危险再介入

我们应该引导孩子自己解决问题，而非遇到问题就找我们来评理。要做到这一点，我们就要在发生矛盾的时候让局面降温；一旦孩子们整理好了自己的情绪，他们往往就会成为解决问题的高手。有没有例外的情形呢？有的。出现打人、扔东西、肢体冲突、威胁、骂人和讽刺挖苦等危险情形时，我们就必须站出来保护孩子们。我们不只要保护遭到威胁的孩子，还要保护情绪失控的孩子，双方都需要我们的帮助。

介入（存在危险情形时）

孩子情绪失控后，他们就会需要我们站出来控制局面。这时，你可能会用到我们在上一章里介绍过的"我不会允许你……"的表达。例如"我不会允许你打妹妹的。一定是发生了什么不愉快的事情。你可以生气，没问题。我也可以帮你换一种方式来表达愤怒"。这句"我不会允许你……"的表达可能会需要结合实际的动作来实施，例如站在两个孩子中间，或是把一个孩子从另一个孩子身边拉开。介入冲突后，你需要评估孩子们是否正在冷静下来，还是说，你还得让他们分开得更远些。这么做并非是因为哪个孩子是坏孩子或是犯了错误，而是因为你需要更多的空间来保护每个孩子的安全。如果是这种情况，你就可以这样说："我需要你们都回到自己的房间去，就是现在。你们并没有做错什么。我最重要的职责是保证你们每个人的安全，而现在，安全就意味着我要把你们分开，这样你们才能冷静下来。我很快会去看你们的。我爱你们。"你也可以只把其中一个情绪失控的孩子抱进她的房间，同时对另一个孩子说："我知道你心里很难受，但是任何时候都不能打人。你妹妹需要我来帮她冷静下来。我过一会儿也会来找你的，我知道你也需要我。我爱你。"

需要用到"我不会允许你……"这一表达的危险情形有时也包括孩子彼此出言不逊或讽刺挖苦，这是父母需要站出来把孩子们分开的另一个原因。只有这样，我们才能阻止孩子欺负别人，同时避免让另一个孩子成为被欺负的对象。两个孩子都需要我们的帮助。

降温，让孩子说出自己的想法（不存在危险情形时）

如果孩子们吵了起来，但没有身体侵犯（如打人、踢人）或言语攻击（如威胁、骂人），我们要做的就是为局面降温，而非解决问题。我们要在调节情绪方面为孩子们做好示范，而非强迫孩子去调节，例如"我需要来个深呼吸！"而非命令孩子"深呼吸！"你不是法官，你要同时引导他们说出各自的看法，不偏袒，不站队，不贴标签。我们来看下面这个例子。假如你的两个孩子正在为了一辆玩具消防车而争吵。这时，专注于解决问题的做法是"让杰茜先玩，她才两岁"，或者"麦克，你先玩。杰茜，你后玩"。但是，专注于为局面降温的做法是这样的："消防车暂时先由我来保管。好的，我拿到了。现在，<u>我</u>得做几个深呼吸。"做几次深呼吸，让孩子们也能学你的样子来调节情绪。"嗯，两个孩子，一辆消防车！这个问题确实不好解决。我们要怎么办呢？谁有好办法？"然后停下来等待。提醒自己，你的职责不是尽快解决问题，而是为局面降温，以便孩子们能够整理自己的情绪，进而调动他们自身的问题解决能力。这时的你正在帮助孩子学习如何解决问题。如果我们代替孩子解决问题，结果就只会让孩子们在解决问题这件事上对我们形成依赖，这对所有人来说都不是好事。

实践时刻：案例分享

身为父亲的雷想起："要降温，而非解决问题。"于是开始亲身为孩子们示范如何调节情绪。"你们这里好热闹！我想我得做几个深呼吸。"他把一只手放在心脏的位置，做了几次孩子听得到的深呼吸。哈里和安妮卡从没见过父母这样做过，于是都有点愣神。雷继续说："我看到有两个孩子正在生气……我知道，你们两个都不喜欢事情弄成这个样子。我也不会给你们评理，说谁对谁不对。安妮卡，好像你也很想玩积木。而哈里呢，你好像要搭什么东西，所以也要用积木。嗯，这个问题真是不好解决。两个孩子，都想要积木，脑子里都有自己想要搭的东西……我觉得，只要我们能好好地想一想，就一定能找到一个好的解决办法。嗯……"接着他停住了。最后，哈里说："来，这些积木给你。"安妮卡看上去很满意。整个过程让雷感到有些疲惫，不过他也提醒自己，他的孩子们正在学习如何解决问题，而刚才所做的一切对实现这一目标很有帮助。此外，他还看到了更多的问题。他发现,安妮卡和哈里可能都觉得跟兄弟姐妹生活在一起很难受,所以他决定为两个孩子各自安排一段手机拜拜亲子时间。

实战 6

怎样纠正孩子的无理与对抗？

> 8岁的法拉问妈妈希瑟自己能否在周六晚上去朋友家玩。"你知道的,我们周六要去看奶奶,所以你不能去。"希瑟说。
>
> "我讨厌这个家。"法拉小声嘟囔。
>
> "你刚才说什么？"希瑟问,"你说了什么？"
>
> 法拉爆发了："我说我讨厌你,我讨厌这个家！你是这个世界上最差劲的妈妈！"
>
> "你怎么可以这么跟我说话？现在回你的房间去！"

当孩子们展现出无礼甚至大胆对抗的一面时,父母有两个选择,一是把孩子的表现看作对我们的不尊重（"孩子不尊重我"），二是把这一表现视为孩子未能成功调节自身情绪的结果（"孩子此刻心里很难受"）。

父母们很容易选择第一种视角。这是一条更明显、通常也更加难以撼动的思考路径。但是，你可以想想你自己，你为何有时会对人无礼？你为何会跟上司顶嘴甚至抗命？对于这类问题，我总是得到相同的答案——我觉得自己被误解了；我希望自己能够"被看见"，但希望落空了；我感到很难过，因为别人并没有认真听我说话，我跟那个人的关系在那一刻也并没有我想象的那么好。了解了我自己为何会情绪爆发之后，我就更加明白该如何应对孩子的无礼或对抗言行了。

假设你告诉 7 岁的儿子亨特上午不能玩电子游戏，可你吃完早餐进入客厅，却发现亨特正在玩电子游戏。如果我们把孩子的行为视作对我们的不尊重，我们就会这样想："我说过不能玩！亨特把我的话当空气吗？他想做什么就做什么，根本不尊重父母！" **不被尊重**的感觉是很难受的，于是大多数父母都会产生大吼大叫或实施惩罚的冲动。这并不是因为这么做能让亨特重新尊重我们，而是因为身为成年人的我们无法忍受被孩子轻视，于是我们就会借助惩罚来宣示自己的权威，以此来让**自己好受些**。

但是，如果我们把孩子的行为视作情绪失控，我们可能就会这样想："亨特特别想要一些东西，但是我说不行，于是他无法忍受这种想要却得不到的感觉。我得好好跟他聊聊，把这个问题解决掉。还有，我想知道我们之间的关系是不是出了什么问题，这才导致他不听话。"

我们都知道，孩子的情绪调节能力是很差的。情绪越强烈，孩子就越是无法调节。所以，在情绪爆发时，孩子一般不会通过表达来宣泄，也不会借助深呼吸或者放空自己来整理心情（我们只会期望成年人这样做），而是容易表现为亨特的大胆对抗或法拉的"我讨厌你"。情绪越强烈就越有可能表现为这类言行，而这样的言行往往又会让父母把孩子推得更远，例如"你不能这样对我说话！"或者"马上回你的房间去！"于是，我们陷入了恶性循环：孩子无礼让父母生气，父母生气让孩子觉得自己被误解，也让孩子感到更加孤独，误解和孤独继续让孩子的情绪变得更坏（别忘了，孩子受不了的与其说是**情绪本身**，不如说是**独自承受情绪**），进而导致孩子表现出更多的问题言行。

作为父母，我们必须努力把孩子欠缺情绪调节能力所引发的表现（例如无礼和对抗）与他们非常真实也非常正常的情绪（例如愤怒和悲伤）区分开来。我们必须学着透过表现看本质，把孩子的出言不逊视作他们对理解的渴求。我们也必须改变想法，不再认为倘若不惩罚问题行为，它就会变得更严重。即使不惩罚，问题行为也不会得到强化。有人认为，如果我们"放过孩子，不去惩罚"，他们就会知道"跟父母这样说话是可以的"。这种看法把人类的行为看得过于消极，我是无法认同的。

我们可以想象一下，假设你刚刚度过了非常不顺利的一天，你的伴侣问你有没有把洗碗机里的碗碟取出来，于是你回答："我今天都要忙死了，没工夫收拾洗碗机。你不会自己做吗？"这时，你的伴侣既没有反唇相讥，也没有责怪你的无礼，而是说了下面的话："这话好难听呀。不过，亲爱的，肯定是有些事情让你觉得受不了，你才做出这种反应。跟你的语气相比，你的遭遇更重要。所以跟我说说吧，你今天过得怎么样？我想了解一下。"

你听了感觉如何？接下来，你继续粗鲁地对待伴侣的可能性是增大了还是减小了？如果你的伴侣这样回应道："我不会容忍你这么无礼。你一个星期不准看电视！"那么我想我们都知道，接下来所有人都不会有好果子吃。对孩子来说，道理也一样。如果我们能用共情和善意来回应孩子的无礼，孩子就会感到自己"被看见"，进而更可能用善意来回应我们。

育儿工具箱

■不要上当

如果你把孩子表面上的行为当作事实来回应，那么你就是上了孩子的当。你要把孩子的行为看作内心世界的反映，也就是说，你要看到 行为背后的感受，而非行为本身，这样你就不会上当了。两种视角所带来的结果完全不同。

那么要如何做呢?

- 第1步:为孩子设置行为规则("我不会允许你……")。
- 第2步:把孩子往好处想,接纳孩子行为背后的感受、担忧和对"被看见"的渴望。有时,你只需静静陪着孩子就够了(记住,在孩子看来,你的陪伴就是对他的肯定,因为你这么做就是在告诉他,你没有被他吓到)。

示例:

- "我要把游戏机收走了。我说不能玩,可你还是玩了。这里一定有问题。我们各自先想想这件事,然后再看看要怎么办。你不听话一定是因为存在跟电子游戏有关的问题。另外,我们之间肯定也有问题,所以才会发生这种事情。"
- "这种话太难听了……不过你一定是特别不高兴才这么说的。我知道你很生气,因为你的塔倒了。要是我的塔倒了,我也会很生气。我在这里陪着你。我爱你。"
- "我不会允许你用这种口气说话的……不过你一定是因为遇到了烦心事才这样对待我的。我想跟你单独聊聊。我知道,做一个孩子特别不容易。跟我说说你的想法吧,我很想知道。我爱你。就算你冲我发脾气，我也依然爱你。"
- 有时无声胜有声。你随时都可以深呼吸、点头，或者看地板。在孩子情绪激动的时候，即使是目光接触也不利于孩子冷静下来。你可以借助肢体语言告诉孩子："我听到了。我在这里陪着你。我爱你。"

宣示你的权威，但不要惩罚或吓唬孩子

如果孩子公然与你对抗：

① 深呼吸。记住，孩子与你对抗并不意味着他不尊重你，或者他是坏孩子。

② 宣示你的权威。在维护行为规则（你要始终牢记自己的这一职责）时告诉孩子你在做什么。假如你要把原本不该在沙发上蹦跳的儿子抱起来，你就可以告诉他："我要把你从沙发上抱走。"或者，如果你发现女儿躲在衣柜里玩平板电脑，你就可以告诉她："现在把平板电脑递给我，如果你舍不得，我可以帮你拿走它。"接着，你或许可以这样说："我要把平板电脑从你手里拿走了。亲爱的，我知道你现在感觉很不舒服。"

③ 把行为规则落到实处，但要记住，你这么做是因为孩子无法控制自己的冲动，而不是因为孩子故意不听话。这或许意味着，你要留在房间里陪伴儿子，

或是要把平板电脑放到女儿够不着的地方。不要指望女儿因为被抓了现行就能突然拥有控制冲动的能力。她这么做是在**告诉你**，她需要你来帮她遵守行为规则，而这就是你现在要做的事。

④ 设法将孩子的冲动**升华**，即帮助孩子用不违反行为规则的方式满足愿望。你或许可以这样说："你要实在想跳的话，我也不会让你在沙发上跳，我们可以去外面的草地上跳。""我想你是在告诉我，我们得列出一些你一个人可以做的有趣的事情，好在我忙着处理工作邮件的时候做。"

⑤ 想清楚再行动。孩子难以控制冲动表现在哪些方面？孩子冷静下来后，你能否帮他练习在冲动时停下来深呼吸，然后做出更好的选择？你是否需要提升孩子的认同来让他遵守特定的规则？

■ **说出真相**

下一次制定行为规则的时候，如果你**知道**孩子会不喜欢，那么就要把这一点说出来。这么做能肯定孩子的感受，拉近彼此的距离。而且，你还能借此机会来一场头脑风暴，把问题提前解决掉。例如你可以这样对孩子说："你不能在沙发上跳。我知道，你听了很失望，是不是？你喜欢在一些东西上面跳，而沙发的弹性又那么好。我在想，你**还能**在什么东西上面跳呢？""我得处理一些工作邮件。你知道咱们家的规矩，今天不能玩平板电脑了。你可能很难想出一些有趣的事情来在我忙工作的时候做，我也知道，你很想玩平板电脑。我理解。嗯……想一想，我忙工作的时候，你还能做些什么事情呢？"

■ **重建亲密与规则**

当孩子与父母顶嘴或对抗时，父母往往会想要<u>远离</u>孩子。可是在这些时候，孩子最需要的恰恰是父母主动走近孩子。尽管孩子表现出来的是无礼和对抗，可他的内心深处却在呼喊："我觉得你根本不懂我的心思。我需要你理解我，靠近我，看到我的本心是好的。这并不是说你要放任我做喜欢的事，而是说，你要来找我弄清楚我为什么会那么做，同时还要设法拉近我们的距离。"这时，最重要的应对措施是开启手机拜拜亲子时间。你也可以尝试"我有没有跟你说起过，有一次……"和填充游戏（详见实战1）。

实践时刻：案例分享

当法拉大喊"我讨厌你"的时候，希瑟对自己说："这是情绪失调，不是不尊重我。"于是她接纳了法拉的感受。"我理解……你去不了朋友家，心里很失望。"法拉听了有些吃惊，不过她还是怒气冲冲地回应："你不懂！你永远都不会懂！"接下来，希瑟想起，有时候只要能陪着孩子就足够了。她又做了一次深呼吸，看向地板，然后缓缓点头。"我在这里陪着你。"

那天晚上，等他们都冷静下来后，希瑟在法拉的床上坐了下来。她说："我知道，不能跟朋友们玩让你很生气。我小时候也是这样。我有没有跟你说起过，有一次我错过了朋友的16岁生日聚会，因为我得去看我哥哥的足球比赛？那种感觉太难受了，我快气死了。"接着，希瑟还肯定了法拉是个好孩子。她说："你是个好孩子，只是刚才遇到了让你难过的事情。这点我知道。不管你说了什么还是做了什么，我对你的爱都是不会变的。"

实战 7

孩子爱抱怨，怎么引导？

> 阿黛尔正在妈妈伊玛尼身边的桌子上做作业，伊玛尼一边辅导她写作业，一边用手机回复邮件，还不时起身去照料阿黛尔那正在客厅里到处爬的弟弟。阿黛尔折断了她的铅笔尖，对着妈妈大叫："我要一支削尖的铅笔！你给我去拿！"伊玛尼听了气不打一处来。

如果孩子的抱怨让你感到恼火，那么也不用太过惊讶，我也经常遇到这种事。不过，我们还可以看得更深入些。是什么让我们感到恼火？为什么会这样？对这两个问题的回答可以为我们理解自身提供重要的线索，因为孩子的行为触动了我们的脑回路。理解了恼火背后的原因，我们也就能更好地去应对孩子的抱怨了。

父母们常常把孩子的抱怨理解为不懂得感恩。如果孩子抱怨晚饭不好吃或是向我们索要新玩具，我们就会觉得孩子没有把我们所有的付出放在心上。不过在我看来，这么看待问题似乎忽视了孩子在这种情况下的感受。我认为，孩子抱怨是因为<u>无助</u>。我经常使用的公式是：<u>抱怨 = 强烈的愿望 + 无力感</u>。如果孩子想穿衣服却不会穿，或者想跟别的孩子玩你却不同意，抱怨就会接踵而至。那么，为什么我们又会被抱怨点燃怒火呢？其中的原因不仅仅是孩子大喊大叫，也不仅仅是他们抱怨起来没完没了。如果孩子的抱怨来自<u>无助</u>，而你又成长于一个不准你哭的家庭，那么你就可能会感到恼火。如果你小时候经常在家里听到"别哭了！""坚强点！"或"别哭哭啼啼的，你已经长大了！"这样的话，那么你很可能就会对你自己的无助缺乏包容。于是，你可能早已学会把那个无助的自己压抑到潜意识当中。现在，面对孩子的抱怨，你的潜意识就像是在说："哦，我知道该怎么做，把它压抑掉，把它压抑掉！"你的潜意识对孩子的反应好似它当年对你自己的反应。

然而实际上，即使对成年人来说，这种渴望与无助的结合也是一种煎熬。我发现，我在这种情况下也会流露出强烈的情绪。记得有一次，我在上班前去一家咖啡店，结果到了才发现没开门。店长探出脑袋对我说："我们今天要晚点开门，还得等 20 分钟。"我非常失望。我很想喝咖啡，因为我很早就出门了，没顾上喝咖啡，但我等不了 20 分钟，否则开会就迟到了。"求求你了！"我用哭腔恳求道。我发出来的声音很不好听，我心里的感觉也很不舒服——又绝望，又无力。

孩子也会在想要走近父母的时候抱怨，以此来表明自己很孤单，自己的愿望没有被看见。虽然父母的职责是做自认为有益孩子的决定（哪怕孩子反对），但我们仍然可以去试着理解和亲近孩子。感到孤单和绝望是非常痛苦的，因为人在拥有亲密感和希望的时候才会感到安全。我不是说你必须屈从于孩子的可笑要求，但你越是关注孩子内心的感受，并且给予孩子所需要的亲密感，孩子的抱怨就会越少。而就算孩子仍旧抱怨了（有时确实会这样），你也要记住，关心孩子的感受和潜在需要才是在不改变你的决定的同时解决问题的关键。了解抱怨的动机有助于减少抱怨，也有助于我们在抱怨不可避免地出现时有效应对。

回到我那天早上买不到咖啡的例子。咖啡店的店长当然没有义务来照顾我心里对安全感的需要，但假设他当时说的不是"我们今天要晚点开门"，而是"我知道，我们平时都是 8 点开门，所以你才在这个时候过来买咖啡。可是我们遇到了一些事情，今天要到 8 点半才能开门。我知道你会觉得特别失望，想喝咖啡却喝不到，那种感觉一定**很难受**！"这时，我还会去绝望地央求吗？很可能就不会了。假如我还是央求了，而店长对我说"我也遇到过这种事"（拉近距离），或者"我知道这种事很影响心情，但我觉得你的心情会好起来的"（给予希望），那么我想我的感受会好很多。

孩子抱怨还有一个重要原因，那就是，孩子常常需要释放情绪，他们的抱怨可能说明有些事情超出了他们的承受能力，所以需要"发泄出来"。在最近的一个周六中午，我的儿子要求喝放了"九个冰块"的水，随后又抱怨水太凉，让我把水弄热些，同时冰块还要留着。这事好不容易过去，他又看着自己的午饭，一会儿说他不想吃放了奶酪的意大利面，一会儿又让我把奶酪再放回去，最后又说意大利面和奶酪都不想吃。我心里越来越烦躁，越来越受不了他的抱怨，接着我停了下来，心想："嗯，我儿子实际上是想让我执行行为规则，好释放一些情绪出来。他其实是在用抱怨和无理取闹来告诉我，妈妈，要坚定，该怎么做就怎么做。我需要好好哭一场。"于是，我不再做别的努力，只是告诉他："你觉得一切都不顺心，是吗？不管做什么事都不如意？我明白，亲爱的。生活有时候就是这样。"他没有看我，也没有说"妈妈，你太了解我了"。完全没有。他尖叫，反抗，大哭了起来。我带他回到他的房间，陪他坐了一会儿，直到一切恢复如常。我明白了，他需要这么做。他的抱怨是一种恳求。

育儿工具箱

■ 宽容那个抱怨的自己

如果你发现自己被孩子的抱怨所激怒，而你又成长于一个不许你哭的家庭，那么你就可以照我接下来所说的去做。现在，把你的手按在心脏的位置，对自己说："我可以感到自己的弱小和无助。坚强、有韧性的人有时也会有这种感觉。"你甚至可以在镜子前面试着去抱怨。抱怨你有多少封电子邮件要回复，抱怨你不想打扫房子，抱怨你感到多么疲惫。讽刺的是，你越是宽容那个抱怨的自己，你就越不会被抱怨所激怒。如果孩子的抱怨还是让你觉得血往上涌怎么办？大声说："等一下。我需要来个深呼吸。"接下来，把你的手按在心脏的位置，一边深呼吸，一边对自己说："我是安全的。我可以挺过去。"

■提升游戏力

孩子抱怨的天敌是大人的游戏力或幽默感。如果我们用搞怪或幽默来回应孩子的抱怨，我们就是在为他们提供最需要的东西——亲密感和希望，两者总是与轻松和愉快相伴。（注意，幽默不是嘲弄。前者是为了增加亲密感，调节气氛，而后者是疏远和羞辱。）下次孩子说"你去给我拿睡衣！"的时候，首先深呼吸，告诉自己，你是安全的，然后尝试这样说："哦不，哦不，哦不……抱怨又来了！它们到底是怎么进来的？"走到窗前，向外看。继续自言自语，你会看到孩子的眉头逐渐舒展开来。"我不知道它们是怎么进来的，但是我们得把它们扔出去，扔给其他孩子！"走到孩子身边，假装把抱怨从他的身体里揪出来，扔出窗外或门外，接着回到孩子身边对他说："好了。不好意思，你要什么来着？哦，想起来了，你要睡衣是吧？"这时，你就可以把睡衣拿给孩子了。你这么做不是在加重孩子的抱怨，而是在调节气氛，增加亲密感。

■ 重述孩子的请求

很多父母认为，在孩子抱怨的时候，我们要让孩子用"正常的语气"来重新表达他的请求，以此来减轻孩子的抱怨。这么做本身并没有错，而且，只要不用太正经或者太严厉的语气，那么偶尔问一句"你能用不抱怨的语气再问我一次吗？"肯定是有好处的。但是，有时我们会跟孩子陷入不必要的控制权之争中。如果我们坚持要孩子用"正常的语气"来重新表达他的请求，孩子本就激动的情绪就可能会在突然间再次升级。这么做并不值得（例如双方争夺控制权）。我发现，与其要求孩子重新表达他的请求，不如我们自己来为孩子示范如何这样做。这是更加人性化的做法，效果也更好。如果孩子冲你大吼："爸爸，把书拿给我！"那么你与其告诉孩子"你用正常的语气再说一遍"，不如学着孩子的声音这样说："爸爸，你能把那本书拿给我吗？非常感谢。"接着再切换回父亲的角色回答："当然了，亲爱的，没问题。"接下来，把书拿给孩子，然后深呼吸。不要说教，你要相信孩子能够听出其中的差别，并且学到新的表达方式。

■ **看到孩子的需要**

抱怨的孩子一般都在要求得到更多的关注、更多的亲密感、更多的温暖、更多的共情和更多的接纳。面对孩子的抱怨，我们可以做许多事情来回应这些未满足的需要。

- 放下手机，对孩子说："我把手机收起来了，因为我觉得我的注意力被别的东西吸引走了，这一点你也发现了。我现在来陪你。我就在这里陪着你。"
- 蹲下身来，跟孩子处在同一高度。对孩子说："有些事情让你觉得不舒服。我相信你的感觉。我们一起来把问题解决掉。"
- 就大多数孩子都会在童年里遭遇的困难与孩子共情："我知道做一个孩子有时候真的很难。"如果你觉得有必要，也可以继续说下去："我知道你想自己来做所有的决定。"
- 允许孩子释放情绪。"哭出来吧，亲爱的。这一切感觉太难受了。我在这里陪着你。哭吧，没关系。"
- 玩填充游戏。"我想你是在告诉我……你没有被妈妈填满。我现在可以把你填满吗？"（详见实战1）

实践时刻：案例分享

> 伊玛尼发现，孩子的抱怨让自己感到非常恼火，所以当阿黛尔索要铅笔后，她深吸了一口气，然后回应孩子："抱怨怎么来咱们家了？它是从哪里溜进来的？我们一定是忘记关门了！好吧，我要把这些抱怨揪出来……扔到外面去！"伊玛尼走到窗前，打开窗户，做了一个向外扔的动作，接着又把窗户关上。通过这样做，伊玛尼为自己争取了缓冲和冷静的时间，使自己在一定程度上摆脱了情绪的控制。伊玛尼回到阿黛尔身边说："好了，扔出去了！但愿你的朋友盖比和拉杰不会接到它们，再去跟他们的父母抱怨……啧啧（做出一副感到很讨厌的表情）！"接着，她话锋一转："不好意思，你刚才要什么来着？一支削尖的铅笔，是吧？没问题，我去给你拿一支。"当伊玛尼把铅笔递给阿黛尔时，她发现阿黛尔看上去已经平静了许多。最后她们一起吃了一顿愉快的晚餐，避免了以往常会发生的控制权之争或口水仗。

实战 8

孩子说谎怎么办？

> 杰克放学回到家，妈妈达拉对他说："老师打电话说你在操场上推了欧文。怎么回事？"
>
> "没有的事，"杰克回答，"我谁也没推。"
>
> 达拉加重口气说："不要当着我的面撒谎！老实点告诉我，你要是撒谎，后果就严重了！"
>
> "我没有撒谎，"杰克说，"为什么你更相信老师而不是我？你总是责怪我！"
>
> 母子间的局面僵住了。

孩子为何会说谎？在介绍导致孩子说谎的原因之前，我们先来谈谈那些似是而非的原因。孩子对我们说谎时，我们往往会自动选用最坏的解释。我们会想"我的孩子胆子太大了"或者"他竟然觉得他能糊弄我"，又或者"竟敢当我的面撒谎……这是反社会行为，看来孩子问题不小"。但是，从不尊重父母的角度来看待说谎（"你是在骗我吗？不要这么不尊重我！"）根本没抓住重点，这么做只是在亲子之间搞对立，挑动控制权之争，对谁也没有好处。实际上，说谎几乎与对抗、捣鬼或反社会行为（即使你只是在开玩笑）完全没有关系。与这本书里提到的许多行为一样，孩子说谎更多源自他们的各种基本欲望和他们对依恋的关注，而非因为他们想要操纵或糊弄父母。我这里并不是在说，你要用"放任自流"的态度来面对孩子说谎，但我也不是要让孩子当场招供。我关注的是找到说谎背后的核心动因，这样我们才能有的放矢，为孩子营造出更有可能使他说实话的环境。我们无法改变我们不理解的行为，惩罚、威胁和愤怒也无法推动理解与改变。

　　孩子说谎有几个主要的原因。首先，与成年人不同的是，孩子常常分不清想象与现实。孩子经常玩假扮游戏。在游戏当中，他们不受现实世界中规则的约束，而且还能进入不同的想象世界，扮演不同的角色。在我看来，假扮游戏是非常好的游戏形式。孩子可以借此来表达自身的困惑并且去求解，因为这是一片他们自己说了算的安全空间。但假如你问孩子是否打碎了台灯（你知道是她打碎的），而她说："没有，我刚才在我的房间里玩。"那么她或许就是在借助遁入想象世界来应对自己的内疚或恐惧（怕你失望或生气）。我们可以从两个角度来看待这个问题。一是孩子"故意不说实话"，二是孩子觉得说实话很可怕，后果很严重，所以她才不得已溜进了想象中的世界。在那里，她有控制力，能让事情按照她更想要的方向发展。

如果我们开始从孩子的愿望（她想拥有控制感，想改变结局）出发来看待说谎，我们就会放下谎言对我们的影响，转而去关心孩子的需要。孩子需要安全感，也需要感到自己的本心是好的。毕竟，这些需要一直存在于孩子的内心当中（大人也有这样的需要）。如果孩子认为父母会觉得她不可爱、没有价值，她就会逃到想象世界中。在那里，她本心的好可以继续保持完好。实际上，我们看到的说谎行为是进化的产物。孩子的生存取决于他们对我们的依恋，而这种依恋又来自安全感和被需要的感觉。如果你问你女儿有没有打碎台灯，那么我猜她会这样想："我希望这盏灯没有坏。我希望我没有在台灯旁边玩。我希望我一直是在我自己的房间里玩的。"这些愿望浮出水面后就成了"我刚才在我的房间里玩"，但倘若你把这句话定义为了撒谎，并且用"不要对我撒谎！"来回应，那么你就是没有看到表象之下的本质。

孩子说谎的第二个原因是，他们认为说出真相会威胁自身与父母的依恋关系。依恋就是亲近，就是待在养育者身边，同时感到养育者也想与自己亲近。孩子无时无刻不在紧盯着父母对自己的感觉。他们会想："我要是说了实话，那么父母听了到底会远离我，还是会继续跟我亲近？"如果孩子认为，父母会把他的行为解释为他的本心是坏的，进而远离自己，那么他每一次都会说谎。毕竟，我们生来就是要保护自己不被遗弃，也就是说，被当作坏孩子（"我现在不想跟你说话，回你的房间去！"或者"竟然当着父母的面撒谎？你胆子太大了！"）是童年里最可怕的事。很多时候，我们所认定的撒谎只是孩子的一种自我保护，绝非存心欺骗。

孩子说谎的第三个原因是为了维护自身的独立。这一点也值得关注。不论大人还是孩子，所有人都有一项人生而为人的基本需求，那就是能够感受到自己的存在，能够知道自己是谁，以及能够认定自己存在的价值。所以，我们讨厌受人控制，因为那种感觉就像是有人不承认我们的独立人格。在这种情形下，所有人都会不遗余力地，甚至不惜以危害自身的方式去反叛，只为拥有片刻属于自己的生活。所有年龄段的孩子都需要在一定程度上拥有独立于父母之外的生活，以此来获得对自身的掌控感。对一些孩子来说，说谎就是满足这一人类基本需求的重要途径。在食物匮乏的环境中长大的某个孩子之所以偷吃饼干，是因为她**知道**她是自己的主人；在学习压力巨大的环境中长大的某个青少年之所以不去学习，是因为他**知道**他是独立于父母的存在。所以，如果孩子说谎了："我没拿饼干！"或者："我已经学完了！"那么他们就是在努力抓住属于他们自己的生活。在那样的生活里，他们能感受到自我，能感受到自身对父母的独立。当然，在这种情况下，父母常常不得不收紧对孩子的约束，可这么做只会让孩子更想说谎。就任何循环，哪怕是恶性循环而言，只要我们掌握了它的底细，我们就会知道如何去打破它。在大多数情况下，对于"父母控制——孩子说谎"这一循环来说，我们首先要做的显然就是去关心孩子对独立的需求。你可以在平时找个机会对孩子说："我想给你更多做主的机会。我知道，对一个孩子来说，好多事情都由不得自己，那种感觉特别难受。我们可以从哪里开始来变一变呢？你想在哪些事情上有更多做主的机会？"听听孩子会怎么说，接着就从这里做起。

在介绍具体该怎么做之前，我想重申一些重要的事情，因为父母很容易执着于纠正错误，或是让孩子承认说谎。在养育爱说谎的孩子时，我的关注点是如何让孩子在**将来**说真话，而非在当下承认错误。我在下面介绍的做法并不会让孩子对你说："是的，我撒谎了！"这不是目标。我们的目标是改变家庭氛围，让我们在孩子眼中成为更加宽容的、能够让孩子感到安心的大人。要做到这一点，我们或许就需要在发现孩子说谎时深吸一口气，同时收起我们那不可冒犯的尊严，放孩子一马，不去要求孩子承认自己说谎，而是关注更加重要的远期目标。我向你保证，这么做是值得的。

育儿工具箱

■ 把谎言视作愿望

把谎言视作愿望能让我们继续把孩子看作好孩子,这么做在应对孩子说谎时非常关键。通过谈论孩子的愿望来回应谎话能彻底改善你与孩子的互动,因为这么做给了孩子更多的选择,而非要么说实话,要么撒谎。这时,你和孩子之间就出现了一块中间地带,这一空间不仅能缓和你与孩子的冲突,还能促使你与孩子走得更近。如果孩子说:"我也去佛罗里达州玩过!"你或许就可以这样回应:"嗯……我猜你很想咱们一家去佛罗里达州度假。那里阳光很好,很暖和。我们要真去了那里的话要做些什么呢?"如果孩子说:"我没有推倒我姐姐的积木塔,它自己倒了!"你或许就可以这样回应:"你希望那座塔还没倒……"或者:"有时候,我也会在做了一件事以后希望自己并没有做那件事……那种感觉很难受。"把谎言视作愿望能让我们觉得自己与孩子身处同一条战线,而非把他们看作敌人。这一视角的转换不仅能让改变成为可能,或许还能促使孩子下回说实话。

■ 等待,稍后再谈

对于我自己的几个孩子(当然了,他们有时候也会对我撒谎),我常用的做法是等待,即什么都不做。面对我家的

5岁孩子,我的做法可能会是下面这样。

我的儿子:"妈妈,我没有把拼图弄乱,也没有把拼块藏到沙发下面去。我没有,我没有!"

我:"嗯……"我点点头,但别的什么都没说。

我的儿子:"我没有!"

为什么我什么也不说?因为我的儿子显然正因为这件事而处在一种防御、内疚或羞愧的状态,这时,他的态度是抗拒的。我知道,我不能用争论的方式来解决这个问题,我不想陷入对控制权的争夺当中。而且我也记得,我们必须首先减少孩子的羞耻感,改变才可能出现。几个小时后,我可能会对儿子的"坏"行为做出一番善意的解释,希望这么做能够让孩子开始说实话。例如"我正在想我跟你哥哥一起玩的那个拼图游戏……你当时走了进来,看到了拼图……嗯……你可能很难不去动它……我明白了……"说实话,我的儿子很可能还会说:"我没有动。我没有,我没有!"接下来,我将不得不停止讨论这件事。不过,我自己还是会去琢磨这件事。我会问自己,孩子说谎到底意味着什么?他是在通过说谎来告诉我,他想得到更多做决定的机会吗?他对我陪他哥哥玩拼图心存嫉妒吗?还是说,他感受到了父母要求的压力,觉得自己受到了过多的约束?一旦我们开始思考行为的意义，例如"这到底是怎么回事？孩子遇到了什么困难？孩子需要什么？"我们就能据此采取其他应对措施了。

■ "假如这种事真的发生了……"

当孩子被说谎所困扰时，我发现按照**假设**她说了实话的方式来回应是很有效的做法。比方说，你接到女儿学校的电话，得知她在过去一周里没有写作文。你回家跟她问起这件事，结果她一遍又一遍地告诉你："我写了！我写了！我不想提这件事！"过一阵子后，如果你又找到了聊这件事的机会，那么你或许可以这样说："嗯，我想说的是，如果这个家里有个孩子确实好几天都没写作文，那我肯定会用心去理解她。因为，假如这个家里有哪个孩子没写作文的话，那一定是有原因的。这让我想起我 7 岁的时候，我有一阵子连续好多天都没写作文。不知道为什么，一想到写作文我就头疼，我很难去做这件事。不管是什么情况，假如这种事真的发生了，我会跟你坐下来，把心里的疙瘩解开。我肯定不会难为你的……"接下来，你要不动声色，一定不要盯着孩子的眼睛说："所以你没写作文，是吗？"暂时停止谈论这件事。你要相信，你的话已经进入了孩子的心里。当然，你也可以再找个机会到孩子身边对她说："嘿，亲爱的。写作文是很难的。至少在我看来是这样。我理解你。就算你不写作文，你也是个好孩子，我知道的。我爱你。"如果机会合适，我或许还会加上一句:"我想知道,如果你要做一件事情,却很难迈出第一步,那么这时候你可以做些什么呢?"

■询问孩子你需要做些什么

如果你家孩子有说谎的问题,那么你就可以另外找时间跟孩子好好聊聊,你需要做些什么他才能说实话。这种做法对年龄较大的孩子尤其有效,因为他们能更清楚地用语言表达自己的想法。你一开始可以这样说:"哎……我想跟你聊几分钟。只是随便聊聊。我在想,为什么有些时候你很难跟我说实话。我不是在怪你,因为我意识到,你肯定是需要我先做出一些改变,然后才能跟我说实话。肯定是我现在做的一些事情让你不敢说实话,或者让你觉得说实话可能会给你招来什么麻烦。不管具体是什么原因,我想知道你需要我做些什么,或者改变些什么。因为,我想让这个家成为你可以跟我说实话的地方,哪怕是不好的事情。"

实践时刻:案例分享

> 发现杰克拒不承认时,达拉没有再坚持。"好吧,"她说,"我知道了。我们以后再谈吧。"

"你相信我吗？"杰克问，"你相信我没有推人吗？"

达拉回答："我不确定到底是怎么回事。我确定的是，我爱你，你是个好孩子，哪怕在你情绪不好的时候。在我看来，所有的孩子*和大人*有时候都会做一些自己觉得不光彩的事情。我的职责是帮你理解这些事情，而不是惩罚你或者教训你。我想说的是，如果我的孩子真的推了人，那么我敢打赌，那一定是因为推人前发生了让人心里特别难受的事情。我会告诉我的孩子，这并不是说推人是被允许的，而是说，推人这件事给了我们一个机会来思考我们心里在难受些什么，这背后到底是怎么回事。不管具体是什么情况，我打算先做几个深呼吸，然后开始做晚饭……如果你想跟我说的话，我就听你说。我爱你，我们会把这个问题解决掉的。"

杰克好像听进去了一些，随后就走开了。后来，达拉突然走进杰克的房间，对他说："我知道被人评判或被人往坏处想是什么感觉。我知道那种感觉特别难受。"终于，杰克告诉她，欧文骂他是笨蛋和弱智，他一气之下就把欧文推倒了。达拉知道，她需要帮助杰克调节他的愤怒情绪，但她也知道，这是下一步要做的事，现在首先要与杰克拉近距离。于是她说："我很高兴我们能一起聊这件事，这件事非常重要。"

实战 9

如何帮助孩子克服恐惧和焦虑？

> 5岁的布莱克非常怕火。哪怕在生日聚会上看到点燃的蜡烛，她也会害怕得哭起来，而且这一切往往只发生在眨眼之间。有一次去野营，布莱克跟父亲利奥返回营地，发现别的家庭已经点燃了一个巨大的篝火。利奥反复安慰布莱克说，她是安全的，火是不会烧到人的。接着，利奥还说火很好玩，一点也不可怕。布莱克紧紧抱着爸爸，又是哭，又是叫。利奥感到很苦恼，不知道该怎么办。

从根本上说，恐惧是大脑对主观认定的威胁的反应。回想你上一次感到特别害怕的时候，你当时也许觉得心跳开始加快，肚子也不舒服。不管是大人还是孩子，恐惧都会表现为一系列的躯体感受，例如心率加快、胸闷或胃部不适。这些躯体感受告诉我们："我现在处于危险当中。"进而使我们产生恐惧的情绪体验。跟大人一样,孩子小小身体里的恐惧情绪也是无法控制的。了解这一点很重要。孩子并没有夸大他们的恐惧,也不会为了吸引大人关注而编造恐惧。他们确实感受到了自己心里的恐慌,并且需要大人来帮助他们重新获得安全感。身为父母,我们要做的应当是察觉孩子的恐惧,接着帮助孩子从"我有危险"的状态过渡到"我很安全"的状态。

虽然大多数父母都理解这一最终目标,但有时候,他们只会本能地去向孩子解释,为什么不应感到害怕,好让孩子**摆脱**恐惧。只要孩子说:"我怕!"父母似乎就会想要回答:"不,不,你的感觉完全不对!"

在孩子感到恐惧的时候,通过讲道理来说服孩子不应该害怕肯定是无效的。这时,孩子的身体正在经历应激反应。在这种"我有危险"的状态下,大脑负责逻辑思维的区域会停止运转,以便集中力量解决生存问题。也就是说,如果孩子处于恐惧模式,那么讲道理是不会让她产生安全感的。能让孩子感到安全的做法是让她知道你在陪着她。孩子最害怕的是**独自面对恐惧**。换句话说,孩子需要少讲道理,多给关心。

此外,我们也会在努力说服孩子摆脱恐惧的同时错过一些有用的信息。"所以你没必要害怕"的做法侧重于为孩子灌输一些理由,但"嗯,这背后一定是有原因的,跟我详细说说吧"的做法则侧重于了解孩子到底经历了什么。例如,如果你去探究孩子为什么怕狗，你可能就会得知她刚刚读过一本书，书里的主角被狗咬了；如果你去了解孩子为什么不敢一个人待着，你可能就会发现你去上班的某个下午发生了什么；如果你去询问孩子为什么不敢坐校车，你可能就会明白，孩子在车上看到了两个学生打架。了解恐惧背后的细节能让你掌握更多的信息来帮助孩子。

最后，我们不能借助讲道理来帮孩子摆脱恐惧，还因为我们希望孩子能够相信他们的恐惧和不适感。从长远来看，我们希望孩子能够在真正面对危险的时候相信自己的感觉。如果孩子心想："嗯……这里有些不对劲，我的直觉告诉我有问题。我得离开这里。"那么我们希望他们能够按照自己的本能去做出反应。

谈到一般性的焦虑而非有特定对象的恐惧时，上面这些原则也同样适用。孩子感到焦虑时（"我不想去上游泳课！"或者"我怕数学考试考不好"），我们往往会想要去告诉他们一切都会好的（"你喜欢游泳，一切都会好的！"或者"往好处想，亲爱的"）。但是，与应对有特定对象的恐惧一样，试图通过讲道理来让孩子摆脱焦虑状态只会火上浇油。这是为什么呢？因为，孩子们接收到的恰恰是我们所逃避的东西，而非我们愿意说出来，并且去面对的东西。我们以为鼓励孩子以更加积极的方式思考或感受是在帮他们，但孩子们接收到的却是我们的言外之意，即他们不该有紧张、害羞或犹豫的感觉,有这些感觉是错的。这么做会让孩子对 焦虑本身 产生焦虑。这就像是他们的脑中形成了这样的信念:"我不应该有这种感觉!"

人无法简单地摆脱焦虑。我们只能提升我们对焦虑的容忍度,允许焦虑存在,同时理解焦虑存在的意义,如此才能让焦虑情绪得到有效的管理。这么做能够为其他情绪的出现提供空间,从而防止我们被焦虑所淹没。如果我们不去努力对抗内心的某种情绪,而是承认它的存在,同时仍旧正常生活,那么我们就能让自己的内心获得更多的平静。因此,父母的职责不是改变情绪本身,而是探求孩子焦虑的原因,并在焦虑来临时让孩子感到自在。

育儿工具箱

■跳进洞里陪孩子

想象一下,假设你的孩子正在对某一情境感到焦虑。它可能是一件小事,例如参加生日聚会,也可能是一件大事,例如亲人离世。现在,把焦虑想象成地上的一个小洞,你的孩子正待在里面,处在不适当中。我们希望孩子能觉得我们也 跳进了那个洞里,陪他们待在一起,而非试图把他们从洞里拖出去。如果我们跟孩子一起待在洞里,接下来就会发生两件不可思议的事情。第一,孩子不会再感到孤单。第二,我们将会让孩子看到，我们并不害怕他觉得可怕的事情，因为我们愿意跳进洞里来陪他。假如孩子晚上担心早上醒来后发现你不在身边（哪怕你从未不打招呼就离开）。这时，你要把道理放到一边，"跳进洞里"，例如这样说："你不敢睡觉，特别担心早上醒来看不到我，是不是？嗯，这确实非常可怕……"（而把孩子从洞里拖出去的做法或许是这样："亲爱的。没什么好担心的，我从来都没有不打招呼就离开！"）

■ **提前演练**

父母们常常不愿意提起孩子们所焦虑的事情。我们既不愿想起那些事，也不想去聊它们，只是祈祷孩子们能把它们忘掉，或是期待下次事情会有不同的结果。但请相信我，逃避往往只会加重焦虑。如果我们不愿意跟孩子讨论让他感到焦虑的某件事情，我们就是在告诉孩子，那件事也让我们感到焦虑，而这只会加重他的焦虑。演练能让父母有机会让孩子看到，在我们眼里，他感到焦虑的事情并没有什么大不了。同时，这么做也能让孩子有机会去提前适应让他感到焦虑的情境。演练可以帮助孩子去适应与父母的分离、看医生、体育选拔、游戏社交、课堂朗读……实际上，我想不出什么情形是演练所无能为力的。你可以直接跟孩子一起演练，也可以让孩子拿毛绒玩具来演练。特别是在孩子无法与你直接演练，或是孩子对演练有所抵触的情况下，毛绒玩具会帮上大忙。

应对分离的演练大概是这样。你对孩子说："周一是你上学的第一天。我们来想想到时候怎么说再见，然后练习几次，这样我们就能为那一刻做好准备了！"接下来，想出演练的具体步骤，然后开始练习。你们甚至可以练习你跟孩子分开的过程，如果孩子感到难过，你也可以让孩子练习深呼吸和使用口头禅来平复心情。即使孩子在演练中感到痛苦，你也要记住，这种演练不仅不会加重孩子的焦虑，反而还能让孩子更好地应对将来的焦虑情境。

用毛绒玩具演练看医生的过程大概是这样。你拿一只泰迪熊，你的女儿拿一只独角兽。你学着泰迪熊的声音说："你好，独角兽，欢迎你来诊室！你和你妈妈可以跟我一起去检查室。"随后，你要完全按照医生的实际操作来进行，甚至可以演练一些孩子害怕的事情。例如"好的，独角兽！我需要你坐在你妈妈的腿上，我要检查你的耳朵，看看里面是不是一切正常！你能待着一动不动吗，独角兽？嗯，你做得很好！"

■讨论具体恐惧的沟通话术

父母们喜欢对孩子害怕的东西避而不谈，好像不提孩子害怕的东西，孩子就会把它们忘个精光。当然，事实并非如此。帮助孩子克服恐惧的上策是直接去谈，因为这么做能让孩子看到，身为大人的我们并不害怕这个话题。下面的谈话方式对父母和孩子都有益。

第 1 步：跟孩子聊聊他的恐惧，目的只是为了收集信息和拉近距离。一开始，你可以这样说："跟我说说你天黑时一个人走进没人的房间是什么感觉。"或者"好像有几个房间你不太敢一个人去。"少说，多问。不要说教，也不要解释，只是收集信息。接着把你听到的东西重新说一遍，看看你理解得对不对。例如这样说："好的，我看看我理解得对不对。你天黑时一个人走进那些房间的时候，你感到非常害怕。你不知道你为什么会害怕，但你知道你确实害怕，是这样吗？"

第 2 步：确认孩子的恐惧是"可以理解"的。帮助孩子理解自己的恐惧是帮他勇敢面对恐惧的关键。你可以这样对孩子说："黑有时确实会让人害怕，因为我们什么也看不见。如果我们不确定身边有什么东西，我们就可能会害怕。你天黑时不敢一个人到一些房间去是完全可以理解的！"

第 3 步：告诉孩子，你很高兴你们能一起谈论这件事。你要使用"重要"一词，以此来向孩子表明，他心里的恐惧是值得去谈的。这么做能鼓励孩子去面对这些情绪，而非一味逃避（逃避只会加重恐惧）。你或许可以这样对孩子说:"我很高兴我们能一起讨论这个问题。这件事情非常重要。"

第 4 步: 鼓励孩子跟你一起解决问题。抛砖引玉,给孩子机会来想出他自己的解决方案。谨记不要用道理来说服孩子,克制由你来单方面解决问题的冲动。像"我想知道"和"我在想"这类表达能促使孩子专注于解决问题。例如,你可以这样对孩子说:"嗯……我在想,我们是不是可以去地下室,一步一个台阶地下楼……你开始感到害怕就告诉我,你觉得害怕加重了也告诉我。"当你用这种方式来了解孩子的恐惧时,你就是在跟孩子一起面对恐惧。这时,孩子就不会感到自己在独自面对恐惧了,恐惧也就不再那么强烈了。接下来,你或许还可以说:"我想知道,当你每往下走一步时,你可以对自己说些什么……"或者,你也可以提出一个解决方案,例如:"我在考虑,现在只练习往下走一个台阶,或许过几天,你可以再往下走一个台阶,第二天再接着往下走……嗯……"

第 5 步: 编一条口头禅。对于那些被焦虑纠缠的孩子来说,口头禅在焦虑来袭时是非常有帮助的。不管是大声说出来还只是在心里默念,口头禅都能让孩子把注意力集中在有镇静作用的话语上,而非引发困扰的事情上。比如这样的口头禅:"紧张没关系。我能过得去。""我是害怕的我，也是勇敢的我。""我很安全，我的父母就在附近。"跟孩子一起编一条能让他感觉变好的口头禅，并且鼓励他在感到害怕时反复念诵。

第 6 步：给孩子讲讲你曾经"慢慢克服某种恐惧"的经历，例如"这让我想起，我在你这么大的时候很怕狗。我还记得那些时候的感觉有多么难受"。不要把你解决这个问题的过程描述得过于简单，例如"但是后来，我意识到我是安全的，问题就解决了"，而是要让情况逐渐好转起来，例如"我记得我跟你爷爷聊过这个问题，我发现心里觉得害怕是正常的。我记得，我跟你爷爷读了很多关于狗的书，然后我开始跟着他一起去近距离观察身边的狗。然后有一天，在你爷爷的鼓励下，我伸手摸了一只狗。渐渐地，狗对我来说就没那么可怕了。心里觉得害怕，却还要鼓起勇气面对，这是一件特别不容易的事！"

实践时刻：案例分享

> 利奥提醒自己："我知道在我眼里，这个篝火并不可怕，但是*在布莱克看来，它确实是可怕的*。我要做的

是帮助布莱克理解自己的恐惧，同时让她知道自己并非独自面对恐惧，而不是说服她摆脱这一恐惧。"他把布莱克拉到一边，对她说："你很怕那堆火，是不是？我相信你的感觉。我就在这里陪着你。"随即，他感到布莱克的身体放松了下来。他很惊讶，就是这么一句在他看来普普通通的话，却让她产生了实实在在的改变。他继续说："我在你这么大的时候也害怕过一些东西。哪怕是现在，我也仍旧害怕一些东西。有时候，我会反复告诉自己，觉得紧张很正常，觉得紧张很正常。我现在要多说几遍，咱们再来做几个深呼吸。"利奥在帮助布莱克调节情绪。布莱克看样子正在慢慢平静下来。利奥又对她说："你愿意的话可以坐在我的腿上。我们可以坐在这里，离它远一点。如果你觉得可以靠近一点的话，或是你想烤点棉花糖吃，随时告诉我。你要是不想靠近也没有关系。"

实
战
10

孩子总是害羞和犹豫，怎么办？

> 6岁的贾伊不喜欢跟许多孩子一起玩耍。在一次体操主题的生日聚会上，当其他孩子开始在器械上玩耍时，贾伊却死死地躲在妈妈娜拉身后。娜拉温柔地对孩子说："贾伊，你已经6岁了，这里的每一个小孩你都认识！你这样子真可笑！"贾伊哭了起来，而娜拉也感到很沮丧。"你这样让我很难堪！"娜拉说，可随即又感到十分内疚。她不知道该怎么办了。

害羞和犹豫并不是需要去解决的问题。实际上，我常常认为，对害羞和犹豫感到在意的与其说是孩子，倒不如说是**父母**。所以，我们介入其中往往只是想要缓解我们自己的不适，而不是去关心孩子遇到了什么问题，需要哪些帮助。如果你就是这样，那也不是说你不是好父母。实际上，你能够去反思孩子的行为对你的影响，进而把你的需要跟孩子的需要分开，这一点恰恰证明你是好父母。

家里有个害羞的孩子（例如不想去参加生日聚会，不想打篮球，不愿跟来到家中的成年客人说话）常常令父母们头痛不已，特别是对那些非常看重独立和外向特质的父母来说。对于孩子胆小害羞，父母的一大担忧是害怕孩子"永远都会是这个样子"，或者"永远都无法融入群体当中"。但是，我们肯定也不想陷入自证预言的恶性循环，即父母对孩子害羞的担忧反而让孩子的问题变本加厉。这时，孩子会将父母的评判内化，感到自己不被理解，并且困在自己的情绪中无法自拔，而这又让父母更加受不了。如此恶性循环下去，孩子的犹豫和焦虑只会更加严重。我们如何打破这个循环呢？我们要做的不是去改变孩子，而是首先反思自己，把自己的内心理顺。

成年人也会害羞。假设你和伴侣去参加一个鸡尾酒会，你感到有些紧张，于是对伴侣说："我想先跟你待一会儿，好吗？"这时，你可能会得到两种回应。第一种回应是你的伴侣看着你说："不至于吧，这里的人你都认识。"发现你仍旧在犹豫后，你的伴侣便没好气地说："真是的，真让人受不了。"第二种回应是你的伴侣看着你说："你现在觉得有点不好意思，我知道了。这没什么大不了的。我陪着你，等你准备好了再去聊，你自己看情况。"

想一想，这两种回应各自给你的感觉如何？你的焦虑缓解了吗？你立刻觉得自己信心十足了吗？

现在，我们来分析第一种回应。如果当天晚些时候，你的伴侣说："听着，我那样回应你是因为我不能总给你当拐杖。你必须学会独自去面对！"你觉得他这么说对你有什么帮助吗？还是说，你希望你的伴侣是这样看待问题的，即满足你的需要，了解你在那一紧张时刻的感受，或许能帮你按照你自己的方式来生活？你应该按照谁的方式来生活？你自己的方式还是伴侣的方式？那么孩子呢？孩子应该按照我们的方式来生活，还是应该按照孩子自己的方式来生活？答案是不言自明的。而且，虽然为害羞的孩子持续提供情感支持（孩子在不敢离开父母或不敢跟其他孩子玩时可能会需要这样的支持）很可能会让人疲惫（这种疲惫可能会让我们对孩子的害羞行为做出消极的自动反应），但养育孩子也是培养耐心的过程。养育就是要尊重*孩子*本身和他们的需要，而不是关注*我们*自身和我们的需要。

绝大多数父母都会在过往的某个时候学到，自信就是加入而非等待，就是立即参与而非停下来评估形势。我不确定为什么这样做就代表自信。讽刺的是，许多父母都告诉我，他们家中的十几岁孩子似乎不会独立思考，也不愿与众不同。我一直清晰地记得，有一天，我刚给一对家里有个胆小的6岁孩子的父母做完咨询，接着又为一对家里有个缺乏主见的16岁孩子的父母做了咨询。第一对父母告诉我："切斯只是在一旁看着别的小朋友们玩,就算别的小朋友叫他去玩,他有时候也不去!他胆子太小了。我希望他能更自信些。"然后,在接下来的一个小时,那个16岁孩子的父母又对我说:"亚历克斯只会去做他的朋友们正在做的事。好像他无法独立思考,很容易受别人影响。我希望他能更自信些。"

那么,什么是自信呢?它与害羞或犹豫又有什么关系?在我看来,自信就是知道自己的感受,并且接受那个拥有当下感受的自己。不确定自己是否想跟别的孩子一起玩并在一旁观察也可能是自信的表现。如果想让迟疑不决的孩子建立自信,父母就可以这样说:"我在这里陪着你,你慢慢来。"这句话传达出的信息是,孩子比我们更了解他自己的感受。这就像是在告诉孩子:"你现在可以做你自己。"自信不一定是立即加入其他孩子当中。如果孩子确实觉得自己准备好了,那么他有可能是自信的。但如果他觉得自己这么做是被迫的,那就跟自信八竿子打不着了。自信不是"*准备好了*"的状态,而是不论准备好与否的那份对自己的*接纳*。

育儿工具箱

■反思自己

孩子害羞这件事很容易让许多父母着急,尤其是那些性格特别外向或是成长于看重参与和行动而非从旁观望的家庭的父母。现在,想象一下,你家宝贝儿是唯一一个坐在父母腿上,看着别的小朋友四处撒欢儿的孩子。注意你的感觉。你有没有把孩子推出去的冲动?这里没有对错,我们只是在收集非常重要的信息,所以你要提醒自己:"察觉自己的感受并不会让我成为坏父母。不管有什么样的感受都是可以的,就像我跟孩子所说的那样。如果我了解自己会因为什么事情而激动,我就能更好地区分我自己的感受和孩子的感受了。"如果你发觉,孩子的害羞、犹豫或黏人让你烦恼,你就要提醒自己,孩子这种"**不**跟别的孩子一起玩"的意愿很可能会成为你将来所看重的特质。努力把你对害羞的理解做一个180度的转变,试着告诉自己:"我的孩子知道自己要什么,知道怎么做舒服,怎么做不舒服,即使别人都跟他不一样。他胆子真大,他真的很厉害,很自信!"

■接纳和"等你准备好了再说"

如果你的孩子感到害羞或迟疑不决,你就要首先接纳他的感受,而非试图说服他摆脱那些感受。假设孩子的犹豫有充足的理由,即使你并不知晓那些理由。接纳孩子心里的感受能让孩子感到更自在。这时,孩子的表现就可能会不一样(大人也是如此)。

你可以对孩子说:"等你准备好了再……"这句话十分神奇。你这么说能让孩子知道你信任他,进而使他信任自己,而信任自己正是自信的本质。而且，这句话也暗示了情况会改变，也就是说，你的孩子终归会适应的。我们希望孩子们明白，他们的感受只有他们自己最清楚，因为只有这样，他们才能做出好的决定。因此，如果你的孩子不想在街区聚会上与邻居交谈，你或许就可以这样对孩子说："看来你现在还不想过去。慢慢来，等你准备好了再过去说话。"或者，如果你的孩子不敢加入一个舞蹈主题的生日聚会，你或许就可以这样对孩子说："你以前从没来过这里，先观察一番也是正常的。你可以先在我身边待着，等你准备好了再过去。"

如果你的孩子永远都准备不好，那该怎么办？这时你心里可能在想："我正是照你说的那样去做的，但是不管参加什么活动，我的孩子总是躲在我后面不出来。"这并不意味着这个方法你没有用对。记住，总是待在边上、不敢离开父母的孩子一定觉得非常紧张、焦虑和不适。这样的孩子可能需要暂时彻底远离人很多的社交场合。这么做不是默许，也不是鼓励害羞，或许只是尊重孩子的生活方式。在这种情况下，你或许可以采取另一些做法。例如化解害羞情绪，即给孩子讲讲你小时候总是黏着父母的故事。再如接种情绪疫苗，即提前跟孩子聊聊他在社交当中可能会产生的各种感受。再如提前准备，我将在下面的内容里详细介绍。

■ **提前做好物质上和心理上的准备**

对容易感到害羞的孩子来说，如果你能提前帮他们为即将来临的社交活动做些准备（包括物质上和心理上的准备），那么他们的表现会好很多。例如，你可以在亲戚聚会开始前跟孩子聊聊聚会的细节："我们过一会儿会见到很多亲戚。我们要去玛莎姑姑家吃午饭，你会见到玛莎姑姑和雷克斯姑父，还有他们的孩子皮珀和埃文。然后，你还会见到菲奥娜姑姑和她刚出生不久的小宝宝贾斯帕。你的爷爷和奶奶可能也会顺道过来。嗯……我们待在别人家里……那里有很多亲戚……还有你那些有日子没见的堂兄弟，那会是一种什么感觉？你会不会觉得有点害羞，特别是有大人直接走过来跟你问东问西的话？"然后，看孩子会如何反应。这种让孩子提前感受的做法非常有用。当你提到亲戚的名字时，你就是在鼓励孩子去感受他们，情绪调节的工作也就完成了一半。试着只让孩子去感受，而不为他提供任何解决方案或应对策略，只要把细节说完就够了。看看孩子接下来会如何表现。

■ **不要贴标签**

我们对孩子的评价往往会发生实际的作用。如果我们给孩子贴了标签，例如"她很害羞"或者"他一直都不喜欢跟大人说话，特别内向"，我们就是在把他们封锁在某种刻板的角色当中，让他们的成长受到束缚。与其贴标签，不如把孩子的行为往好处解释，特别是在别人给他贴了标签的时候。假如有亲戚说："阿伊莎，你为什么这么害羞？"那么你就要深吸一口气，插话说："阿伊莎不是害羞，她是在想怎么做才能让自己最舒服，这个习惯特别好。等她准备好了，她的话匣子就会打开了。"你或许还可以一边说，一边用手摸摸她的后背，让她知道你是站在她这边的。

实践时刻：案例分享

> 生日聚会结束后，娜拉觉得自己特别不应该对贾伊说那样的话。她记得，改正永远都不晚，于是她深吸一口气，提醒自己："我是好妈妈，只是情绪有些激动。"随后，她跟贾伊说了，她当时太冲动了。她为自己催他跟别的孩子玩，还说他可笑而道歉。她告诉贾伊，下次再遇到集体活动时，他们会提前讨论，而她也会告诉贾伊，他完全可以慢慢来。在下个周末的游戏派对到来前，娜拉跟贾伊说了他们要去哪个游乐场，有多少孩子会在那里，还让贾伊想象了他在其中的感受。她提前接纳了孩子的感受，意识到她可以帮孩子提前做一些情绪调节工作，这让她有了一些成就感，也看到了改变的希望。

娜拉对贾伊说："有的孩子喜欢一到那里就开始玩，有的孩子喜欢先观察。这两种方式都是很好的。你的身体只有你了解，所以只有你知道什么时候去玩是合适的。"到了那天，贾伊果然想先和妈妈在长椅上坐一会儿，他是唯一一个这样做的孩子。娜拉看到了其中透出的勇敢，于是轻声对贾伊说："你知道自己要什么，知道自己什么时候想去，什么时候不想去，这一点很厉害。慢慢来，做你觉得正确的事。我就在这里陪着你。"娜拉感觉到贾伊的身体挪动了一下，发现他正在好奇地四处张望。当贾伊的朋友拉亚来叫他一起玩时，他就跑去玩了。

实
战
11

为什么我的孩子总是无法忍受挫折？

> 4岁的布雷登正玩一套有12块拼块的拼图。爸爸伊森在他身边。布雷登已经拼好了3块拼图，现在正在摆弄第4块，但是怎么也拼不好。伊森在一旁看着着急，就对他说："布雷登，那一块还用不到。你没看到吗，它不合适！连颜色都不一样！"布雷登看着爸爸，扔掉了手里的拼图说："我不会拼！我讨厌拼图！我讨厌拼图！"不久后，伊森告诉我，布雷登经常这样，本来玩得好好的，可一遇到困难就不玩了，或者坚持要父母来帮他完成困难的部分。

在学习领域有个相当深刻的悖论，那就是，我们越是承认自己不懂，承认自己是错的，不知道该怎么办，我们就越是能快速成长、进步、取得成绩。这一点对成人和孩子同样适用。它同时也提醒我们正确看待困难和错误，把它们当作学习和锻炼挫折耐受能力的机会。毕竟，孩子对挫折的耐受力越强，他们也就越能去坚持拼图、解数学题或写作文。当然，这些技能也可以用在学习之外的事情上，因为忍受挫折是排解失望、与看法不同的人有效沟通和努力实现个人目标的关键因素。

如果我们想帮助孩子提升挫折耐受能力，我们就必须提升我们自身对孩子所受挫折的耐受力。我知道这并不容易做到。当我的孩子在为某件事情而犯难时，我有时会提醒自己，她正在观察我如何看待她所遭遇的挫折，而这一点能够为她自己如何看待这一挫折奠定基调。换句话说，我越是能包容她在面对困难时的挣扎（我让她自己解决问题，不为她提供解决方案），她就越是能接受眼前的困难。如果她发现我认为解不出数学题很正常，那么她就会平静地看待自己解不出数学题这件事；如果我能耐心地看着孩子学习系鞋带，那么她就能耐心地练习这项新技能。除去我在这一章里介绍的其他应对方法，我们所能做的对孩子影响最大的事情就是在孩子面前表现得平静、克制、不急躁、不指责和不看重结果。不论是孩子遇到难事，还是孩子发现我们遇到难事，我们都应当这样做。

挫折非常难以忍受，它常常让我们崩溃，让大人和孩子产生负面想法，例如"我做不到！""我不想再试下去了！""你来替我做吧！"忍耐挫折之所以困难，是因为它要求我们不再期待**快速、正确地完成事情**。忍耐挫折要求我们立足于当下正在发生的事情，接纳自己能力不足，同时关注努力的过程而非结果。如果我们具备"成长心态"，这一点就会比较容易做到，即相信能力可以通过努力、学习和坚持来培养，相信失败和挣扎不是学习的障碍，而是学习过程中的关键步骤。成长心态是心理学家卡罗尔·德韦克首次提出的概念，它为儿童拥抱挑战和培养挫折耐受能力提供了理论框架。这一理论认为，只要努力，任何人都能获得进步，所以遇到挫折也要努力。另一方面，持有"固定心态"的人认为，能力是与生俱来的，你要么能做某事，要么不能，如果哪件事没做成，那就意味着你不是那块料。所以，毫不奇怪的是，拥有成长心态的孩子（以及大人！）不惧怕挑战，能够从错误中学习，也能在困难的事情上坚持更久，因为他们相信努力会带来成长。成长心态告诉我们，我们能控制努力和进步，却不能控制具体的结果。最重要的是，我们越不执着于成功，我们就越愿意尝试新事物，从而进步和成长。当然，这是一切成功的关键因素。

　　成长心态的好处之一是，它能提升人对学习的耐受力。"对学习的耐受力"听起来可能会有些奇怪，学习是件好事，为什么还需要去耐受呢？别忘了，我们的孩子每天都在学习，而学习也并不容易。如果有一条时间线，一头是"不懂"，另一头是"懂"，那么中间的部分就是"学习"。这个部分可能会让人非常不舒服，特别是对孩子来说。我们往往会觉得，这个部分比料想的更长；我们希望"懂"能马上到来，或者希望退回既无须费力，也无须承受失败或尴尬风险的"不懂"的舒适状态，这是很自然的事。学习能暴露我们的弱点，让我们自觉能力不足。这时，我们需要展现出的是勇敢。

为了帮助我们的孩子成为优秀的学习者（我认为这一点比"聪明"或"得到好结果"更重要），我们必须帮他们做到"虽然不懂但仍旧努力"。能否实现这一点将取决于孩子遇到挫折时我们如何回应。我经常提醒自己，身为父母的职责不是帮助孩子**离开**"学习"的部分而**进入**"懂"的状态……而是帮助孩子学会**停留**在"学习"的部分，**忍受尚未达到**"懂"的状态！因此，我们不应该替孩子解决问题，轻视他们眼里的困难，或者对他们努力理解那些在大人看来很简单的东西失去耐心，而是要让孩子自己去努力。孩子能在"学习"的部分停留越久，他们就越有可能激发好奇心和创造力，忍耐艰苦的努力，实践丰富的想法。

育儿工具箱

■深呼吸

遇到挫折时，最好的办法之一就是深呼吸。深呼吸可以让我们的神经系统平静下来，这样我们才有条件来使用其他应对措施。发现孩子遭遇挫折时，与其告诉孩子"深呼吸"，不如亲自示范。如果你家的 3 岁宝贝儿正在因为叉子叉不到食物而恼火，那么请看向别处，做几个夸张的深呼吸，让孩子听到。如果你家的 6 岁孩子正在因为学习字母的发音而犯难，那么就当着孩子的面做几个深呼吸。记住，孩子是通过观察我们来学习如何调节情绪的；深呼吸能让孩子看到，即便遇到挫折也可以拥有安全和平静。而且，深呼吸后的我们还会更加冷静，因而更不会做出冲动反应。

■巧用口头禅

我喜欢口头禅。它们能把情绪的洪水猛兽（例如遭遇挫折发脾气）制服，也能为我们提供一些安心又可控的东西来关注。因此，它们是孩子平复心情的一大利器。但是，你不能强硬地让孩子对自己说某句口头禅，而是可以装作把你过去从别人那里听来的东西顺手教给孩子的样子。例如这样说："你知道吗？在我 6 岁的时候，我一遇到困难就会特别烦躁！天哪，那种感觉太难受了！我还记得我爸爸，就是你爷爷，跟我说的话。他说，他遇到困难的时候会把手按在心脏的位置，深吸一口气，然后告诉自己这件事感觉很难，因为它确实难，而不是因为我做错了什么。所以，我也开始对自己说这句话！如果你也想试试的话，那可能会很有意思……也许看着有点奇怪，但是真的很管用。来，我做给你看看……"

如果孩子年龄较小，你或许可以教他说："我可以做到。""我喜欢接受挑战。""我能做困难的事情。""这很难，但我能坚持下去。"

■ 视挫折为学习而非失败的标志

我很早就开始对我的几个孩子们说："你们知道学习是很难的吗？我是认真的！我们每时每刻都要学习一些东西，我是这样，你们也是这样，所有人都是这样。只要学习就会有挫折感！"如果孩子像是听懂了我的话，我就会继续说下去："还有，仔细听，因为这件事情很奇怪……挫折感，就是那种'唉，我做不到'或者'唉，我怎么做得这么慢！'的感觉……这种感觉会让我们的大脑误以为我们做错了什么，但实际上，它只意味着我们正在学习，正在做正确的事情！我们一不小心就会上当。我们得时刻留意这种感觉，及时提醒自己，我们正在学习，学习的感觉就是这样的。"举个例子，假设我的孩子正在穿衣服，而我知道他可能无法顺利穿好，那么在他开始穿之前，我可能就会对他说："哦，你要穿衣服了，是不是？那就要做好受打击的准备……"接下来，我可能会自己念叨几句，同时又碰巧让孩子听到："贝姬，新的东西都是很难的……从来都是这样……没关系……我能搞定困难的事情……"

■建立一套成长心态的家庭价值观

你可以在家里建立一套可供孩子（包括你）在遭遇挫折时使用的**成长心态的家庭价值观**，这么做可能会非常有帮助。以下是我喜欢的 4 条价值观，我常常把它们贴在工作区或厨房里，让全家人都能看到：

① 在我们家，我们喜欢接受挑战。

② 在我们家，努力比结果重要。

③ 在我们家，遭遇挫折意味着我们在学习新东西。因为我们喜欢学习新东西，所以我们也能用平常心来看待挫折。

④ 在我们家，我们认为坚持做困难的事会让大脑成长，而大脑的成长至关重要。

建立了这样的一套家庭价值观后，接下来就要经常聊起它们，特别是在你们遭遇挫折的时候。我曾经一边做饭，一边大声"贩卖"成长心态的价值观（"哎呀！这个菜没弄对！不过这道菜是新学的，而且特别不好做。在我们家，我们特别喜欢接受挑战。而且我已经知道怎么做会更好了，所以这已经很好了！"）。挫折感可能会让孩子觉得只有自己是倒霉蛋，怀疑自己"不够好"。所以，你越是能让孩子看到你自己的挣扎，同时为他展示什么叫作挫折耐受能力，你就越能提升孩子的这一能力。

■ 注重应对挫折感，而非获取成功

挫折耐受能力是停留在"懂"与"不懂"之间，或起点与终点之间的能力。也就是说，在孩子身上，我们真正需要培养的是**应对挫折感**的能力，而非**获取成功**的技能。这样一来，孩子才能在努力途中感到更加自在，哪怕**尚未成功**。但要做到这一点的话，父母就必须首先转变心态。你要告诉自己："我无须教孩子如何顺利地穿上衣服，我需要教的是如何在穿得不顺利的时候忍受挫折感。我无须教孩子如何把数学题做对，我需要教的是如何在做数学题的同时调整自己的心态。"

■ 接种情绪疫苗，演练"我有没有跟你说起过，有一次……"

接种情绪疫苗是提升挫折耐受能力的关键步骤，因为提前预知即将来临的挫折感能帮助孩子在心理上做好准备。演练也是很有效的做法，因为你能借此提前练习某项技能。假如你预料孩子会在编织手链的过程中遭遇困难，这时你们就可以提前演练，然后中途停下来练习深呼吸和口头禅（例如"我能做困难的事情"）。这样一来，孩子的神经系统就可以对接下来要面临的困难情形有所准备，而且你还提前帮孩子准备好了应对方案。最后，你也可以跟孩子讲讲你过去遭遇挫折的经历（甚至可以聊聊你当下遭遇的挫折），这么做能让孩子意识到他不是独自一人在承受。如果你在学习当中发现，你身边的其他人似乎都没有遭受过打击，那么想要提

升挫折耐受能力就会困难重重。关于接种情感疫苗和"我有没有跟你说起过,有一次……"的更多内容详见实战 1,关于演练的更多内容详见实战 9。

实践时刻:案例分享

伊森首先努力让自己冷静下来。他把手放在心脏的位置,做了几次呼吸,告诉自己他是安全的,可以重新走近他的儿子。他首先尝试跟布雷登修复关系:"我刚才有点冲动,不过那是我的事,跟你没有关系。我很抱歉我那么对待你。"几分钟后,他觉得机会来了,就对布雷登说:"你知道吗?有件事我从没告诉过你。拼图是很难的!这种游戏的目的就是不让人能轻轻松松拼好!还有,我们有时候会觉得,如果有件事情做起来很难,那一定是我们做错了什么,可实际上,我们什么都没有做错!"

"我不管了,"布雷登说,"我已经不玩了。"

伊森没有上钩,而是记起要教孩子应对挫折感,而非获取成功。伊森尝试了新的做法。他不声不响地拿起几块拼图,在一旁拼了起来。他假装遇到了困难,暂时没有拼成功。他叹了口气，大声说："唉，这太难了！"伊森心想，布雷登会觉得他是在装样子，可能还会说："爸爸，我知道你这是装的。"可布雷登并没有这么说。相反，他还饶有兴趣地看了过来。伊森知道，他还是不能太直接，所以他继续装下去，自顾自地哼唱了一句口头禅："如果它不合适，就把它放一边……再去试另一块……"他放下一块，又拿起另一块，让孩子知道什么叫作灵活应对。终于，布雷登凑了过来，要求由他自己来拼最后一块。伊森感到非常振奋。

实战 12

孩子吃饭难,怎么办?

> 5 岁的吉娅喜欢吃零食,她的父母想尽了办法让她吃饭,却收效甚微。下午 4 点,吉娅对妈妈伊娃说:"我饿了!我要吃点东西。我需要吃东西。小鱼饼干!小鱼饼干!"
>
> 伊娃说:"最好等到吃晚饭时再吃。"可吉娅不管,直接冲向了零食柜。伊娃不想让吉娅饿肚子,于是说:"好吧,好吧,但是要答应我,接下来一定要好好吃晚饭。"吉娅答应了,也平静了下来。她吃了一些饼干后,晚饭时却一口也不吃了。伊娃气坏了。

孩子吃饭难的问题可能会给父母带去很多焦虑,例如让我们怀疑自己的养育能力,或是让我们陷入与孩子的控制权之争中。我们之所以会对孩子吃饭难这件事忧心忡忡,原因之一在于,它在一定程度上反映了我们照料孩子、让他们获得生存和成长所需营养的能力。毕竟，父母首先得让自己的孩子们活下去。与孩子饮食相关的各种事情都让我们惴惴不安。从一定程度上说，孩子吃了什么、吃了多少就是衡量我们这些父母是否合格的标尺。如果孩子不吃我们做给他的饭，那样子就像在说："我不接受你为我做的事，我不接受你的饭，也不接受你。你就是个坏父母！"另一方面，如果你看着孩子吃西蓝花，那种感觉就像是孩子在说："我接受你为了我的生存所做的努力。我接受你做的饭，也接受你。你是优秀的父母！"当父母们在餐桌旁讨论孩子吃什么、不吃什么的话题时，他们真正在说的似乎是他们是否称职，他们做得够不够，以及孩子是否愿意接受他们的付出。了解养育和给孩子吃饭这两件事之间的这一深层关系是解决"孩子吃饭难"问题的第一步。这么做能帮助我们区分实际发生了什么和这件事在我们心里搅起了什么。这样一来，我们就能更好地去就事论事，而非把我们的恐惧和不安也掺和进去。

孩子吃饭难的种种表现也涉及更深层次身体主权（对身体的控制权）问题，例如谁拥有对吃饭这一行为的控制权，孩子能否自己做决定。如果孩子在吃饭时说"我不饿""我不想吃"，或者"你给我做意大利面我才吃"，那么他实际上是在问这样的问题："哪些事情是父母可以做主的，哪些事情又是我可以做主的？""我什么时候才能自己做决定？""你信任我吗？"孩子突破行为规则，抗议父母的选择，提出无法满足的要求，目的是寻找"我的事情我说了算"的感觉……当然，这一切也发生在吃饭以外的事情上。

这两类冲突（即由父母心里的不安所引发的冲突和由孩子争夺控制权所引发的冲突）终归是相互影响的。当孩子挑战关于吃饭的行为规则或完全不吃饭时，父母会觉得自己是"坏父母"。为了找回自己是"好父母"的感觉，父母只会变本加厉地控制孩子。然而，孩子越是觉得受人控制，她就越是坚持不吃饭或挑战关于吃饭的行为规则，以此来维护自身的独立性，而这又会让父母更加绝望，让控制权之争更加激烈，让所有人都心力交瘁。

那么我们该怎么做呢？我们如何才能跳出这一恶性循环，在孩子吃饭这件事上形成能让所有家庭成员感觉更好的互动模式呢？我认为，答案就包含在营养师、心理治疗师和畅销书作者埃琳·萨特的开创性工作中。她在孩子吃饭这件事上提出了"责任划分"理论。

父母的职责： 决定吃什么，在哪儿吃，何时吃。

孩子的职责： 决定吃不吃，吃多少。

这一责任划分方式的优点在于，它既能推动关于饮食的健康的互动模式的建立，也能促进孩子在自我调节和自信等方面的发展。

你可能已经注意到，萨特的责任划分方式很像我在准则3里介绍过的家庭职责划分。我认为，如果每个家庭成员都知晓自己的职责,那么整个家庭就能更好地运转。萨特也认为,如果每个家庭成员的角色都很清晰,都"走在自己的轨道上",那么一家人就能在饮食和身体控制权方面形成健康的互动关系。萨特说,父母应当负责维护与饮食有关的行为规则,即吃什么,在哪儿吃,何时吃。从本质上讲,父母需要首先履行职责。他们做出最基本的决定,并且设定选项和各种限制。在这之后,孩子才能做出自己的决定。你甚至可以把父母当作一个容器,他们形成了外部边界,孩子不能突破。但是在边界内部,孩子是可以自由探索和表达的。你已经听我介绍过,孩子在家中的职责是探索,是表达情感;在萨特的模型中,孩子用来探索和表达自己的方式就是在吃饭这件事上做决策,即允许什么东西进入他们的嘴巴,要不要咽下去,咽多少下去,以及把什么留在盘子里。

我喜欢萨特的责任划分方式还在于,它给了父母一种方法来对自己承担的角色感到满意,而不管他们的孩子吃了什么或者不吃什么。父母们可以对自己说:"我只是负责解决吃什么,在哪儿吃,何时吃的问题。我的职责尽到了吗?尽到了,我做了鸡肉、意大利面和西蓝花。我决定晚餐下午五点半开饭,就在家里的餐桌上吃。所有这些事,我都做到了!"当然,有的父母会不由自主地发出一些疑问,例如"我儿子只吃了意大利面……我想知道他为什么一点蔬菜也不吃。我做错了什么?"这时,我希望你的心里能响起警报声:"哦,等等，那是孩子的事！那些决定是他做的。我还是回到我自己的角色上来。我将继续履行好我的职责，我也信任孩子能履行好他的职责……我已经做得很好了。"

我认为，孩子饮食方面的首要原则是：尽力减少与食物有关的焦虑比吃掉食物更重要。有例外情形吗？有的，例如孩子生了病，或是医生提出了特定的要求，当然这些都是特殊情况。但即便如此，关注孩子在吃饭时的感受也十分重要。毕竟，餐桌只是我们透过孩子的行为（在这里就是指吃饭）去了解他们的感受的另一处场所；像往常一样，孩子仍旧需要父母设定行为规范，信任和尊重孩子，以便他们能够去探索、尝试和茁壮成长。记住，孩子们能够做主的事情太少了。通常情况下，他们真正能够掌控的事情只有吃什么，吃多少。在饮食和如厕训练方面，父母们必须去反思自己的控制欲。这样，他们才能给予孩子所需的自由。

育儿工具箱

■巧用口头禅

我在前面的内容里提到过，口头禅能帮助焦虑的孩子平复心情，但口头禅的这一作用对父母们也有效。如果你知道自己在为孩子吃饭难的问题而焦虑，或者你很难不在吃饭的问题上控制孩子，那么你就可以用口头禅来帮你明确自己的职责和关注点。你可以试着对自己说："我唯一的职责是吃什么，在哪儿吃，何时吃。我能做好这件事。我能做好这件事。""孩子吃什么不是最重要的。我的职责已经完成了。孩子的情况会好起来的。"或者："孩子吃了什么并不是评价我养育能力的标尺。"

■ 讨论各自的职责

我喜欢跟孩子进行诚实、直接的对话，讨论各自在饮食方面的职责。我会把萨特的责任划分方式讲给孩子听，一来督促自己，二来让孩子知道他能够决定什么，不能决定什么。例如"我今天学到了一些有意思的东西，想跟你说说。说到吃饭，你跟我都有职责，但我们的职责完全不同。我的职责是决定我们吃什么，在哪儿吃，还有在什么时候吃。肯定至少有一种东西是你喜欢吃的，这样你吃起饭来就不会有压力了。你的职责是决定要不要吃我做的东西还有吃多少。是不是有点意思？也就是说，你可以选择把什么东西吞进肚子里，但你不能让我给你做你想吃可我那天并没有做的东西。我可以选择我们那天吃什么，但我不能让你多吃什么，也不能让你必须吃完什么。你觉得这么安排怎么样？"

■ 关于甜点的具体策略

谈到甜点，绝对正确的做法是不存在的，关键是，你要基于你的职责来做决定。记住，你只需考虑**与做甜点有关**的事，即要不要做，做哪种，以及什么时间上桌，后面就是孩子的事了。也就是说，你不该同时去考虑孩子会吃掉多少，因为那是孩子的事，不是你的事。我知道你会这样想："可我家孩子只想吃甜点，如果不考虑他会吃掉多少，那他晚饭就一口都不会吃了！"这时，你可以想想自己是否真的搞懂了责任划分原则。如果你搞懂了，你就可以做出一些改变了。例如，你可以在晚餐时提供一小份甜点，甚至可以把甜点与意大利面、鸡肉、西蓝花盛在同一个盘子里。从务实的角度看，我不会把甜点做得太大，那样孩子光吃甜点就吃饱了，但我也不喜欢把甜点上得太迟，让它成为某种诱人的奖励。把甜点和晚餐一起上桌能让甜点显得不那么特别。这表明你信任孩子，而且随着时间的推移，这么做也会逐渐降低孩子对甜点的兴趣。你还可以拿甜点来充当下午的零食。这样一来，甜点和晚餐就完全没有关系了。

■关于零食的具体策略

零食就是我们存放在储藏室里的那些松脆可口、让孩子垂涎欲滴的食物。我们发誓不再购买，可最终还是把它们装进了购物袋。同样，在孩子吃零食这件事上，绝对正确的做法也是不存在的。有些父母不买零食，有些父母任由孩子去吃，还有些父母处在两者之间。在这件事上，任何做法都不存在道德上的优越性,所以你要察觉自己有没有为此而感到内疚,然后问自己:"在我家里,我在零食方面的做法有效吗?"如果你的回答是:"嗯,不是特别有效,因为我想让孩子吃更多饭。"或者:"不是很有效,因为我家孩子除了零食什么都不吃。"那么你回答到这里就可以了,无须内疚。另一方面,如果你不介意孩子吃多少零食,这或许说明,你的做法是有效的。倘若你想做出改变,那么就提醒自己,你的职责只是决定"吃什么,在哪儿吃,何时吃",这一点很重要。你不必征求孩子同意,只需把改变宣布出来,然后允许孩子表现出他的反应和情绪。例如,你可以这样对孩子说:"我要把咱们家吃零食的规矩改一改。我们吃了太多的零食,导致饭吃得不够,可是只有吃饭才能长身体。今后你放学回来只能吃这两样零食。我知道这个变化很大,我也知道你需要一些时间来适应。"

■容忍孩子的抱怨和不满

在孩子的饮食问题上做决定的时候,我们需要坚持自己的判断,该拒绝就拒绝,同时忍受孩子的抱怨和痛苦。这是将萨特的责任划分理论落到实处的关键步骤,因为分清责任后,我们就必须愿意去履行它,而这就需要我们去应对孩子的不满。这看似容易("好吧,孩子对我不满,没关系"),但要忍受一个在饭桌上发脾气的饥饿孩子也是很辛苦的事。

你可以试试下面这些做法。

- 提醒自己:"我知道至少有一种食物是孩子可以吃的,虽然不是他最喜欢的,但绝对是他可以接受的。我的职责是做饭,孩子的职责是决定吃什么,吃多少。虽然这并不太美好,但我们都在做自己该做的事情。"
- 提醒自己,你无须得到孩子的同意:"我不需要孩子同意我的决定。"
- 允许孩子不高兴:"你可以不高兴。"
- 把孩子的愿望说出来:"你希望我们晚饭能吃……而不是……"或者:"你希望由你来决定每顿饭吃什么。"
- 把孩子的不满和你的决定分开来看:"孩子不满或发脾气并不代表我的决定是错的,也不代表我是一个冷漠的或不称职的父母。"
- 重申你的职责:"作为父母,我的职责是做出我认为对你有利的决定,即使我知道你不喜欢我这么做。"

实践时刻:案例分享

伊娃意识到,她一直在吃零食的问题上*征求孩子的同意*,而非*坚持自己的主张*。于是她提醒自己,她和吉娅的职责是不同的。随后，伊娃找了一个安静的周末早晨对吉娅说："吉娅，我要把咱们家吃零食的规矩改一改，免得你在吃饭时没胃口。你可以吃小鱼饼干，但我会在开饭的时候把一些小鱼饼干放进你的盘子里，跟其他食物放在一起。下午我会给你吃点水果和奶酪，但是3点以后就不能吃零食了。我知道，这么做你可能会觉得很难受，不过你慢慢就会习惯的。"在说这番话的时候，伊娃心里有些紧张，但她知道自己必须这么做。那天下午，吉娅在吃零食时发了脾气，她想吃小鱼饼干和另一种椒盐饼干。伊娃强忍着对吉娅说："我知道你现在想吃这两种饼干。我们现在可以吃点苹果片和奶酪，如果你实在不想吃，也可以等到晚饭时再吃。你可以不高兴。我知道，你希望你能说了算！唉，做个小孩真是不容易。我爱你。我在这里陪着你。"伊娃提醒自己，如果吉娅选择不吃零食，那么她可以早点开饭，免得吉娅饿太久。经过这件事，伊娃更有信心了。她对自己说："在孩子看电视和买新玩具等许多事情上，我都是这样来应对她的不满的。我维护行为规则，同时也允许吉娅有她的情绪。这么做在吃零食的事情上也有效。"

实
战
13

为什么允许孩子遵从内心的感受很重要？

> 4岁的琪琪和她7岁的哥哥莱克斯一起去外婆家。到外婆家后，外公先抱了莱克斯，接着准备抱琪琪。就在这时，琪琪跑开了，一边跑还一边说："不要抱！"外公朝她走过去，说："我都好几个月没见到你了！让外公抱抱吧！你不让我抱，我会难过的。你不想让我难过吧，宝贝儿？"琪琪的妈妈塔莎感到有些生气，同时又觉得对不起孩子的外公；外公看上去非常难过，可琪琪显然也很抗拒。塔莎不知道该怎么办了。

跟我一起来说这句话："我的身体里只有我。我是唯一知道我喜欢什么，想要什么，愿意做什么的人。"

让我们继续："我的身体我说了算。我的身体边界我说了算。谁能触摸我、触摸多久、在什么时间触摸，我说了算。我可以今天喜欢某样东西，明天就厌弃它。我可以喜欢触摸一些人，而不喜欢触摸其他人。我是唯一能做这些决定的人。"

再接着说："有时候，我听从内心的想法坚持做自己想做的事，可别人却不喜欢，他们会反对。他们会谈论他们**想从我这里得到**的东西，而不是重视我告诉他们的**我想要**的东西。我的职责不是让别人高兴。他们不舒服是**他们心里的**感觉，那种感觉不是我的错，我也没有义务帮他们摆脱那种感觉。"

好的，我们先说到这里。注意，你听了这些话有什么反应吗？你想起了什么？那些东西跟你小时候学到的东西一致吗？跟你现在做事情的方式一致吗？在你的童年期、青少年期或成年早期，情况又如何？在讨论孩子的**身体主权**（对身体的控制权）话题之前，我们必须首先检查我们自己的脑回路在这个问题上会有怎样的反应。

我们看待和行使身体主权（所有人都有权完全控制自己的身体）的方式会不可避免地影响我们的孩子。我们认为自己有权掌控我们的身体，这种意识并非来自课堂或书本，而是来自我们的早年经历，即我们那时候是否觉得自己有权这么做。这一切可以归结为一个问题："我能否对他人说不，哪怕他们会不高兴？"孩子对这个问题的回答并不取决于我们说了什么，而是取决于我们在孩子遇到困难的时候做了什么。

就我个人而言，我希望孩子们的字典里有"不""我不喜欢这样""别这样"这类表达。我还希望他们拥有或许更加重要的东西——使用这些表达的能力。这有什么区别呢？区别在于，所有孩子进入青春期后都会知道"不"或"我不想"这样的词语，但真正能够运用这些词语来维护身体边界的自信却来自孩子在我们陪伴下的早年经历。这在很大程度上取决于我们有没有鼓励孩子关注自己内心的感受（是否愿意，是否舒服），或者有没有劝说孩子把这些感受抛到一边去，以此来让他人高兴。

请注意，我说的不仅仅是允许孩子自己决定是否让长辈抱这件事。琪琪的例子非常典型，因为它代表了取悦他人和遵从内心感受发生冲突的情形，但是还有许多时候，孩子遵从内心感受的脑回路尚未成形。当孩子对是否参加别人的生日聚会有些迟疑的时候，当孩子被某个善意的玩笑惹恼的时候，当孩子刚吃了几口饭就说自己吃饱了的时候，当孩子说黑咕隆咚的地下室让她感到害怕的时候，所有这些情形都是孩子形成脑回路的时候。

别忘了，孩子们总是在问问题，问题之一便是："我比别人更了解我内心的声音吗？还是说，只有别人才能正确判断我该怎样去感受？对于我自己的感受，我的理解正确吗？还是说，我得靠别人才能正确理解？"我们来看下面这些例子，注意父母的两种反应，一种反应能鼓励孩子建立遵从内心感受的脑回路，培养说不的能力，另一种反应会让孩子形成自我怀疑的脑回路。

孩子对参加生日聚会感到迟疑

遵从内心感受的脑回路："你不大确定要不要跟别的孩子一起玩。没关系，慢慢来。"

自我怀疑的脑回路："你太可笑了，赶紧去跟你的朋友们玩！"

孩子被善意的玩笑所伤害

遵从内心感受的脑回路："看得出来，你不喜欢我那么说。我相信你的感觉，我不会再说了。"

自我怀疑的脑回路："老天，你太敏感了。拜托。"

孩子在吃晚饭时说自己吃饱了

遵从内心感受的脑回路："你的身体只有你了解，只有你知道自己有没有吃饱。需要注意的是，晚饭结束了就没有东西吃了。你可以再检查一下，听听内心深处在说些什么，确认你今晚确实吃饱了。"

自我怀疑的脑回路："你不可能吃饱。你还没怎么吃呢。如果你想离开饭桌，就必须再吃8口。"

> 孩子说她害怕黑乎乎的地下室

遵从内心感受的脑回路："黑乎乎的地下室让你觉得有些害怕。这件事你比较了解，我相信你的感觉。我很高兴你能把这件事说给我听。"

自我怀疑的脑回路："你真能演戏，得了吧，地下室有什么好怕的。"

在所有鼓励孩子形成遵从内心感受的脑回路的例子里，父母都相信孩子的感受。这并不代表父母允许孩子以特定的方式行事，而只是说，父母认为孩子的感受是真实的，是真相的一角。在每个自我怀疑的脑回路的例子里，父母说话的方式都像是父母觉得孩子<u>应该</u>有的感受比孩子实际表达出的感受更接近"事实"。于是，孩子们在被反复告知"你不了解自己"的情况下产生了自我怀疑。所以，我建议所有父母停止对孩子（甚至对任何其他人）使用"太夸张了""真能演戏""你太敏感""胡说八道""夸大其词""荒唐可笑"这样的表达。这些都是涉及心理虐待的表达，都会让孩子知道你不信任他们，而这也会让他们形成不信任自己的脑回路。

好了，我们暂停一下，检查自己有没有内疚感！留意任何"不会吧……我全弄错了"或者"我是最差劲的父母"的念头。我也有过这些念头，我保证，所以我知道心里有这样的念头会有多痛苦。把一只手放在心脏的位置，脚放平，做几次深呼吸。告诉自己："现在还不晚，不论对我还是对孩子来说都不晚。我的这种反应表明我关心孩子，而不代表我是坏父母。我愿意反思，愿意尝试新的做法，这说明我是立志打破恶性循环的勇者。"

育儿工具箱

■"我相信你"

要想建立遵从内心的脑回路，孩子需要首先建立自我信任的脑回路。如果孩子不信任自己和自己的感觉，他们就不会相信自己有能力为自己做决定。如果你的女儿告诉你她很冷，可你却一点都不觉得冷，那么请相信她："你很冷，是吗？我相信你。我们来看看该怎么办。"如果你的孩子告诉你，他不喜欢你胳肢他，那么请相信他："我知道了。你觉得被人胳肢很难受。我相信你，我很高兴你能把这件事告诉我，我不会再胳肢你了。"如果你的孩子告诉你，他在看动画电影时感到害怕，那么请相信他："这个片子有点吓人。我相信你。"

■说出孩子的感受

有时，我们不知道孩子遇到了什么事情。我们或许能看出他不高兴，但我们既不知道究竟发生了什么，也不知道他为什么不高兴。也许你的儿子是因为一件红衬衫而大发雷霆，可红色明明是他最喜欢的颜色；也许你家的 9 岁女儿在你出门上班时突然情绪失控，可过去 9 年你都是这样去上班的。这种事往往会使你忽视孩子的感受，让你说出我建议所有父母停止使用的那些涉及心理虐待的表达。遇到这种事，我喜欢直接说出孩子的感受，以此来传达出这样的信息：我相信孩子，接纳孩子的感受，即使我还不知道发生了什么。例如"这件红衬衫让你觉得不舒服……""我今天跟你说再见的方式让你觉得不舒服……"你不理解孩子的感受并不代表那些感受不存在，直接说出孩子的感受能让你和孩子的心靠得更近。

■ **"你的身体里只有你"**

我总是找机会跟我的孩子们说下面这句话："你的身体里只有你，所以你喜欢什么只有你知道。"遵从内心感受的核心是这样一种信念，即只有*我们*知道自己正在经历什么，只有*我们*知道自己想要什么，只有*我们*知道最舒服的存在方式是什么。如果你的儿子说："我喜欢反着穿衬衫。"那么你或许可以这样回应他："你的身体里只有你，所以你喜欢什么只有你知道。"如果你的女儿告诉你："我一点也不喜欢粉红色！我喜欢绿色。"那么你就可以这样回应来提升她的自信："你的身体里只有你，所以你喜欢什么只有你知道。"

你或许还可以加上一句："你知道怎么做最舒服，这一点很厉害！"或者："你非常了解自己，这一点特别棒！"

■苏格拉底式的提问

我喜欢围绕"遵从内心感受"这个话题向我的孩子们提出激发思考的问题。我也喜欢围绕其他话题这么做，因为**孩子们在鼓励思考的氛围里学得最快**，而这样的氛围就来自**提问**。但我发现，涉及"遵从内心感受"的问题尤其能激发思考，所以这一做法也尤其能促进孩子的学习。下回你可以跟孩子好好聊一聊的时候（你跟孩子在一起的安静又闲适的时刻），你们就可以一起谈谈做决定、满足自己的愿望和需要，以及忍受他人的痛苦等话题。我会这样开场："我有个有意思的问题问你……"接着在下面这些问题里挑几个出来问孩子（不要都问！）："你觉得做你想做的事情更重要，还是做让别人高兴的事情更重要？如果你只能做一件呢？在什么情况下，你会去做让别人高兴的事情，而不是你想做的事情？在什么情况下，你觉得做自己想做的事情特别重要，哪怕别人会特别不高兴？要是你做了你想做的事，别人却对你发脾气，那该怎么办？这说明你是一个坏人吗？为什么是，或者为什么不是？"

实践时刻：案例分享

塔莎想到要遵从内心的感受，她希望她的孩子们能努力去满足自己的愿望和需要，即使这么做会让别人不高兴。她知道，这些会在一生当中起作用的脑回路是在儿童时期形成的。塔莎对琪琪说："你不想让外公抱，是不是？这没问题。你的身体里只有你，所以你喜欢怎么做只有你知道。还有一件事，你看，外公很难过，因为他想抱抱你。不过这也没问题。我们拒绝别人时，别人也可以有自己的感受。你没必要因为别人不高兴而改变自己的想法。"

然后，塔莎走到父亲身边对他说："我想让我的孩子们知道，他们是自己身体的主人，这件事非常重要。我知道，你可能不同意我现在教育孩子的方式，没关系，但是请不要让孩子为难。"

实战 14

我们应该怎样对待孩子的哭泣？

> 阿卜杜拉是 7 岁的优素福的父亲，他刚刚收到一封电子邮件，得知优素福未能入选旅行棒球队。阿卜杜拉走到优素福身边，对他说："哎，宝贝儿，你虽然没进旅行棒球队，但你还在原来的棒球队里，这样也不错呀，是不是？你还可以跟你的老朋友们一起打球。"阿卜杜拉发现优素福哭了。他不知道该说些什么，也不知道是否该说些好听的来安抚优素福。

这里有一道多项选择题：想象一下，你正在和一个朋友聊天，却突然意外地发现自己特别想哭。你对自己想哭这件事有什么感觉？你心里的想法是什么？

A．"我不应该哭！这太奇怪了。"

B．"这会让我的朋友感到不舒服。"

C．"我的潜意识想告诉我什么呢？一定是很重要的事。"

这里没有正确答案，有的只是信息。你发现了什么？你因为自己想哭而自责吗？你在意朋友的反应吗？你对自己的态度是好奇、尊重和共情吗？

通过了解自己对这件事的感受，我们可以得知关于自身成长经历的许多信息。仅仅从这道选择题里，我们就能一窥我们的原生家庭对待哭泣的方式。毕竟，虽然哭是常事，但我们对哭的反应却各不相同，这取决于我们幼年时形成了怎样的脑回路。

哭是依恋关系中的信号，表示我们需要别人来提供情感支持和亲密感。哭能说明我们的感受非常强烈。有时，我仿佛看到我的眼泪在对我说："身体里发生了一件不得了的事，所以我从你的眼睛里流出来，让你停下来注意它。"但是，眼泪也是孩子软弱内心的自然流露，可能会招来父母的强烈反应。请记住，我们对孩子的什么行为反应强烈，就代表我们幼时**压抑了自己**的这一行为。 对哭泣的羞耻感往往会代代相传：孩子哭，因为他需要父母的情感支持；父母反应强烈，因为他们从小就学会了压抑自己对情感支持的需要；父母用自己幼时被对待的方式来回应孩子，把对哭泣的羞耻感传给孩子。眼泪也可能会让父母产生羞愧，因为他认为孩子的痛苦是自己的错，或者说明自己是不合格的父母。让我们从自己这一代开始，打破恶性循环。请提醒自己："身体从不说谎，流泪是身体传递感受信息的方式。我可以不喜欢我的或孩子的眼泪，但我必须尊重它们。"

每当谈到哭泣时，我都会被问到同样的问题："如果眼泪或哭泣是假的该怎么办？"我对这个问题的回答是：为什么我们要说这些眼泪是假的？我们需要跳出来反思<mark>我们对特定情形</mark>的描述如何影响<mark>我们对孩子的看法</mark>。如果我们给孩子贴上假哭的标签，我们就是在主观臆断，就是在疏远孩子，认为孩子图谋不轨，或者把孩子看作"敌人"。想到这里，我就感到不寒而栗，因为这与我们这些父母的出发点背道而驰。我们想要怀着接纳的、不带偏见的好奇心走近孩子，而这一好奇心来自相信孩子（包括大人！）一直在利用现有的条件尽最大努力生活。换句话说，孩子的本心是好的……那么，他们哭泣背后的原因是什么呢？现在，<mark>这</mark>就是我想要回答的问题，因为我是带着好奇心走近孩子的——我不是站在一边主观臆断，而是走近孩子的内心；我和孩子是面对着同一个问题的战友。

我们来想想假哭的问题。是什么能让我这样一个成年人掉下眼泪？毕竟，谁都有这种经历。假如我想让别人知道我的情绪很强烈，或者想让别人知道我需要什么，可我却发现别人要么漠不关心，要么不以为然，要么草草应付，那么我的反应肯定会变得更加强烈。我会不顾一切地想要被看见，被理解。如果我们从这一角度来看待假哭，我们就会把关注重点从外在表现转移到未满足的深层需要上。遇到这种情况，你或许可以这样说："看得出来，你心里有特别重要的事情。我很想知道，跟我说说吧。"或者："看得出来，你特别难过。我相信你，真的。"这类表达会非常有用。此刻需要记住的是，这并不代表你必须屈从于孩子在那一刻碰巧想要的东西。毕竟，想想父母和孩子各自的职责，我们就可以知道，我们可以同时做到两件事：一是坚定地维护行为规则，二是带着共情和接纳走近孩子。

育儿工具箱

■ 和孩子聊聊眼泪

平时找机会跟孩子谈一谈眼泪。例如，你们在一起看书时发现，书里有个角色正在经历痛苦。这时，你就可以停下来对孩子说："她看上去很伤心。她会不会哭呢？我伤心的时候有可能会哭，但也有可能不哭。哭与不哭都可以。"或者，你也可以谈谈你哭出来的那一次："我还记得，我在你这么大的时候，大人带我去买冰激凌，我最想吃的是冰激凌三明治。可是我发现，冰激凌三明治卖完了！天哪！我特别失望，就哭了起来。"这时，我们就是在告诉孩子，哭不是见不得人的事；只要你明确告诉孩子你也曾哭过（甚至是为了看上去很"小"的事情而哭）后，孩子再次伤心流泪的时候就不会感到那么孤单了。

■ **把眼泪与重要的事情联系起来**

我告诉我家孩子:"眼泪能告诉我们,我们的身体里正在发生一些重要的事情。"我可能还会继续说下去:"有一天,我正在看一个电视节目,却发现我哭了,我甚至不明白我为什么会哭!你知道吗,我们的身体有时比大脑更早知道一些事情?我的身体一定是在想一些重要的事情。虽然我不知道自己为什么会哭,但我知道这没问题。"对孩子来说,这条信息非同寻常,它能让孩子知道:我们的身体有时知道一些我们的大脑还没有理解的事情。我见过许多成年人都在用"搞不懂,我为什么要哭,我这是怎么了?"的自责心态来看待自己的眼泪。我们要让孩子从小知道,我们需要耐心去理解我们的眼泪和我们的身体发出的信息,这么做对维护孩子的心理健康极为有益。

■ **苏格拉底式的提问**

花点时间跟孩子一起探究关于眼泪的话题,引导他们深入思考并质疑"眼泪代表软弱"这一常见看法。你可以通过下面这些问题来启发孩子思考:"你觉得眼泪想要告诉我们什么事情呢?眼泪是好东西还是坏东西,还是既不好也不坏的东西?你知道眼泪能帮助我们的身体释放压力吗?这是不是很有意思?有些人不喜欢哭,你觉得这是什么原因呢?男孩和女孩都可以哭吗?大人和小孩都可以哭吗?男人和女人都可以哭吗？女孩哭比男孩哭更正当吗？还是说，男孩和女孩都可以哭？为什么？你是怎么知道的？"

实践时刻：案例分享

阿卜杜拉深吸一口气，想起眼泪不是敌人，悲伤不是敌人，软弱也不是敌人……真正的敌人是感受无人理解的孤单。这才是最痛苦的事。他提醒自己，能够抚慰孩子的是他的陪伴，而不是他的解决方案。他对优素福说起了刚刚发生的事："你真的很想进入那支棒球队。我知道，这太让人失望了。"然后，他停了下来，与*自己*心里那个早已学会否定*自己*流泪的声音对话："流泪是没问题的，而且这很重要。"接着，他用平和的口吻对优素福说："我们的眼泪告诉我们，我们的身体里正在发生一些重要的事情。在我们家里，我们都想了解重要的事情，所以你可以让这些眼泪流出来。我在这里陪着你。我就在这儿。"优素福哭了，阿卜杜拉自己也觉得泪水在眼睛里打转。父子俩的心很少贴得如此之近，阿卜杜拉心想，要是他也能与自己的父亲有更多这样的相处机会就好了。

实战 15

如何帮助孩子建立自信？

> 6岁的查理正和他的朋友们在后院跑来跑去，玩捉人游戏。母亲克拉拉发现，查理总是被捉到，而且他比其他孩子跑得慢一些。朋友们一离开，查理就哭了起来，并且对妈妈说："他们跑得都比我快。我总是被捉到。我是我们年级里跑得最慢的！"看到孩子如此痛苦，克拉拉感到很难过。她在考虑是否该告诉查理他今天只是不在状态，或是提醒孩子他在国际象棋和画画上很厉害。

我们常常教导孩子，自信就是自我感觉良好、自豪和对自己感到满意，其实不然。我知道，我这么说可能会显得有些冒失，但我坚信，我们现在该用全新的方式来看待自信了。如果我们把自信定义为自我感觉良好，那么我们就会努力说服孩子摆脱痛苦，摆脱失望，停止认为自己不擅长做某些事情。可这样是不行的，因为我认为，这种安抚和支持其实是在伤害自信。

请听我说完。在我看来，自信指的不是感觉好，而是相信"我完全知道我现在的感受。是的，这种感受是真实的。是的，它是可以存在的。是的，拥有这种感受的我是好的"。自信是**不论自己有什么感受**都能**感到自在**。自信源自这样一种信念，即不论你有什么感受，你都可以做自己。

我们先举个成年人的例子。假设你正在与上司进行一次重要的会面。你点头并试图紧跟上司的思路，却发现你完全听不懂她在说些什么。在这种情况下，自信就是**信任自己**，就是能够泰然自若，同时在心里对自己说："嗯，我不知道她现在要让我做什么。我是完全糊涂的。我相信我的感觉，而且这并不代表我哪里做得不好。"随后开口说出自己的想法："请等一下，我现在有点乱，我想确保我的理解是对的。我们能重新开始吗？这样我就能明白要做些什么了。"在这里，自信并不是要努力说服自己**没有**觉得糊涂，而是允许这种感觉存在，接纳它。

得知孩子感到痛苦时，牵挂孩子的父母往往会否认孩子的感受，这类情形极为常见。也许父母没有直接说"别像小孩子一样！"而是以某种更为隐蔽的方式来否认，例如努力劝说孩子在伤心失望的时候高兴起来，肯定自己。如果我们试图劝说孩子表现出不同于他此刻的感受，孩子学到的就会是："我想我可能不太了解我的感受……我原本觉得我很难过，可我最信任的成年人却告诉我，这没什么大不了。我无法信任我心里的感觉；毕竟，我已经知道别人比我更了解我的感受。"啧啧，这很可怕。当我们想象孩子长大成人后的样子时，我敢肯定，大多数父母都希望孩子心里能够有自己的指南针，即强大的直觉。有了这一利器，成年人才能在充满不确定性的环境里做出自己的决定，例如拒绝参加某些社交活动（因为他们感到疲惫，需要睡个好觉），或者对把自己排除在重要会议之外的同事表达不满。这种自信源于对直觉的信任，源于这样的自我信念：**"我相信自己的感觉。"**回到当下，我希望我的孩子们能够对自己说："我知道，我跟我的朋友之间发生的那件事让我感到很生气，但她试图让我相信我反应过度，让我相信其实没什么大不了。但是，等一等，她怎么可能知道我的感受？我的感受只有我知道！除了我，没人能知道。"如果父母允许孩子拥有自己的感受，并且能去共情那些感受，那么孩子的自信就会增长。而如果你能去共情悲伤、失望、嫉妒或愤怒等更加难受的情绪的话，孩子的自信还会增长得更为迅速，因为你让孩子感觉到，不论他有什么感受，他都可以做自己。这是孩子不可多得的礼物。

　　帮孩子建立自信不仅涉及当孩子碰到坏事时我们该说些什么，还涉及当孩子碰到好事时我们该怎么说。因为，我们常常认为有一类评论能帮助孩子建立自信，但实际上却是在帮倒忙，那就是赞美。例如 "干得好，亲爱的！""你真聪明！""你是个了不起的大画家！"这些原本是好意的话语会让孩子对外部肯定（即他人的认可）形成依赖，而内部肯定是人对自己的认可，这才是我们想要鼓励的东西。两者的区别是一个向外求，一个向内求。假如你家的6岁孩子刚刚画了一幅画，那么寻求外部肯定的做法是找到父母问："你喜欢这幅画吗？你喜不喜欢这幅画？你觉得它好看吗？"而寻求内部肯定的做法则是停下来看着这幅画，同时说出自己的想法。再如，假如一个女孩因为男朋友对自己说的话而生气，那么寻求外部肯定的做法是找5个朋友来问这件事是否值得生气，而寻求内部肯定的做法则是察觉自己内心中的不舒服，并且把它表达出来。

我们都在寻求外部肯定，我们也都喜欢外部肯定，这没问题。我们的目标并不是要让孩子对别人的认可或评价无动于衷，而是要建设孩子的内心世界，即孩子的内在生活。这样一来，孩子就不会在外部评价缺失时感到空虚和迷茫。另外，自信也无法通过来自外部的肯定或赞美来建立。虽说这些评价的确能给人带来好的感觉，但这种好感觉从来都无法长久，反而几乎到手即逝。于是我们只能急匆匆地继续去争取新的赞美，好让我们能够再次对自己感到满意。这不是自信，这是空虚。

在夸奖孩子的时候，我们要夸奖孩子的内心，夸奖过程，而非夸奖结果。这么做能让孩子把目光投向内在，而非外部世界。"你在这件事情上非常用心！""我发现你在这幅画里用了许多种不同的颜色，你是怎么想到要这样做的？""你是怎么想到要做这个的？"如此夸奖才能帮助孩子提升自信，因为我们不是在教孩子去渴望得到别人的正面评价，而是在教他关注自己在做的事，教他更多地去了解自己。

育儿工具箱

■接纳孩子的感受

如果我们记得，自信源自接纳自己的所有感受，那么我们就可以让孩子知道，我们相信他们的感受是真实的、可以应付的，以此来帮助他们建立自信。如果我们说出孩子的感受并表达接纳，我们就是在告诉孩子，他可以有这些感受，没问题。例如下面这些情形。

> 事件：你的儿子告诉你，你把他送到学校的时候，他觉得很难过。

首先接纳孩子的感受："送你到校门口的时候你觉得很难过，是吗？这很正常，上学有时候就是这样。"

而不是说："但是今天的其他时候感觉还好，是吗？"

事件：你的女儿说她不想去参加足球训练。

首先接纳孩子的感受："你现在觉得踢足球有点难，是吧？这是正常的。我们一起来想想这个问题。"

而不是说："但是你喜欢足球呀！"

■ **"你是怎么想到……的？"**

"你是怎么想到要画这个的？"

"你是怎么想到要给你的故事这样开头的？"

"你是怎么想到那道数学题的解法的？"

"你是怎么想到要把这些材料一起使用的？"

当我们和孩子一起探究"怎么"而非赞美结果时，我们就是在帮助孩子养成关注内心，探究自身，甚至对自己所做的事感到惊叹的习惯。毕竟，什么也比不上那种身边的人想探究我们如何看待问题、如何产生想法、接下来想去哪里的感觉。如果我们问孩子："你是怎么想到……的？"我们就是在告诉孩子，我们感兴趣的不仅是他思考的结果，还有他思考的过程；这么做能让孩子在内心里形成这样一种自我信念："我内心里的东西是有趣的，有价值的。"

■ **内心世界重于外在表现**

孩子能够在多大程度上形成自信的脑回路，取决于他能够在多大程度上把**自己之所以是自己的东西**看得比**看得见的行为**更重要。要想做到这一点，他所成长的家庭就必须更加注重孩子的"内心世界"（个性特征、感受和想法），而非"外在表现"（成就、结果和标签）。以孩子参加运动队这件事为例，属于内心世界的东西或许有孩子在训练中的努力，孩子对比赛结果的看法和孩子尝试新事物的意愿；属于外在表现的东西或许有孩子的进球数、全垒打数，以及"最有价值球员"之类的标签。如果谈到孩子的学业，那么属于内心世界的东西或许有孩子尝试加分题的意愿，孩子花在学习上的时间和孩子对某一科目的兴趣；属于外在表现的东西或许有孩子的成绩评级、考试分数，以及"班上最聪明的孩子"之类的标签。我们的家庭越是关注孩子们的内心世界，孩子们也就越是看重自己内心的声音，他们最终也就越是能关注自己的内在生活而非自己做了什么。

■"你最了解你现在的感受"

如果自信是**信任自己**，那么帮孩子**培养自信就是教孩子信任自己的感觉**。即使对成年人来说，这件事也相当困难。我们总在质疑自己："我是不是反应过度了？""我有这样的感觉对吗？""如果换作别人，他们也会有我这种感觉吗？"这些都是自我怀疑的表现。它们告诉我们，我们自己的感受曾经遭遇过不被接纳、不被理解，或者有人曾经试图劝说我们否认自己的感受。作为父母，我们要让孩子养成理解和信任内心感受的习惯。我们可以借助"你最了解你现在的感受"或"哇！你真了解你自己"这样的表达来做到这一点。这些回应能教孩子用接纳而非评判的态度看向自己的内心。如果孩子在公园里不愿离开你，你就可以对孩子说："你还没有准备好跟别的小朋友们一起玩。没关系。你最了解你现在的感受。"如果孩子因为没有被邀请参加聚会而哭泣，你就可以尝试说："你觉得特别失望。你有这种感觉很正常。"

实践时刻：案例分享

克拉拉想起，自信来自对自身感受的接纳，而非来自消除痛苦或转移对痛苦的注意力。于是她对查理说："今天的捉人游戏让你觉得特别不开心，总是被捉到……唉，真是讨厌！我知道，亲爱的。我会在这儿陪着你。"她停了下来。查理向她靠过去，又哭了一阵儿。过了一会儿，克拉拉觉得时机成熟了，就对查理说："我在你这么大的时候，我觉得打篮球特别难。别的孩子能把球投进去，我的球却连篮筐都碰不到。唉，上体育课的感觉真是糟透了……"查理沉默了片刻，接着要求克拉拉再说说那件事，好像她说的事情为自己的感受正了名。过后，克拉拉对这么做是否有用感到有些不确定，因为她好像并没有给孩子提供什么解决方案。不过她也承认，她感觉这么*做是对的*，她决定信任自己的感觉。

实战 16

是否要纠正孩子的完美主义？

> 5岁的芙蕾娅正在完成幼儿园布置的写作任务。她需要写一篇由4句话组成的以"如何……"为主题的短文。芙蕾娅的妈妈艾斯琳看到女儿写下一个单词，随即就对自己说："不对，不是这样拼的！"然后擦了重写，写了又擦。
>
> "亲爱的，就按你认为对的样子写吧，"艾斯琳告诉芙蕾娅，"老师就是这么说的。不用写得那么完美！"
>
> "我讨厌写作！"芙蕾娅说，"我不写了，除非你告诉我每个词都该怎么拼！"
>
> 艾斯琳不知道该怎么帮孩子了。

有的孩子做事情只接受完美无缺，不接受"差不多"，只要不是百分百如意，他们就会情绪低落，这是怎么回事呢？透过完美主义，我们总能发现情绪调节方面的问题。孩子说"我是这个世界上最不会画画的人",是因为他尽管非常清楚自己想要画成什么样子,可画完却十分失望;孩子说"我的数学很差",是因为他希望自己数学很好,可现实却是另一番模样;孩子说"我让我的队伍失望了",是因为他想发挥自己的作用,却没能把球打进。在所有这些情况下,孩子的失望,或者说愿望和现实之间的落差,都以完美主义的形式表现了出来。而且,由于完美主义源自情绪调节不力,所以讲道理是没有用的——我们无法说服孩子,她画的画特别棒,所有的孩子都觉得数学难,或者运动员也经常失误。我们需要透过完美主义看到孩子心里那些汹涌翻腾、难以释怀的情绪,那些藏在非黑即白的极端想法深处的感受。只有这样,我们才能抓住问题的核心,进而帮助孩子培养所需的能力。

有完美主义倾向的孩子也比较刻板。他们在情绪和反应上都相当极端,常常觉得自己要么在山巅,要么在谷底。他们感觉安全和快乐的舒适区很小,舒适区之外的任何情形似乎都会让他们难受。只要事情的发展不能完全达到预期,他们就会情绪低落:"我做不到!""搞砸了!""我是最差劲的!"这并不代表他们固执或娇生惯养,而只是说,在那一刻,他们对自己的好感觉被遮蔽了。作为父母,我们要做的是帮助孩子扩大舒适区,鼓励他们进入"灰色"地带,好让他们的自我价值不再剧烈波动。我们要帮助他们拥有好感觉，这样他们就无须去追求完美了。

有完美主义倾向的孩子无法在灰色地带里生活的部分原因是，他们往往无法容忍或无法理解事物之间的细微差异。在这些孩子看来，**行为**所反映的就是**个性特征**，因为他们无法将两者区分开来；不论他们对自己的感觉是好是坏，他们都这样认为。例如，完美地读了一页书（行为）意味着"我很聪明"（个性特征），而读错发音（行为）则意味着"我很笨"（个性特征）；尝试系鞋带并一次成功（行为）意味着"我很厉害"（个性特征），而没有系好（行为）则意味着"我很差劲"（个性特征）。要想帮助有完美主义倾向的孩子，我们就要让他们学会如何把**他们做什么样的事**与**他们是什么样的人**分开。这么做能让他们拥有更多的自由来拥抱灰色地带，能让他们在第一次系鞋带失败后仍旧对自己的能力有信心。完美主义会损害孩子（包括成年人）**在学习的同时拥有好感觉**的能力，因为它只把好感觉与成功这一结果联系在一起。我们需要让有完美主义倾向的孩子学会如何在成功**之外**找到好感觉和自己的价值。

注意，父母要做的只是帮助孩子**看到**自己的完美主义，而非摆脱完美主义，这一点很重要。许多父母认为，他们必须改变孩子的完美主义倾向，但只要我们压抑孩子的那部分自我（特别是粗暴地压抑），我们就是在向孩子传递这样的信息——他的那部分自我是坏的或错的。我们应当帮助孩子与自身的完美主义**建立更好的关系**，这样他们就能在完美主义出现时认出它来，而非任由它去接管"控制中心"，在感受和行为上发号施令。毕竟，完美主义的一些**成分**，例如动力、坚毅和信念，也能让人感觉非常好。我们要帮助孩子利用这些特质，而非被完美主义所可能带来的巨大压力压垮。

育儿工具箱

■ "示范"犯错

孩子们总是在观察他们的父母，了解他们看重什么，以及家里最重要的东西是什么。如果你有存在完美主义倾向的孩子，那么就要主动在孩子身边犯一些错误，做事时装出费力的样子，"生活在灰色地带"。例如"天哪！我给上司发的这封特别重要的电子邮件里居然有这么多错别字！我本想校对一遍的，可是没有！"接下来，为孩子示范你想让孩子学到的自我对话。把手放在心脏的位置，大声说："就算我犯了错也没关系，我是安全的。就算我的事情没有做好，我的本心也是好的。"这么做能为孩子树立起榜样，让孩子知道，行为和个性特征不是一回事，还有遇到困难时要去肯定本心的好。

■**说出孩子的感受**

如果你的孩子坚持要把某件事情做到完美，或是一旦没做到完美就全盘否定自己，那么你就可以尝试去看见孩子内心的感受，再把它大声讲出来，以此来把孩子关注的焦点从完美转移到他内心的感受上。这么做能促使孩子更敏锐地察觉自己的情绪，而这是提升情绪调节能力的基本功。因此，如果你的孩子说："只有我不会玩攀爬架。我才不要去游乐场，肯定不好玩。"那么你就可以把他内心的感受说出来："不会玩攀爬架，唉，你好像特别在乎这件事。"或者："有时候你会觉得，那个特别难的项目好像能把所有其他项目的乐趣都吸干，是不是？这就像是，只要游乐场里有一个项目不好玩，那么其他所有项目就好像都不好玩了。"在这里，我描述的是孩子内心中的感受。我是在告诉孩子，我看见了他心里的不容易。如果不加注意，我们很容易回应孩子："你不想玩那个项目就不玩嘛，没什么大不了的！"或者："那又怎样？你可以去玩游乐场里的其他项目呀！"可是不要忘了，讲道理并不能提升孩子的情绪调节能力，而调节强烈的负面情绪正是有完美主义倾向的孩子最困难的事。

■**假扮游戏**

通过假扮有完美主义倾向的角色来与孩子互动，你可以拿孩子喜欢玩的毛绒玩具或卡车来扮演这一角色。例如，你可以扮演一辆因为挖的洞不合心意而哭泣的玩具挖掘机，也可以扮演一只爬树只能爬到一半的玩具熊。一开始，你或许可以这样来演："不行，不行，不行，我不要再做下去了！如果我做不到完美，我就干脆不做！"然后停下来，观察孩子会有什么反应。如果你觉得时机到了，你就可以轻声地对孩子说："我以前也有过这样的感觉。有时候，事情跟我想象的不太一样，结果我就把一切全都否定掉了。"你也可以为孩子示范如何应对这一情形，例如假扮一辆翻斗车来到挖掘机前对它说："我知道事情跟你想象的不太一样，这种感觉很难受。我会在这儿陪着你。"接下来，你还可以换回挖掘机的角色，继续演给孩子看："谢谢……也许我该接着挖一会儿。即使事情不完美，我也能继续挖下去……"

■带孩子认识内心的"完美小孩"

找个安静的时刻，介绍孩子认识她心里的"完美小孩"。你或许可以这样对孩子说："你知道我心里有个完美小孩吗？没错！它经常告诉我事情必须做完美，否则就不值得去做！我想，你心里也有一个这样的完美小孩！比如你在做数学作业的时候，它就会突然跳出来。当然了，心里有个完美小孩是完全没问题的，很多人都有！只是有时候，我心里那个完美小孩会变得特别吵，让我很难集中注意力。这时候，我发现跟它好好聊聊会比较有用……"现在停一下，看看孩子会有什么反应。通常，孩子的注意力会立即被你吸引过来，并且会问你："你说的是什么意思？"这时，你就可以继续说下去："完美小孩一般不会给我惹麻烦，除非它变得太吵，让我听不到心里的其他声音。所以，如果它的声音太大了，我就会对它说，你好，完美小孩。你又来了！我知道，你总是跟我说，要完美，要完美，必须完美，如果不完美，我就不干了。我听到你的话了！还有，我想请你往后退一退。我要做个深呼吸，找到那个总是告诉我'我能做困难的事情'的自己，因为我知道它也在我心里。然后，我就能听到一个更加平静的声音对我说，遇到困难没关系，我能做困难的事情。"

你可能会认为，孩子不可能跟着父母去做这种寻找内心声音的事。但很多时候，我们没有这样去做正是因为我们抱有这样的怀疑。我向你保证，这不是我凭空想出来的东西，完美小孩这一做法的理论背景是内在家庭系统理论和我们都包含许多子人格的观点（详见准则4）。寻找内心中的不同声音能揭示思维的运转方式，这种看问题的视角与孩子内心里的实际感受相一致，所以通常都会为孩子所喜欢。此外，完美小孩这一做法还能鼓励孩子去与自己完美主义的一面交朋友，而不是排斥它。毕竟，排斥我们心中的其他自我感觉就像是自我嫌恶。当我们跟孩子谈论完美小孩的时候，孩子并不会把完美主义当作敌人，她还能感到自己有力量在完美主义的念头袭来时清醒应对。试过这个方法后，你甚至还可以更进一步，看看孩子是否愿意讲讲她的完美小孩是什么样子，甚至把它画出来。很多孩子都从这一过程中收获了乐趣和教益，因为把内心的声音拟人化能让孩子觉得更安心，更理解自己。

■ 为犯错喝彩

一天，女儿教了我一个西班牙语单词，我对她说："一分到手！"看她一副不解的样子，我就继续解释说："不懂意味着我能去学习，而学习新东西是一件很棒的事情。我刚才学会了一个单词，所以我得到了一分！"在这里，胜利并非完美或者彻底掌握什么，而是学习的过程。如果我们能从暂时不懂的状态中得到某种胜利，孩子就会有宽广的空间去试错和进步。对有完美主义倾向的孩子来说，这一点意义非凡。我的女儿喜欢在学习新东西的时候对我说："妈妈，我又得到了两分，我刚刚记住了两个州的首府！"把完美主义反其道而行之的方式，还有把犯错作为目标，犯了错就击掌。

实践时刻：案例分享

艾斯琳想起要帮芙蕾娅看到她的完美主义，而不是把它赶走，于是她说："我知道拼写很难，那种感觉就像是，如果不把每个单词都写对的话就会写不下去，是不是？我记得我6岁的时候也有这种感觉，那很难受。"芙蕾娅看上去平静了一些，但她仍然坚持让艾斯琳教她拼写每个单词，否则她就不写。艾斯琳知道，这么做只能短期解决问题，而且还会让芙蕾娅更加相信，只有正确的才是好的。她想起对完美主义反其道而行之，于是对女儿说："芙蕾娅，你知道吗？你现在在上幼儿园，你的老师告诉我，你应该学习拼写，但不是学习正确拼写。我得回我房间里整理点东西，我回来以后会看你写了什么。*所有的词都要拼错，一个也不能拼对*！要是你拼对了哪怕一个词，我就得给你的老师发电子邮件，说你学习不认真。怎么样？"她说完就离开了女儿的房间，心想芙蕾娅可能还会哭闹或抱怨。可是让她感到惊讶的是，女儿的房间里居然一点声音都没有。艾斯琳回来时，芙蕾娅已经写完了两句话。艾斯琳看到女儿拼错了7个单词，拼对了3个，于是对她说："芙蕾娅，我不知道该拿你怎么办才好。拼对的词太多了！注意，你的任务是学习！你要是拼对了，那还怎么学？"芙蕾娅和艾斯琳都笑了。艾斯琳心里知道，她的这一招奏效了。

实战 17

怎样缓解孩子的分离焦虑?

> 3 岁的韦斯利就要去上幼儿园了。他很兴奋,因为他看着自己的哥哥姐姐早上离开家去幼儿园已经好几年了。韦斯利的爸爸杰夫知道,真到了幼儿园门口,有些孩子是会哭闹的。但他什么也没有跟韦斯利说,因为他怕韦斯利胡思乱想。结果,当告别的时刻来临时,杰夫发现韦斯利就是那种离不开父母的孩子。他一边死死抱住杰夫的腿,一边大声哭喊着:"别走,别走,别走,爸爸,你别走!"杰夫不知道该怎么办,也不知道孩子为什么会这样。

分离是艰难的。孩子在幼儿园门口哭闹,抱住大人不放,或者因为要上幼儿园而迟迟不肯出门,这都没有任何错。请记住,这些行为的根源在于依恋。在孩子眼里,父母在身边就等于安全,因为他们的身体告诉他们:"只要父母在附近就有人保护自己。"在与父母分离的时刻，孩子必须努力在新的环境、新的养育者或老师那里找到安全感，而这是很难的。这需要他们能够在离开父母时继续拥有父母在身边时的那种安全感。要想让孩子在情感上接受与父母的分离，他们就必须把父母在身边时所常有的那些感觉**内化**，即把它们装进心里。这样一来，他们才能相信自己是安全的，即使父母不在身边。在这个过程当中，眼泪和痛苦可能都是少不了的，这一点也不奇怪。

我把安全感想象成一个光球，孩子在父母身边时，光球照着她，让她安心，进而使她能够去探索、游戏和成长。随着孩子逐渐长大，我们希望这团光不仅能在父母在场时照亮她，还能在她与父母分开时从她的**内心**照亮她。这时，这团光就进入了孩子的心里，成了她自己的一部分。

我们可以借助内化这一概念来理解孩子实现成功分离所需的条件。孩子必须从父母那里"拿走"一些东西，这样他们才能抓住亲子关系带给他们的好感觉，哪怕父母不在身边。英国儿科医生和精神分析学家唐纳德·温尼科特提出了这样一条观点：孩子能够建立亲子关系的心理表征，即使父母不在身边，他们也能获得亲子关系给予他们的感觉。我们可以使用过渡性客体来帮助孩子完成这一过程，例如用一条小毯子、一个毛绒动物或家里的某件物品来充当亲子关系的物理表征，这类物品能让离开父母的孩子觉得父母依旧在身边。

我一直推荐存在分离焦虑问题的孩子的父母使用过渡性客体，它们能帮助孩子更好地度过痛苦的分离时刻。毕竟，为了缓解分离焦虑，我们必须帮助孩子在与我们分离时"抓紧我们"。

即使在同一个家庭当中，不同孩子对分离的反应也大不相同。如果一个孩子很容易与父母分离，而另一个孩子只需想到即将与父母分离就会感到痛苦，那么这也十分正常。如果你想预测孩子与你分开时会如何反应，那么考虑孩子的气质类型会很有帮助。例如，我的一个孩子喜欢冒险，渴望尝试新事物，心态平稳，而另一个孩子是慢热型，非常谨慎，高度敏感（很容易表现出强烈的情绪，并且可能持续更久）。虽然在上幼儿园前，两个孩子所面临的外部条件都是一致的，但我和我丈夫都能估计得到，那个喜欢冒险的孩子很可能会更容易与父母分离，哭闹的天数更少，也更早习惯幼儿园的生活。这里的关键是，我们不能在这件事上做价值判断。也就是说，我的一个孩子并不比另一个孩子在分离这件事上表现得更好，他们只是拥有不同的感受而已。只有了解孩子的独特性情，你才能预估孩子在与你分离时可能会有怎样的表现，你才能设定合适的期望值，以便你能在孩子哭天抹泪的时候保持镇定，这一点非常重要。

说到哭哭啼啼的分离时刻，我们要记住的是，父母只能看到分离过程的一面，即说再见的时刻。我们通常看不到孩子们从不安到平静再到快乐的整个恢复过程。这一点很重要。事实上，很多在幼儿园里玩得最开心的孩子正是在分离时反应最强烈的孩子。孩子在分离时会如何表现的一大影响因素是父母能够在多大程度上相信孩子能够应付这一情形。我们并不能根据孩子在分离时的表现预估他在幼儿园或托管机构里的整体表现。理解这一点将能使父母们表现出更多的自信，这一点非常重要。因为，我们在与孩子分离时的感受能够极大地影响孩子的表现。如果孩子察觉到了我们的犹豫、紧张或怀疑，他们在分离时刻的反应就会更加强烈，因为他们会吸收我们的焦虑，进而放大他们自身的焦虑。从根本上说，在分离的时刻，孩子其实是在问我们："你认为我会把心情整理好吗？"在孩子看来，最可怕的就是父母在分离时刻流露出恐惧情绪。这就像是父母在说："你在这里不安全。再见！"对任何孩子来讲，眼前的这一幕都非常可怕。所以请记住，身为父母的你能够为这一切定下基调。分离对父母和孩子来说都可能是痛苦的，但父母还是要表现出自信，这是帮助孩子顺利过渡的关键因素。

育儿工具箱

■ 关注自身的焦虑

留意你与孩子分开时自己的感受。你可能会觉得难过、紧张，这是正常的！我们永远都无须摆脱这些感受，但有责任认清自己的需要，这样才能在分离的时刻当好孩子的主心骨。你可以照我常做的那样向自己的不适问好："你好，焦虑，我接纳你的存在！"或者："你好，难过，孩子长大了，和我的距离变远了。我接纳你的存在。我和我女儿说再见的时候，我会请你退后一步，这样我才能笑着对她说，她去幼儿园是安全的。"关于接纳自身情绪的方法，准则 10 里有更多的介绍。

■ 提前跟孩子聊聊

提前跟孩子聊聊即将到来的分离。如果孩子要上幼儿园了，你就可以提前一周跟孩子聊聊幼儿园的方方面面，例如怎么去幼儿园，老师叫什么名字（有条件的话，还可以给孩子看看老师的照片），教室里有什么，还有你们在幼儿园门口分开时会是什么样子。你可以这样说："再过几天，你就要去幼儿园了！幼儿园是你可以跟其他孩子一起玩耍和学习的地方。那里的老师会照顾你。幼儿园里有积木，有布娃娃，还有一块圆圆的地毯，你们可以坐在上面唱歌！上了幼儿园以后，妈妈每天早上会把你送过去，放学了再把你接回家。我不会和你一起在幼儿园里待着。一开始，你可能会觉得有点不适应，因为你没有离开我单独与别的大人和孩子待在一起。"

这个方法也适合较大的孩子。如果你打算让孩子在朋友家过夜或者参加学校组织的那种过夜的夏令营，你就可以提前跟孩子聊聊即将来临的分离。给孩子看看目的地的照片，设想到时候可能会有什么感受，例如你可以这样说："我在想你明天晚上在瑞贝卡家住的事，这是你第一次一个人在外面住，多棒啊！瑞贝卡的妈妈给我发来了几张她的房间的照片，让我们来看看你会睡在哪里……你看，她的被子是蓝色的，跟你的一样！墙角还有个小夜灯，她喜欢在睡觉时开着……嗯，这一点跟咱们家不一样。我很想知道，你换个地方睡觉会是什么感觉。"

■ 分离仪式和演练

制订分离时刻的仪式流程，过程要简短、温馨、易于演练。你可以这样对孩子说："到了要说再见的时候，我会给你一个拥抱，接着说'再见，宝贝儿'和'爸爸会回来接你的'，然后我就会转身离开。这时，老师就把你领进幼儿园了，如果你觉得害怕，他们会帮你的。我们来演练一下吧！"接着跟孩子演练分离的过程。你可以先扮演孩子，让孩子扮演大人，然后再调换角色。演练能让孩子对整个过程更加熟悉，提升孩子在分离时的安全感。

■过渡性客体

毛绒动物或小毯子对那些在分离方面有困难的孩子来说是很有用的，因为孩子总是把它们带在身边，所以它们就会成为联系家和幼儿园的纽带。你可以给孩子准备一张塑封的全家福（也可以使用透明胶带），在分离仪式中使用。告诉孩子，在你离开以后，他可以看着照片反复对自己说："爸爸妈妈就在附近。爸爸妈妈就在附近。"挑选过渡性客体时，让孩子参与其中，例如你可以这样问孩子："你想把什么东西带到幼儿园去，看到它就能想起咱们家？"

■通过讲述一起回顾

我们可以在放学接到孩子或回家后跟孩子聊聊与父母分开前后发生的事，以此来缓解孩子的分离焦虑。如果孩子的分离焦虑特别严重，这一回顾工作就一定要做。当孩子回到家后，在一个平静、温馨的时刻，跟孩子聊聊早上在幼儿园门口发生的事，例如你可以这样说："今天早上咱们分开的时候，你有点不开心，这很正常。你这是第一次去幼儿园，当然心里会难受了。后来你的老师告诉我，你深呼吸了几口气，还看了手里的照片，然后就跟别的孩子一起去上课了。放学后，妈妈就来了，我说过我会来接你的！所以你现在就回家了。"或者，你也可以对从夏令营回来的孩子说："我们要分开的时候，我知道你心里很难受，当时你哭了，好像很害怕……后来，你慢慢熟悉了营地的环境，也越来越不那么想家了。现在夏令营结束了，你也回家了，你还有那么多有意思的经历跟我说。我们又在一起了，我早就说过会是这样。"通过回顾整个过程，我们能让孩子明白，分离的时刻只是一个小插曲，并不会造成多么大的影响。

实践时刻：案例分享

> 杰夫知道，韦斯利在与自己分开时感到害怕是很正常的。他提醒自己，当晚要帮助韦斯利做一些准备。现在，杰夫蹲下身来，平视着韦斯利说："你没有单独一个人离开过爸爸。虽然你会觉得有点害怕，但我知道，你会在幼儿园里过得很开心。"他抱了抱韦斯利，轻声对他说："我跟你分开的时候，泰瑞老师会帮你的。我会告诉她，你喜欢听'一闪一闪亮晶晶'。如果你想听她唱，她就会唱给你听。我会抱抱你，还会跟你说，我会回来接你的，然后我就要跟你说再见了。就像这样……"杰夫做了个深呼吸，给自己打了打气，接着就像他说的那样，抱了抱韦斯利，说："爸爸会回来接你的。"然后他把韦斯利领到了泰瑞老师面前，泰瑞鼓励韦斯利跟爸爸说再见。

那天晚上，杰夫帮韦斯利回顾了当天发生的事，还跟韦斯利演练了分离仪式，韦斯利抱着他心爱的毛绒玩具，他们还用上了韦斯利最喜欢的乐高玩偶。第二天早上，韦斯利看上去有些紧张，杰夫告诉他："在跟爸爸妈妈分开的时候，有些孩子会哭，有些孩子不会哭。你有任何感受都是正常的。不论怎样，爸爸知道你是安全的，你会在幼儿园里过得很开心。放学后我会来接你的。"

实战

18

我们可以如何改善孩子的睡眠问题?

> 4岁的科拉一向睡觉很踏实……可是最近问题来了。在过去的4周里,她一直不肯在该睡觉的时候睡觉。她坚持要父母给她读10本书,而不是平时的两本。父母离开时,她会哭闹。她还会在半夜两点钟醒来,要求妈妈陪她一起睡。科拉的父母本和玛特被她搞得身心俱疲,一头雾水。他们已经试过好几种奖惩措施,都不管用。现在,他们正在考虑要不要听从一个朋友刚刚提出的建议——把科拉的房门锁上,可又觉得这样做不妥。他们不知道该怎么办了。

没有什么比白天忙碌一整天,晚上孩子不睡觉,或者孩子半夜醒来让你没法休息更难受的了。如果你正在为孩子睡觉的事犯难,那么我想告诉你,很多父母都有这种困扰。特别是,孩子晚睡会占据父母们已经苦苦盼望了一整天的宝贵自由时段，他们本可以利用这段时间来放松、阅读，或者为自己做点什么。忙碌了一整天，只想从孩子身边逃开的父母们，偏偏跟还想继续腻着父母的孩子们撞了个满怀。这真是一幅令人心酸的讽刺画面。

在思考孩子睡觉难的问题时，重要的是记住这一事实——孩子睡觉不好说穿了还是分离焦虑的问题。因为在夜里，孩子的任务是独自待上几个甚至十几个小时，同时还要感到足够安全，以便身体能够逐渐进入睡眠状态。由于睡眠问题的根源是分离焦虑，所以我们需要首先深入理解依恋理论，然后才能据此找到解决问题的方案。请记住，依恋来自孩子对靠近父母的欲望，因为父母在身边时，孩子的安全感是最强的。在孩子眼里，夜晚可能确实非常危险，它代表黑暗、孤独、身体不能动弹、可怕的念头层出不穷，甚至还有对物体恒存性的担忧（"如果我看不见父母，那么他们还存在吗？"）。

孩子的睡眠问题也可能来自孩子生活里的其他焦虑和挣扎。在孩子眼里，环境的改变等同于危险。因此，只要学校开学、父母争吵、婴儿降生或乔迁新居等生活中的变动尚未得到解释并被认定为安全，孩子就会寻求与父母接近。这时，孩子的睡眠往往就会出问题，因为他们的身体放松不下来，无法迈过入睡的门槛。实际上，在变动面前，孩子待在父母身边，将依恋和安全最大化是有好处的。可问题在于，待在父母身边的另一面就是到了夜里得分开。

那么，我们能做些什么呢？我认为改善孩子的睡眠要经过一个两步走的过程。第一步，我们必须帮助孩子得到足够的安全感。我们必须趁白天（代价较小）帮孩子提升应对现实问题的能力，晚上孩子才能有足够的安全感与我们分离。在这之后，并且只有在这之后，我们才能迈出第二步，在该睡觉的时间想方设法促进孩子睡眠。在孩子睡不好觉这件事上，很多父母都是近视眼，只盯着自己的疲于应付和捉襟见肘，却看不清孩子到底在经历些什么。虽然这种反应肯定是可以理解的，但不幸的是，这一点还会让导致孩子睡不好的那些根源问题变得更加严重。如果父母闷闷不乐、动辄惩罚、一点就着，那么正在寻求理解和安慰的孩子只能感到更加孤独和不安。于是，孩子对我们的需要只会变本加厉，而我们的沮丧也只会有增无减，如此恶性循环。

在孩子的睡眠问题上，太多的建议都是行为主义那一套，没有看到问题深处的挣扎，因而效果十分有限。我听过太多父母说起过，有专业人士建议他们忽视孩子的恐惧，或者直接锁上孩子的房门，甚至在孩子惊恐大叫的时候不闻不问。听到这样的建议，我的心很痛。但与此同时，我也非常愿意相信，父母们都在急切地寻找一种方法来让所有人都能得到所需的睡眠，恢复元气。我理解这一点；我自己的孩子就曾多次出现睡眠问题，所以我知道那有多么折磨人。也正是这个原因，我才如此急切地想要找到一种能有效改善孩子睡眠的方法。这种做法应当感觉起来是舒服的，应当尊重孩子**以及**父母，应当缓解孩子的被遗弃的恐惧，还应让孩子能够更多地自然入睡。

我们先来回顾一下我们对依恋和分离的讨论。那些特别害怕分离的孩子没能很好地把亲子关系中让人安心的那一面**内化**——他们在父母身边是安心的，可一旦离开父母就会恐慌。只有我们将这其中的差距缩小，并且帮助孩子吸收亲子关系中那些能够让孩子感到安心的元素，以便孩子能够拥有睡眠所不可缺少的安全感和信任感，孩子的分离焦虑才会减轻。如果我们能**把父母的陪伴融入**孩子的内心当中，那么即使父母不在身边，孩子也能从亲子关系中获得安慰。这就是我们要实现的目标。在你反思帮助孩子改善睡眠的各种做法的时候，你要注意这些做法有没有提升孩子对"你不在身边"这件事的耐受力，或者说，这些做法有没有在事实上**增加**孩子对"你不在身边"这件事的恐惧。不论是我即将介绍的做法，还是其他做法，你都可以借助这两点来判断它们会不会有效，**以及**孩子的感受会不会好。

在介绍如何应对前，我先声明一点：我的目标是帮助孩子建立安全感。我不知道这么做究竟能在何时转化为对睡眠的改善。我只知道，睡眠的改善可能需要一段时间，并且这段时间要比我们想象得更久。在此期间，即睡眠问题仍然存在的时候,你要考虑自己的需要,这一点很关键。也许你可以与伴侣(如果你有的话)交替安抚半夜醒来的孩子,或者白天允许孩子多看一点电视,好让自己有时间休息,或者在工作中适当请假来补充睡眠。我知道,这些应对方式中没有哪一个能解决所有的问题。但我也知道,只要对自己的点滴关心积累多了,效果或许也还会不错。

育儿工具箱

■"我们夜里都在哪里?"

孩子们并不确定父母是永久存在的。入睡后,他们会不知道你是否还存在。为了帮助孩子理解你一直都存在,你就要在白天跟孩子讲讲你晚上待在什么地方。你可以领着孩子在家里四处走走看看。你可以这样对孩子说:"你睡着的时候,爸爸去厨房吃晚饭,我在沙发上看书,看完我就回我的房间睡觉了,在那里一直睡到早上!我醒来以后就会去你的房间看你。"如果家庭生活有变动,你还可以补充说:"最近家里有点乱,但有一点是永远都不会变的,那就是你睡觉的时候,我仍然在家里。即使你闭上眼睛,看不到我,我也仍然在家里。你醒来的时候,我也会在家里。"

■ **分离仪式**

如果孩子有睡眠问题，你就要留意孩子白天在分离方面的表现。孩子介意你一个人去洗手间吗？早上送孩子到幼儿园门口时，他会哭闹吗？你有事情出门或想出去走走时，孩子会感到害怕吗？先解决白天的分离问题，再解决夜里的分离问题（即睡眠问题）；在夜里，孩子的焦虑可能会更严重，所以我们要趁孩子心情放松、更容易接受新知的时候来培养他对分离的耐受能力。制订一套分离时刻的仪式流程，跟孩子一起练习（即使只是去洗手间），并且向孩子保证，即使你们不在一起，他也是安全的，而你也肯定是会回来的。关于应对分离的更多做法详见上一章。

■ **演练睡前仪式**

借助毛绒动物、玩具卡车、布娃娃等孩子喜欢玩的东西来演练睡前仪式（睡前要做的一系列事情），把孩子的情绪和你对他的安抚全部融入进去。你可以这样对孩子说："我们来帮小鸭子做睡觉前的准备吧！"然后对小鸭子说："小鸭子，我知道你不是很喜欢睡觉。要睡觉了，你觉得有点难过，这是正常的。记住，鸭妈妈就在你的房间外面。你是安全的。到了早上，鸭妈妈就会来看你了。好了，我们来做睡觉前的准备吧。"接下来，继续用玩具来演练孩子的睡前仪式（"我们先给小鸭子读两本故事书，然后带她刷牙，接着再唱一首儿歌,最后说晚安"),把孩子感到难受的时刻也包含进去。如果你的女儿总是缠着你多给她读一本故事书,那就把这一幕加到演练中去,表现出她的愿望,接着对这一愿望表示同情,同时坚定地维护行为规则。("嗯,小鸭子,你还想让我给你读一本呀!我知道了。你可以把那本书拿给我,我把它拿到外面去,明天早上给你读。""嗯,小鸭子,我知道你还想听一本。只能听两本,你觉得有点难受。可是我现在不能再读了……我可以明天早上给你读!")

■ 把你的陪伴融入孩子心中

我应对孩子睡眠问题的做法是,帮助孩子拥有即使父母不在身边仍旧能够从亲子关系中获得安慰的能力。你要想方设法把你的陪伴融入孩子的房间,特别是床周边的区域。你可以在孩子的床边放一张你家的全家福,同时也在你自己的床边放一张孩子的照片。在你这样做的时候,你可以在白天跟孩子说:"你知道我一直在想什么吗?我有时候晚上睡不着,所以我就想你!我想在我的床边放一张你的照片。这样我就能看见你了,我就知道你在我身边,我是安心的,而且天一亮我就能见到你了!我觉得你也可以这样做,在床边放一张我的照片。也许我们可以做两个相框,把照片装进去,摆在我们的床边。"你们可以一起做相框,不用做得太复杂,只需找一张厚一些的纸,简单装饰一番,最后把照片贴到上面。这样一来，你的陪伴不仅借着照片融入了孩子的房间，同时还借着孩子对你们一起做手工的记忆融入了孩子心里。对孩子来说，这一记忆唤醒的很可能是安全而温馨的感受，而这也正是我们希望孩子能够在夜里拥有的感受。

把你的陪伴融入孩子心里的另一个做法是告诉孩子，你会在他睡着后给他写一张字条或者画一幅画，上面写上孩子的名字，接着把它放在他的床边；这样一来，夜里醒来的孩子就能通过那张字条或画感受到你的陪伴，从而获得安全感。我的女儿每天晚上都希望我能为她留下一张字条，上面写上她的名字，再画上50~100颗心（她每天晚上都会告诉我要画多少颗心，这是一种获取安全感的方式）。每天，我都要花一些时间来做这件事，但这么做能让孩子感到更安全，进而更快入睡……因而是完全值得的！

■巧用口头禅

你现在已经知道我很喜欢使用口头禅了。它们能让陷入情绪旋涡的孩子去关注一些他们所能控制的小事。多年来，我一直在对我的孩子使用下面这条口头禅："妈妈就在附近，（孩子的名字）很安全，我的床很舒服。"你可以用下面的方式来让孩子了解口头禅："你知道吗？我像你这么大的时候，我妈妈教了我一句在睡觉前说的话。她离开以后，我就一遍又一遍地对自己说那句话。她让我说的是，妈妈就在附近，法尔纳兹很安全，我的床很舒服。这样做以后，我还是觉得睡觉有一点难，但我心里已经踏实多了！你的口头禅是，妈妈就在附近，纳希德很安全，我的床很舒服。"你可以用舒缓的旋律把口头禅唱出来，让孩子获得双倍的抚慰。你还可以把这句口头禅加入孩子的睡前仪式，例如给孩子唱完儿歌后，把口头禅说三遍。用不了多久，孩子就会把口头禅内化，能够自己对自己说了。总之，口头禅，特别是听上去有家族传承意味的口头禅，是把你的陪伴融入孩子房间的另一个好方法。

当然，口头禅对成年人也有好处。我们能借助它们来调节孩子不睡觉或半夜醒来给我们造成的沮丧和愤怒。我一般用口头禅来提醒自己，再困难的局面最终都会结束："会结束的。孩子终究会睡着的。我能应付这个问题。"

■ 安全距离法

这种方法以依恋理论为基础，其原理是，孩子需要觉得自己与父母足够近才能感到安全。陪孩子入睡时，先从陪在孩子身边开始，然后每晚远离孩子一点点，直到最终离开孩子的房间。你可以这样向孩子解释："我知道，你觉得睡觉有点难。在你要睡觉的时候，我会在你的房间里陪你。我将来不会一直这样陪你，但会陪你一段时间。我在你房间里的时候，我是不会跟你说话的，因为这不是白天。我在这里陪你是为了让你知道你是安全的。"下面是安全距离法的具体实施步骤。

① **待在孩子的房间里，直到孩子接近睡着或完全睡着**。在房间里时，不要看着孩子。一旦离开孩子足够远，你就可以放心地利用这段时间来做一些工作或处理个人事务。你只需待在房间里，无须关注孩子。别忘了，孩子不会永远需要你待在他的房间里。一旦孩子的恐惧感减轻，我们就可以让他去耐受更大的距离了。独立（分离）产生自依赖（陪伴）所伴随的安全感。

② **在第一个晚上，孩子需要你靠多近才能感到安全，你就靠多近**。孩子平静下来的时候就是感到安全的时候。一开始，你可能需要坐在孩子的床上，一只手抚摸着他的后背。你需要连续三晚保持这一距离。

③ **开始远离孩子一点点**。这时的你可能坐在孩子的床上，但不再抚摸他，也可能已经坐到了孩子床边的椅子上。在随后的日子里，你坐的位置会逐渐拉远。每当你需要调整自己的位置时，你就可以在早上对孩子宣布这一点："今晚你可以尝试下一步了，我不会坐在你的床上，而是坐在你的椅子上。我知道你能做到！"

④ 如果孩子感到害怕或者产生了明显的情绪，你就可以**一边看着地板，一边缓慢而温柔地把睡前使用的口头禅唱出来**。如果孩子仍然感到害怕，你就靠近孩子一些。

在确定安全距离的时候，进行一些微调很正常。

⑸ **如果你感到沮丧或愤怒，记得用口头禅来提醒自己**："会结束的。孩子终究会睡着的。我能应付这个问题。"

⑹ **继续增加距离**，直到你完全坐在孩子门外。

■ 安抚按钮

我认为，解决孩子的睡眠问题的关键在于：如何让孩子在父母不在房间时获得父母在房间时的所有好感觉？为此，我想出了这个我称之为"安抚按钮"的做法。即使你在沙发上或在自己床上，它也可以帮助孩子获得你的抚慰。买一支至少可以录 30 秒的录音笔（可以在网上买个便宜的），找一个你心情不错的安静时刻，用温柔而舒缓的声音，为孩子录制一段帮他入睡的语音。这段语音可以是睡前给孩子唱的儿歌中的一段，可以是孩子使用的口头禅，也可以是告诉孩子早上就能见到你的提醒，只要能达到抚慰孩子的作用都可以。你可以把这段语音加入孩子的睡前仪式中。孩子可以在你在他房间里的时候听一次，你出去时听一次，你离开后听两次。你甚至可以拿这支录音笔来跟孩子"讨价还价"："你要学会使用这个'安抚按钮'。在叫我之前，你得先把语音完整地听 4 遍。你用的时候我会听到的，因为我就在门外等着呢。如果你还是觉得害怕，那就叫我，我会进去拍着你入睡，告诉你你很安全，然后我们再试一次。"这支录音笔能把你的陪伴和亲子关系中的温馨感觉融入孩子的房间,哪怕你并没有真的在里面;有了它,孩子就能听到你的声音,感受到你的陪伴,而不会感到孤独、无助,并且没有工具来让自己感到安全了。

实践时刻：案例分享

> 早上,本和玛特休息好并平静下来后,他们讨论了科拉晚上不睡觉背后的原因。他们看到了她的恐惧,意识到他们需要想方设法来减轻而非加重这一恐惧。他们想了一些可以在白天采取的措施。他们发现,科拉最近特别黏人,尤其喜欢和玛特待在一起,所以他们制订了一套适用于各种情形的分离仪式。他们甚至大白天在科拉的卧室里练习分离,场面颇为滑稽,喜感满满。科拉特别喜欢玩她的布娃娃,于是玛特就拿它们来练习睡前的分离,她还把科拉的不情愿和用来帮助入睡的口头禅加了进去。在这之后,科拉就愿意自己去使用口头禅了。玛特买了一支录音笔,用它录下了他们经常在睡前唱的儿歌和用来入睡的口头禅。科拉拿到录音笔后如获至宝,本和玛特也认识到,科拉在夜里有多么渴望获得他们的

陪伴。科拉晚上不愿意睡觉的情况又持续了几个晚上，随后开始逐渐好转。本和玛特松了一口气，也有了最终把问题解决掉的信心。他们觉得他们的做法是讲得通的，感觉起来是舒服的，也是能带来明显改善的。

实
战
19

家里有高敏感的孩子，怎么办？

6 岁的毛拉正在 4 岁的妹妹伊斯拉身边玩耍。她开始搔弄伊斯拉的脚趾，接着又去捏她，轻轻推她。妈妈安吉来到两个孩子中间，说："毛拉，我是不会允许你打人的。我知道你生气。你可以生气，但我是不会允许你打人的。"就在这时，毛拉开始大叫："别说了！别说了！走开！"安吉感到很懊丧，于是问毛拉："你为什么总是遇到一丁点事情就生气?！"毛拉没有任何要停下来的意思，她一边踢妈妈，一边尖叫："你讨厌！你讨厌！你讨厌死了！"

安吉不知道该怎么办了。毛拉需要什么？这到底是怎么回事？她怎么变脸变得这么快？

有些孩子对事物的感受更深，脾气也比其他孩子来得更快，他们的强烈情绪也持续更久。如果这些描述让你不由得想起自己的孩子，那么我想说的是你并没有想多。与别的孩子相比，你的孩子很可能更容易发脾气，而且发脾气的时间更长，表现也更激烈。在这里，请允许我明确一件事情，那就是你的孩子没有问题，你也没有问题。我再说一遍，因为我想让你再读一遍：**你的孩子没有问题，你也没有问题。**

我平时不喜欢贴标签，但我发现，如果我们能有个称谓来描述这类孩子，那么这将会有助于父母去沟通和寻求帮助。我把这些情绪反应强烈的孩子称为"高敏感的孩子"。这一称谓既反映了这类孩子感受世界的方式，也解释了他们为何经常情绪失控，更易陷入"遭受威胁"或"或战或逃"的状态。没错，这类孩子确实让人头痛，他们的父母也确实需要采用不同的应对策略。但这么做的前提是，我们必须首先理解这类孩子最害怕什么，情绪崩溃中的他们在寻找什么，以及为什么他们的情绪变化如此剧烈。对于这类孩子，这本书中用来帮助其他孩子的各种做法（例如说出孩子的感受或提供支持）可能只会火上浇油。当你试图去理解这类孩子的感受时，他们往往很难接受帮助，而是大喊"别说了！"而且，即便看似很小的事情也可能让他们雷霆大作。因此，你要认识到这样一条重要的事实：你没有做错什么；你没有说错了话，用错了语气。这类孩子只是无法接受你直接提供的支持，因为他们已经被汹涌的情绪所吞噬。我知道这种情形所带给我们的那种巨大的沮丧、疲惫和挫败；我知道此时此刻，你或许正在回忆你与你家孩子的一些不堪经历，你当时说了一些后悔说出的话，或是表现出了某种事后证明不该表现出的反应。请深吸一口气，注意心里传来的质疑自己是坏父母的声音。跟它打个招呼，然后找到那个与自己共情的声音，认真听听它在说些什么。它说："你正在阅读这本书，正在反思和学习，并且愿意尝试新的做法，你非常了不起！"让我们再次重温我们的终极真理：你是好父母，你有一个好孩子，但你们两人都有可能遇到困难。

好消息是，我向你保证，高敏感的孩子可以学会如何调节自己的情绪，找到平静和踏实的感觉，并且与他人建立良好的关系。他们只是需要父母的帮助。他们需要我们有学习新做法的意愿，需要我们坚定地相信他们的本心是好的。

要想理解高敏感的孩子，我们就得回头去看进化论。对这类孩子来说，与他们脆弱的一面紧密相连的是羞耻感。别忘了，羞耻感会让人进入原始的防御状态，在这种状态下，我们会被保护自己的需要所控制。这时，我们就会封闭自己、攻击或拒绝他人。如果孩子处于这一受威胁的状态，他们就会觉得这个世界是危险的；即使父母试图帮助他们，他们也会觉得这是一种攻击，所以这类孩子才会在原本需要我们帮助的时候把我们推开。除此之外，这类孩子也特别容易觉得自己的本心是坏的；他们担心让自己受不了的那些情绪也会让别人受不了，担心自己的情绪会把其他人推开。这类孩子对自己的坏和不可爱怀有很深的恐惧——他们担心父母无法忍受自己，无法成功应对，担心自己在感到摇摆不定时父母能否化身定海神针。

当然，他们的这些担心都没有通过语言清楚地表达出来。我从没听到过这类孩子对他们的父母讲："我经常觉得我被我的情绪所吞没，我担心它们也会把别人吞没，所以我就会陷入强烈的恐惧状态或激烈的攻击状态。请忍耐我的崩溃，同时保持镇定，这样我才能知道我是好的、可爱的、有价值的。"没有哪个孩子能真正理解这一点（坦率地说，有同样感受的成年人也很难把这件事说清楚）。记住这些话，它们是关于这类孩子的最重要的事实。

我们可以通过下面这个例子来了解这类孩子所可能表现出的强烈情绪和反应。假设你家有个高敏感的女儿，她遇到了分享玩具的问题。她开始从朋友的手中抢夺玩具，并且不愿归还。如果换作普通的孩子，遇到父母对她说："我知道，分享是很难的！我在这里陪着你，让我来帮你。"那么她有可能会接受父母的帮助（例如维护行为规则，提供安抚）。但是对高敏感的孩子来说，父母为她提供直接的帮助就可能招致情绪的爆发。在这个孩子的身体里，内心脆弱的一面（"我想要玩具……然后我抢了过来……我希望我没有抢……"）激发了强烈的羞耻感（"我不应该那样做，我是个坏孩子"）。因此，假如父母走近孩子，她却表现得像是一只为了生存而挣扎的笼中野兽，或许还哭着大叫："你走开！"或者："不要，把玩具给我，我恨你！"那么我是一点也不会感到奇怪的。此时此刻，她已经被自己那些汹涌而可怕的情绪所淹没，可是在我们看来，她表现出的却似乎只是冷酷无情，不讲道理。记住，在理解情绪方面，逻辑从来都帮不上忙。面对高敏感的孩子时，这一点尤为明显。

由于这类孩子的情绪爆发和打人骂人的表现往往源自成年人眼里的小事情，所以他们得到的回应也往往是拒绝和不接纳。父母可能会对他们大喊："好呀，如果你不想让我帮你，那我就不帮你！""回你的房间去，等你冷静了再出来！""你反应太夸张了！""一切都被你搞乱了！"在这里，我还是要说，如果你觉得你就是这样做的，那么这也不是你的错。你仍然是好父母，请继续读下去。这类孩子特别害怕让自己失控的那些情绪也会让别人失控，害怕自己*觉得*是坏的和无法控制的情绪*真的*是坏的和无法控制的。所有的孩子，不管是高敏感的孩子还是其他孩子，都是通过观察他们信任的成年人对自身情绪的回应方式来了解什么情绪是可以控制的。如果高敏感的孩子所得到的回应只是父母的尖叫、难听的话或生硬的拒绝，那么他们的情绪问题就只会雪上加霜。

我们回到前面那个抢玩具的孩子的例子。假设面对父母的帮助，她的反应是大喊："我恨你！"那么她*真正*想说的其实是："我受不了了。我拿走了那个玩具，是因为我受不了想要它又没有它的那种感觉。而现在，我心里又开始害怕自己是坏的，是不可爱的。这一恐惧让我的身体陷入了遭受威胁的状态，所以我必须不顾一切地保护自己。"这时，她需要父母明白，虽然表面上看，她的情绪失去了控制，甚至还攻击他人，但在表象之下，她其实处在一种遭受威胁的恐惧而崩溃的状态。她需要父母的帮助，但她无法接受直接的帮助，因为她觉得自己正在遭受威胁，而周围也都是敌人。这类孩子的父母必须学会"镇场子"，即出现在孩子身边，让孩子看到她受不了的情绪并没有让她周围的世界受不了，于是她就可以不必独自一人去面对她的情绪。这类孩子的父母必须去减少破坏，而非解决问题。他们应当去关注孩子内心的挣扎，而非关注表面上发生的事情。

育儿工具箱

■用好奇代替指责

处于指责模式的父母常常在自责和责备孩子之间摇摆。他们心里的声音似乎是这样的："我有问题，我把孩子搞得一团糟。""我的孩子有问题，什么事情都做不好。" 而处于好奇模式的父母是这样想的："我想知道我的孩子到底怎么了。""孩子的内心感受就如同她的外在表现……她觉得自己受不了了，觉得自己很'糟糕'！她到底遇到了什么事情？她需要什么？"

孩子情绪爆发后，父母首先要向内看，看清自己处在哪种模式。善待你心里那个想要指责的自己："你好，指责，我知道你想接管局面！不过我想请你退后一步，这样我才能找到那个好奇的自己。我知道它也在这里。"

■ 控制局面

高敏感的孩子常常会"爆炸"。他们的情绪会在一瞬间失控，还会打人、踢人、扔东西。在这种情况下，父母首先要做的是控制局面。父母需要做个深呼吸，记起自己的首要职责是保证孩子的安全。对于眼下的情形，这一点就意味着父母要把孩子带离现场，带他去一个较小的房间，陪他坐下来，然后经受情绪风暴的冲击。需要说明的是，孩子并不会喜欢你这样做。他会反抗和哀求："等等，不要抱我，不要！不要！不要！我会平静下来的！"注意，你必须坚持下去。你这么做不是因为你想赢，不是因为你的孩子喜欢耍心眼，也不是为了让孩子知道谁才是老大，而是因为，你需要让孩子看到，你并没有被他的情绪所吞没。你必须让孩子明白，你是他的主心骨，能够在他情绪崩溃的时候照顾他。从表面上看，孩子似乎并不想让你把他抱进他的房间，但你可以想象，他在心里是这样对你说的："请成为我需要的主心骨。我显然不在状态，无法做出好的决定。请你让我看到，我受不了的感觉并不会让别人也受不了。"

一边采取行动，一边告诉孩子你在做什么："我要把你抱到你的房间去。我不会惩罚你，我只会陪着你。你是一个好孩子，只是遇到了困难。"

■ "你是一个遇到了困难的好孩子"

也许最重要的是，在情绪爆发的时刻，这类孩子会注意到你对他们的**看法**；他们实在受不了自己的情绪，也实在害怕自己的坏，以至于他们极为警惕来自父母的会让他们内心最深处的恐惧得以证实的任何蛛丝马迹。"你是一个遇到了困难的好孩子"是一条复杂的应对策略——它并不要求你真正去做什么，而是需要你从特定的视角去看待孩子。因此，遇到孩子情绪崩溃的时候，即你想要把他推开的时候……你要努力把他想象成一个正在被痛苦和恐惧所折磨的孩子。你要提醒自己，你的孩子是一个遇到了困难的好孩子，这么想能点燃你去帮助他的欲望。而把眼前的一幕解读为"坏孩子做坏事"则只会让你想要去评判或惩罚他。你可以在孩子情绪失控时对他说："你是一个好孩子，只是遇到了困难。"也可以等孩子平静下来后再对他讲："我知道刚才你心里很难受。我知道你是个好孩子，只是遇到了困难。我爱你，我永远都爱你。"

你也可以把这句话用作自己的口头禅，帮助自己在孩子情绪失控时保持冷静。"我的孩子是个好孩子，只是遇到了困难。我的孩子是个好孩子，只是遇到了困难。"有时候，我们能为孩子做的最好的事情就是充满爱意地看着他们，同时心里知道，我们会帮助他们挨过去。

■陪伴，等待

在高敏感的孩子情绪崩溃时，如果你只记得一条对策，那就是没有什么能比得上你的陪伴。你带着爱的、尽可能平静的、没有任何花哨语言的陪伴，无疑是你最重要的育儿工具。你的陪伴能传达你对孩子本心的好的肯定，那样子就像在说："你没有让我感到害怕，你不坏。我就在你身边，这样你就知道，你是好的、可爱的。"我们必须让孩子知道，他并没有让我们受不了，并没有让我们不知所措。所有的孩子，特别是高敏感的孩子，最需要的是情绪崩溃时能有我们陪在身边。我们的陪伴胜过一切语言。例如"你是一个好孩子。你是可爱的。你没有让我受不了。你并不孤单。我爱你，我在这里陪着你。"这些信息是高敏感的孩子们所渴望得到的，但他们也很难直接接受这些信息。

当然，陪伴并不代表我们要乖乖挨打和承受危险。同时，这也不代表你不能出去透口气。假如你正在和大发脾气的儿子待在他的房间里，而你想出去透口气，那么你就可以对孩子说："我爱你。我需要一点空间来做几个深呼吸。我马上出去，就在你的门外，很快就回来。"这与你大喊"你这个样子，我没法跟你待在一起！"是完全不同的。出去透口气的几个关键之处是，向孩子解释你需要静一静，不要指责，以及明确说明你会回来。

■ 大拇指游戏

高敏感的孩子往往讨厌谈论感受。感受太强烈，太烦扰，让他们受不了。对这类孩子来说，感受太接近他们的脆弱的一面。我们已经知道，他们的脆弱与羞耻感的联系十分紧密，以至于能让他们把自己封闭起来。那么，我们该怎么做？我们怎样才能与那些不喜欢谈论感受的孩子谈论感受（这对提升情绪调节能力很有帮助）呢？这时，我们可以跟孩子一起玩大拇指游戏。下次你想跟孩子谈论涉及感受的事情时，你就可以这样说："我想跟你玩个有意思的小游戏。躺下来，不要看我！尤其不要看我的眼睛。我一会儿要说一些事情……你要是同意的话，就给我竖个大拇指。你要是不同意的话，就把大拇指朝下。你要是部分同意、部分不同意的话，就把大拇指横过来。"如果你说完后，孩子只想往被子里钻，那么你要允许他这样做！孩子不想让人看到他心里的感受，你任由他这样做会让他觉得你理解他。

接下来，说一些可笑的事情，一些你知道孩子听了会把大拇指朝下的事情，例如"今天我对我妹妹有意见，因为她带了 500 个冰激凌回家,却只给了我一个。"你的话很可能会把孩子逗笑,这一点对缓解紧张气氛很有帮助,孩子会感到安全许多。你获得了一个不错的时机,这时你或许可以接着这样说:"今天我对我妹妹有意见……家里有个妹妹让我心里很难受。有时候,我宁愿这个家里只有我一个孩子。"停下来,等待。如果你得到了回应,或者孩子竖起了大拇指,你就继续说下去,不要评论。对你来说,这一点可能会是一个巨大的改变。你或许可以简单回应"我听到了"或者"我知道了",你正在慢慢培养孩子对感受、脆弱和亲密的耐受能力。

实践时刻:案例分享

> 安吉想起首先要控制局面。于是她走向毛拉说:"我要把你抱到你的房间去。我不会惩罚你,我只会陪你坐着。你是一个好孩子,只是遇到了困难。我爱你。"毛拉尖声大喊:"不要,不要!"但安吉记得,她要让孩子知道,她此刻并不害怕她的女儿,她是女儿的主心骨。走近毛拉的房间后,安吉关上门,坐了下来。安吉还记得要专心平复自己的心情,而不是努力去改变毛拉。

感到自己稍稍平静了一些后,安吉告诉毛拉,她要去看看伊斯拉,看完就回来。离开之前,安吉对毛拉说:"我爱你。没关系的。我爱你。"安吉向伊斯拉解释,毛拉现在心里很难受,需要她陪着待一会儿。过了一会儿,安吉回到了毛拉的房间,静静等待毛拉的情绪风暴平息。她反复提醒自己:"我没有问题,孩子也没有问题,我可以应付这个局面。"那天晚上,毛拉平静下来后,安吉跟她玩起了大拇指游戏;她意外地发现,毛拉居然真的跟自己玩了起来,而且她在游戏中还得知,那天白天,幼儿园的一个大孩子在操场上推了毛拉。虽然安吉知道,这并不能成为毛拉欺负妹妹的理由,但是得知实情后,安吉就能更好地理解毛拉的心情了。她知道,毛拉是个好孩子,她只是遇到了困难。

总结

我们已经讨论了许多内容。虽然信息可能是有帮助的，但也有可能给人压力。毕竟，当我们学到新东西的时候，我们就会对自己过去理解和处理事情的方式产生一些情绪。我们一边想："我从没想过可以用这种方式来回应孩子，这么做很有道理，而且很可能会让孩子的感觉变得更好。"一边也可能感到内疚："我是个糟糕的父母。"或者："我把孩子的一辈子都害了。"我们的这些想法和感受往往十分强烈，以至于我们会僵在那里，并且刻意回避我们所误认为的痛苦之源——新的信息。这是一个恶性循环：我们想改变做事情的方式 → 我们批判自己过去的育儿方式 → 我们产生了大量令人痛苦的想法和感受→我们通过拒绝改变来逃避这些负面的想法和感受 → 我们继续沿用过去的旧模式。

但是，我对如何打破这一恶性循环是有一些办法的，那就是我的第一大原则：本心善良。在我看来，你的本心是好的。我想再说一遍，因为这区区几个字当中蕴含了让改变成为可能的巨大力量。**你的本心是好的**。你对孩子大喊大叫，这时你的本心是好的。你答应下班回家哄孩子睡觉，结果却回去太晚，错过了时间，这时你的本心是好的。你去幼儿园接孩子时迟到，你不仅不道歉，还说孩子不感恩你的辛苦付出，这时你的本心也是好的。还有，你正在阅读这本书，正在想办法改变，还要面对痛苦的感受……那么你的本心绝对是好的。跟你一样，许多父母都在重新找回自己本心的好，并在见证这一点如何让我们变得更好。

记住，我们必须感到本心是好的才能改变。这是个悖论，我知道。我们必须善待自己，接纳此刻的自己，然后才能有足够的勇气在明天做出改变。改变无法从内疚或羞耻中发生，在包括养育子女在内的所有生活领域都是如此。我想，我们在直觉上都知道这一点……毕竟，我们中的大多数人多年来都试图从自责出发来改变。这根本行不通。如果我们觉得自己的本心是坏的，我们就无法与他人建立亲密感，而我们之所以能够进化到今天，恰恰是因为我们拥有与他人建立亲密感的能力。一旦我们感到自己的本心是坏的，感到自己是不可爱的、不值得的，我们就会动用所有的能量来逃避这种感觉。这样一来，我们哪还有能量来改变和尝试新事物？难怪改变如此艰难。

改变的关键在于学会**容忍**心里涌起的内疚或羞愧，我们要把这些感受看作改变的一部分，而非改变的敌人。我们需要和这些感受交朋友，因为它们是我们正在进步的信号！我们该怎么做到这一点呢？这就要提到我的第二大原则：真相不唯一。我们必须同时接纳两个看似对立的真相。我做过一些让我后悔的事情，**同时**我的本心是好的；我对我过去养育孩子的做法感到内疚，**同时**也对养育孩子的未来充满希望；我一直在尽力而为，**同时**我也想做得更好。现在，为你自己想出一句"真相不唯一"的话，把它写下来，大声读出来，再与一个值得信赖的朋友分享。你可以使用上面的例子，也可以想出你自己的。你不需要做到正确……这里没有正确这种事。我们的目标只是练习同时接纳两个真相：既接纳你对过往的养育方式的感受，又接纳你未来想做出改变的愿望。

我们的行为并不能定义我们。你最近吼了孩子不代表你就是坏的。你的本心是好的，哪怕你最近刚刚吼过孩子。你固执己见不代表你就是坏的。你的本心是好的，哪怕你为了保护自己而可能显得有些固执。你不耐烦不代表你就是坏的。你的本心是好的，哪怕你也会在遭遇困难时表现出不耐烦。找到你本心的善良不是要免除你对过去行为的责任。相反，从本心的善良出发才能促使你为自己的行为负责。一旦我们能够从本心的善良出发（"我的本心是好的，我的本心是好的，我的本心是好的"），我们就能调动更多的自我反思和诚实来审视我们的行为。

让我们一起来做这件事。端正姿态，把你的手放在心脏的位置，然后跟我一起大声说："是的，我做过许多我希望自己没有做过的事，我的许多行事方式也是有问题的。这些都是**我做过的事**，但它们不能定义**我是什么样的人**。明确这一不同不是要为我**摆脱责任**，而是要让我承担责任，因为这是我能够负责任地做出改变的唯一方式。我是好的。即便我做过一些让自己后悔的事，我仍然是好的。我的本心是好的，我的本心一直都是好的，我的本心永永远远都会是好的。"你要允许自己从内心接受这些话。许多父母已经形成了自己不够好的信念，以至于告诉自己"我的本心是好的"（哪怕在情绪失控时）会显得有些难以接受。

这就是这本书最有力量的地方，也是你已经加入其中的这一父母大行动的最有力量的地方。这本书与其说是一本育儿指南，不如说是一本能让你在生活的所有领域都能感受到本心的好的指南。毕竟，重拾本心的好是改变我们自身，进而打破代际恶性循环的关键。一旦我们感受到自己本心的好，我们就会开始看到孩子本心的好。这并不会让我们成为放任孩子的父母，完全不会。它只会让我们成为心态平稳、内心强大的定海神针，既能在孩子情绪崩溃时维护行为规则，又能带着共情走进孩子的内心。我们正在树立一条革命性的新理念：即使你在挣扎，你也仍然是好的。真相不唯一。

你是这一父母大行动中的一员。我希望你能花一些时间来肯定自己；自省是勇敢的行动，难度很大，而且你一边养育年幼的孩子，一边还努力让自己成长，这是非常艰巨的任务。这件事感觉起来不简单……因为它确实不是一件容易的事。所以，你要反复提醒自己这一点。你同时也要提醒自己：你并不孤单。你的身边有数以百万计的伙伴与你并肩作战，他们能与你的努力产生共鸣，他们能看到你本心的好，如果你暂时没看到，他们还能帮你找到它。

谢谢你邀请我走进你们的家。我很荣幸能够认识你们当中的许多人，听到你们的故事，了解你们的痛苦、挣扎和成功。我在这个父母社区的经历让我感受到了极大的希望。从你们身上，我看到打破代际恶性循环不仅是可能的，而且正在如火如荼地发生着。你们正在做这件事！你们真了不起！我迫不及待地想要看到，我们还能一起创造出什么改变！

致谢

我想感谢许多人，是他们的鼓励和支持才有了这本书。

首先也是最重要的，我要感谢我的丈夫，你的信任是我完成这本书的动力。多少年来，你一直鼓励我写书，我终于做到了。你发现了我格外热衷于儿童及家庭治疗，你告诉我，我必须把兴趣转化为更有影响力的东西。在我发现自我之前，你就看到了我的长处，你的信任让我感受到一股强大的力量，你是我生命中最坚强的后盾。你非常擅长关注当下，不去纠结尚未到来的明天。你帮助我从焦虑和担忧中解脱出来，让我内心安宁，让我懂得乐观和感恩。我喜欢你把注意力放在对的事情上（而非各种担忧），喜欢你的大局观，喜欢你鼓舞周围每一个人，喜欢你对那么多事情都有深入的了解，喜欢你头脑灵活，喜欢你永远都在支持我。和你结婚是我做过的最好的决定。我能想到的最好的伴侣就是你，我非常爱你。

感谢我的孩子们，没有比做你们的妈妈对我来说更重要的了。我惊讶于你们每个人都是那样的独特，你们彼此之间，你们与我、与你们的父亲之间，都是那么的不一样。我喜欢看着你们每一个人长成自己的样子，找到自己的节奏，明白自己的喜好。我喜欢和你们一起玩棋盘游戏，一起创作，一起玩过家家。我享受这样的时刻——到了睡觉的时间,你们让我坐在你们的床上,帮你们按摩肩膀,一起聊白天发生的事情(你们总想在这个时候聊)。我喜欢你们的自信,每个人都知道自己是谁,了解自己的感受,知道自己喜欢什么,知道怎样说出自己的需要。感谢你们给我的支持。我知道,每当我花更多时间在工作上的时候,每当我专注于写作、构思和剪辑视频的时候,你们都是很不容易的。我喜欢我们一起讨论这一切,你们提醒我放下手机,让我专注于最重要的家庭。

感谢我的父母,是你们无条件的爱给了我自信,让我相信自己的想法值得告诉全世界。你们总让我内心感觉良好,这毋庸置疑是父母带给孩子最好的礼物。感谢你们为我这一重要的职业转换所做的一切,帮助我解决交通问题,替我跑腿,在晚上照顾孩子。你们用特有的方式帮助我照看孩子,让我专心工作,不因无法照顾孩子的愧疚感到分心。我非常爱你们,对你们的感谢无以言表。

感谢我的兄弟姐妹。从我在社交平台上注册账号的那天起,你们就是我最大的粉丝,你们帮我宣传账号,在自己的社群上分享,你们给了我很多反馈,在我尝试新事物时为我加油鼓劲。正如我们所知,兄弟姐妹之间的相处不太容易。然而,在这一激动人心的旅程中,我只感受到你们的支持和爱,我非常爱你们。我还要感谢你们的另一半,和你们成为一家人,我真的很幸运,对你们的情谊我深表感激。我也感谢我的公公和婆婆,感谢你们无尽的爱、包容和支持。感谢在我心里同样算作家人的乔丹,感谢你为我们所做的一切,让我们的生活顺利进行。你对我们是如此重要,我们都非常爱你。

感谢联合发起人艾丽卡。她是我的可靠搭档,帮我做了很多细致的工作。我们走到一起是命中注定。你是我的阳中之阴,是我行动时的无微不至,是我急迫时的深思熟虑,是我全力冲刺时的坚强后盾。我钦佩你、信任你、尊重你。我非常喜欢和你一起共事。在这趟旅途中,没有人可以取代你。没有你,我不可能有今天的成就。感谢整个团队,你们让我惊叹。感谢你们的热情、活力、奉献、开放、自驱力,以及你们对"帮助所有父母"这一使命的认同。

感谢我的图书团队。艾米·休斯,第一眼见到你,我就被你征服。我感觉你是"懂"我的,你理解这本书的理念,并且能一眼就看出它不只是社交平台上的一个账号,更是一场全球运动。感谢你的支持,感谢你发给我的信息、打给我的电话,感谢你的深思熟虑和深谋远虑,还有你的情谊。瑞秋·伯奇,因为你,我写书的过程变得如此顺利。你完全接纳了我写的东西,给出了建议,并将它们编辑好,让它从一本书变成了一个真正的故事,一个关于善良、希望,并且具备现实可行性的故事。"和你一起工作很愉快"远远不足以形容我的心情,我感觉你总能理解我想要表达的东西,你帮助我进一步展现我的想法,还通过润色把一切安排妥当。朱莉·威尔,你是我的粉丝,早就知道我要写书,感谢你在我们沟通之前就一直信任我,与你一起工作一直是我的梦想。艾玛·库珀,感谢你的热情和组织工作,帮助这个项目完美收官。叶连娜·内斯比特和哈珀图书公司的销售与营销团队,感谢你们对我的信任,帮助我把这本书带给了这么多的读者。

坦利、莎拉、卡罗琳、克里斯汀和蒂芙尼:我永远感谢你们，感谢你们启发了我对育儿和儿童发展的许多思考，让我看到了将深度学习和亲密关系结合起来的力量。感谢你们的坦诚和真情流露，感谢你们的好奇心和温暖，感谢所有的笑和泪。还有，我要感谢你们为我起了"贝姬医生"这个名字。感谢你们让我参与到你们为人母与自我成长的过程中，感谢你们那样为我加油。我对你们所有人都充满了爱和尊重。

感谢我的做长期治疗的来访者们。你们教会了我很多东西，让我知道小孩子是如何巧妙地适应家庭环境的，也让我知道成年人是如何巧妙地重塑、改变自我和提升心理韧性的。你们一直是我最好的老师。感谢你们让我走进你们的生活，把你们最受伤的回忆说给我听。感谢你们在我承担新的职业角色（我们都没有预料到）的时候对我的信任和坦诚。我还要感谢做过我的督导的同事们。我非常感恩与你们进行的那些深度谈话，这些谈话塑造了我的思考方式。还有罗恩，你对我的帮助无法用言语形容，你让我更加了解自己，让我有能力开辟新的职业道路并适应一个不断变化的世界。

还有来自我最好的朋友们的支持，没有你们我什么也做不了。基本上你们都不知道我在社交媒体上在做什么，我一直都是你们身边的贝姬，我喜欢这样的安排。谢谢你们给我发的消息，谢谢你们抽时间来找我喝咖啡，谢谢你们的支持。

最后也是最重要的，我要感谢社群里的每一位成员。我很认真地说，没有你们就没有这场热潮。你们每天都在用你们的经历，用你们的勇敢、失落、激情和信任激励着我。我要跟你们说的是，我们已经一起经历了那么多，但未完待续，请做好准备，迎接我们所有人的下一个目标吧！